外国人の法律相談
〈改訂版〉

東京弁護士会
外国人の権利に関する委員会［編］

学陽書房

改訂版刊行によせて

　政府は、近年の人手不足を背景に、2018年10月に外国人労働者の受け入れ拡大の方針を発表するなど、今後、外国人の受け入れに関する状況が大きく変化していくことが予想されます。また、ヘイトスピーチや難民問題、入管収容に関する問題など、外国人をめぐる法律問題も複雑多様化してまいりました。

　外国人を取り巻く問題については、裁判手続に留まらず、国や自治体に対する法的手続など、より生活に密着した場面において、法律家のみならず、外国人を支援するボランティア団体など多くの方々が積極的に取り組んでいます。当弁護士会も、新宿総合法律相談センターや蒲田法律相談センターにおいて、外国人のための法律相談を実施しています。国籍にかかわらない人権の擁護には、各支援者との連携とともに、市民全体が国際的な視野と高い人権感覚を持つことが不可欠です。

　この度、2010年に発刊した本書の改訂版を刊行するにあたり、当弁護士会の外国人の権利に関する委員会の委員が中心となって、近時の法改正や社会問題をふまえて大幅な改訂をいたしました。本書においては法律や制度に関する解説をしていますが、その根底にある全ての人の権利実現に向けた思いを汲み取っていただければと存じます。

　本書が外国人に対する支援者をはじめ多くの方々のお役に立ち、外国にルーツを持つ人々と共生する社会の構築に資することになれば幸いです。

　　2018年12月

東京弁護士会

会長　安井　規雄

改訂版はしがき

　『外国人の法律相談』の初版が発刊されてから約8年が経ちました。
　この間、入管法をはじめとした法改正等が数多く行われ、入管当局の運用にも変化が見られているところであり、外国籍の方々を取り巻く環境は初版発刊当時とは大きく変わりました。そこで、初版執筆者を中心とした当委員会委員の呼びかけで、改訂版刊行の運びとなりました。
　近年、日本で暮らす外国籍人口は増加し続け、平成29年末時点で250万人を超える方々が暮らしています。それに伴い、直面する問題も増加し、労働場面での法律問題の重要性が一層高まっているほか、子の奪取に関するハーグ条約への加入や、技能実習法（外国人の技能実習の適正な実施及び技能実習生の保護に関する法律）の施行、新たな在留資格の創設、難民認定手続の改正、ヘイトスピーチ解消法（本邦外出身者に対する不当な差別的言動の解消に向けた取組の推進に関する法律）の施行等、多くの分野で新たな対応が求められています。
　さらに、非正規滞在者に対しては、在留特別許可件数の減少、収容の増加・長期化（仮放免許可率の低下）、そして強制的なチャーター便送還など、入管当局の対応も年々厳しくなっています。外国籍の方々が直面する問題は法的問題にとどまりませんが、現状の法制度を理解しつつ、適切な対応を検討することがより重要になってきています。
　本改訂版は、新たな執筆者も加えて新鮮な観点を盛り込んだ上、各執筆者の専門的知識や多くの経験を集積して改訂されました。事例に応じて解説する形は初版を踏襲したもので、相談を受ける弁護士や支援者の皆様にとって参考にしやすい形となっています。

改訂された本書が、相談を担当する弁護士や支援者の皆様の一助となれば幸いです。

　2018年12月

　　　　　　　　　　東京弁護士会　外国人の権利に関する委員会
　　　　　　　　　　　　　　委員長　本多　貞雅

凡　例

- 法令等の内容は 2018 年 11 月 15 日現在公布のものによる。
- 本文中［⇨］のある箇所については、関連事項が矢印の項目番号に詳述してあります。
- 本文中、法令は（　）内に、判例は【　】内に略記してあります。次の略記表を参照してください。

略　記　表

1　法　令

憲法	日本国憲法
入管法	出入国管理及び難民認定法
入管省令	出入国管理及び難民認定法施行令
入管規則	出入国管理及び難民認定法施行規則
定住者告示	出入国管理及び難民認定法第7条第1項第2号の規定に基づき同法別表第2の定住者の項の下欄に掲げる地位を定める件
高度専門省令	出入国管理及び難民認定法別表第1の2の表の高度専門職の項の下欄の基準を定める省令
技能実習法	外国人の技能実習の適正な実施及び技能実習生の保護に関する法律
法適用通則法	法の適用に関する通則法
入管特例法	日本国との平和条約に基づき日本の国籍を離脱した者等の出入国管理に関する特例法
外登法	外国人登録法（2009 年法 79 で廃止）
基準省令	出入国管理及び難民認定法第7条第1項第2号の基準を定める省令
ハーグ条約	国際的な子の奪取の民事上の側面に関する条約
実施法	国際的な子の奪取の民事上の側面に関する条約の実施に関する法律
民訴法	民事訴訟法
刑訴法	刑事訴訟法
行訴法	行政事件訴訟法
労基法	労働基準法
労災法	労働者災害補償保険法
労働者派遣法	労働者派遣事業の適正な運営の確保及び派遣労働者の保護等に関する法律
労基規則	労働基準法施行規則
ヘイトスピーチ解消法	本邦外出身者に対する不当な差別的言動の解消に向けた取組の推進に関する法律

令	施行令
規則	施行規則

2 判 例

民集	最高裁判所民事判例集
刑集	最高裁判所刑事判例集
家月	家庭裁判月報
判時	判例時報
判夕	判例タイムズ
金判	金融・商事判例
労判	労働判例
行裁集	行政事件裁判例集
訴月	訴務月報
交民	交通事故民事裁判例集
大審院民集	大審院民事判例集
最（大）判（決）	最高裁判所（大法廷）判決（決定）
高判（決）	高等裁判所判決（決定）
地判（決）	地方裁判所判決（決定）
家審	家庭裁判所審判
大連判	大審院連合部判決

外国人の法律相談〈改訂版〉

目次

改訂版刊行によせて　　iii

改訂版はしがき　　v

凡　例　　vii

●1章　在留資格

1　在留資格制度　　2
在留資格とは／在留資格認定証明書の取得と査証の発給／在留資格取得申請／在留資格の類型

2　在留管理制度　　8
現行の在留管理制度／在留管理制度の対象者／在留カードとは／「特別永住者」について

3　外国人の入国・出国手続　　11
入国（上陸）手続について／出国手続について

4　上陸審査不適合の場合の口頭審理・上陸特別許可　　16
特別審理官への引渡しと口頭審理／異議の申出と法務大臣裁決、上陸特別許可／仮上陸許可／本問の場合

5　上陸拒否事由と上陸の拒否の特例　　19
上陸拒否事由／上陸の拒否の特例／本問の場合

6　在留期間の更新・資格変更　　22
在留期間更新と在留資格変更／申請手続／申請書類の提出／許可処分の裁量性について

7	**永住権**	25
	「永住者」の在留資格／「永住者」の資格該当性／従来の在留資格での在留期間との関係	
8	**再入国**	28
	在留資格と出国—再入国許可とは／みなし再入国許可制度	
9	**外国人配偶者と親族の呼び寄せ**	30
	外国人配偶者の呼び寄せ／「日本人の配偶者等」の在留資格／外国人配偶者の親族呼び寄せ	
10	**留　学**	34
	「留学」の在留資格／大学等に入学する場合（❶のケース）／日本語学校に入学する場合（❷のケース）	
11	**在留資格「留学」の外国人のアルバイト・卒業後の就職活動**	38
	アルバイト／就職活動	
12	**就労したい人の在留資格**	41
	申請人の資格要件／受入団体の資格／招へいの手続	
13	**事業をしたい人の在留資格**	44
	「経営・管理」の在留資格取得／「企業内転勤」の在留資格取得／手続	
14	**日系人3世・4世の就労と永住**	48
	日系人3世の在留資格／「定住者」の在留資格の要件・期間等／日系人4世の在留／帰国支援事業を利用した方の再来日／「永住者」の在留資格	
15	**「家族滞在」で在留する子どもの就職**	52
	在留資格「家族滞在」／無制限の就労が可能な在留資格に変更するための方法／「永住者」「定住者」「特定活動」への変更が不可能な場合	

16 在留資格の変更 … 55
同種の在留資格で転職する場合／別の在留資格にあたる職種に転職する場合／「高度専門職」への在留資格の変更

17 短期滞在の在留資格 … 59
短期滞在の在留資格は更新できるか／短期滞在者に期間更新や資格変更が認められる場合

18 在留資格更新・変更が不許可となった場合の救済方法 … 61
在留期間更新や在留資格変更の許可申請が認められなかった場合の不服申立方法／処分取消訴訟の審理／係争中の在留資格について

19 出国命令 … 64
非正規滞在者の原則的帰国手続／出国命令制度の概要／出国命令の適用がない場合

20 在留特別許可 … 66
在留特別許可とは／在留特別許可の手続について／ガイドラインについて／刑事処分

21 収容・仮放免と退去強制を争う方法 … 70
収容手続について／仮放免／裁判手続／再審情願

22 在留資格の取消し … 74
在留資格が取り消される場合／在留資格取消の手続／取消処分後の手続

●2章　日常生活

23 医療と健康保険 … 78
国民健康保険の加入資格／在留資格と健康保険／在留資格がなくても適用される制度／地方自治体による対応

24 年金・脱退一時金 　82
脱退一時金制度とは／支給要件（厚生年金保険法附則29条）／脱退一時金裁定請求の手続／支給額／社会保障協定による「年金加入期間の通算」制度

25 年金の合算対象期間 　84
年金合算対象期間とは／具体的な年金資格期間の要件

26 生活保護 　87
生活保護の外国人への適用・準用／在留資格のない外国人の場合

27 非居住者に対する所得課税 　89
所得税法における納税義務者区分／課税範囲／課税方法／租税条約

28 居住者に対する所得課税・外国税額控除 　93
相談者の納税義務者区分／二重課税の危険と外国税額控除／外国税額控除の繰越控除／外国税額控除を受けるための手続／その他

29 在留資格のない外国人の子どもの就学 　96
在留資格と教育を受ける権利／就学のための手続

30 外国人学校からの進学 　99
大学進学について／高校進学について

31 教育費用の援助制度 　102
就学援助／児童手当・児童扶養手当／高等学校等就学支援金／各種奨学金

32 アパート、マンションの入居差別 　105
外国人であることを理由に部屋を貸さないというのは違法／判例／国と地方自治体の責任

33　運転免許　108
国際運転免許証を使って日本で運転することができる場合／日本の運転免許の取得方法／運転免許と在留資格

34　破　産　111
国内倒産手続の対外的効果と外国倒産手続の対内的効果／国際裁判管轄の明定／破産手続の対外的効力／外国倒産手続の対内的効力／UNCITRAL 国際倒産モデル法の制定

35　消費者問題　115
消費者契約の準拠法／消費者・事業者の定義／外国人の「常居所」／貸金業を対象とする強行規定／現実の対応策

36　交通事故　118
原則は日本人と異ならない／後遺障害・死亡による逸失利益／後遺障害・死亡慰謝料

37　配偶者暴力（ドメスティックバイオレンス＝DV）　121
DV 被害と DV 防止法／DV 被害と生活保護／DV 被害と在留資格

38　入店差別　125
損害賠償請求／その他のケース／国と地方自治体の責任

39　街頭や公共施設でのヘイトスピーチ　128
ヘイトスピーチ・ヘイトクライムとは何か／国際人権法及びヘイトスピーチ解消法／ヘイトスピーチをめぐる裁判例／地方公共団体による「公の施設」の使用許可

40　インターネット上でのヘイトスピーチ　132
削除要求について／刑事告発・損害賠償請求について

●3章　労働関係

41　労働契約の国際裁判管轄と準拠法　　136
国際裁判管轄についての規定の概要／法適用通則法の規定の概要／特定の強行規定

42　有期雇用契約における雇止め　　139
「雇止め」とは／有期雇用契約の期間／雇止めに対する制限／契約締結時の更新の基準の明示／関連する問題点

43　不法就労と解雇　　142
不法就労者に対する労働法規の適用／入管法違反との関係

44　賃金切り下げ　　144
前提となる雇用条件の確認／労働条件の変更の際の原則／年次有給休暇／残業代

45　雇用保険　　147
求職者給付の基本手当／雇用保険の被保険者／雇用保険に加入する義務があるのに加入していなかった場合／在留資格と雇用保険

46　不法就労と労災保険　　150
労災保険はすべての労働者に適用される／「業務上」の災害であること／業務上の疾病について／給付の内容について／給付の手続について／時効について

47　労災保険の補償額　　153
通勤災害について／保険給付内容について／保険給付額について

48　労災による損害賠償　　155
労災法と民法上の損害賠償請求の関係について／訴訟の法的構成／併存主義を採用しない国の法制度との関係

| 49 | 職場内における差別 | 157 |

差別的取扱禁止の原則／どこに相談すればよいか

| 50 | 児童労働 | 160 |

児童労働の禁止の原則／外国籍児童特有の問題について

| 51 | 技能実習生 | 162 |

「技能実習生」とは／賃金の未払いについて／技能実習生が勤務中に怪我などをした場合／在留資格との関係／技能実習についての相談先

| 52 | 偽装請負 | 166 |

偽装請負とは／直接雇用の請求／裁判例／労働現場での違法行為についての相談先

●4章　家事事件──結婚・離婚・相続

| 53 | 外国人と日本人との間の婚姻手続 | 170 |

婚姻の成立要件について／婚姻の方式について／婚姻後の在留資格について／相手が在留資格を有しない場合／婚姻後の氏等

| 54 | 外国人同士の婚姻手続 | 173 |

日本法の方式で行う場合／当事者の本国法の方式で行う場合／日本での婚姻を本国で有効とするための方法

| 55 | 認　知 | 175 |

認知制度（事実主義と認知主義）／親子関係に関する準拠法／日本での認知手続

| 56 | 養子縁組と子の呼び寄せ | 177 |

国際養子縁組の準拠法／養子縁組の手続／子どもを呼び寄せる場合の在留資格について

57 日本人と外国人の離婚①（総論） 180
離婚の準拠法／離婚の方式・要因／協議離婚による場合／離婚自体や離婚条件につき争いがある場合／在留資格について

58 日本人と外国人の離婚②（行方不明の場合） 186
離婚の準拠法／離婚裁判の場合の管轄（国際裁判管轄）／離婚訴訟の場合の具体的手続

59 外国人同士の離婚手続 193
離婚の準拠法／国際裁判管轄／親権者指定の準拠法／各国の法律の調べ方

60 婚姻無効 195
婚姻の無効の確認／刑事手続の可能性／在留資格の問題

61 離婚後の親権者の指定と在留資格 198
親権者指定に関する準拠法／離婚後の在留資格／730通達について

62 離婚後の在留資格（親権がない場合） 201
離婚後の在留資格／「定住者」への在留資格変更の可能性

63 子の奪取に関するハーグ条約 204
ハーグ条約（国際的な子の奪取の民事上の側面に関する条約）とは／外国から日本に子が連れ去り等された場合（インカミング・ケース）／日本から他の締約国に子が連れ去り等された場合（アウトゴーイング・ケース）

64 外国判決の効力 208
国際訴訟競合／外国離婚判決の承認／判決の競合

65 養育費・面会交流・財産分与・慰謝料 212
養育費に関する準拠法／財産分与請求に関する準拠法／慰謝料請求に関する準拠法／面会交流に関する準拠法

66	外国人が当事者の相続	215

相続財産の確認／国際裁判管轄／準拠法／留意点

67	在外財産と遺言	219

国際裁判管轄／準拠法／在外財産の相続手続の実際／本問で、夫の遺言書が見つかった場合

68	遺言書の作成	223

手続法／方式／フランス所在の財産について

●5章 国　籍

69	国籍・戸籍	226

国際結婚と国籍／国際結婚と戸籍／子の戸籍／子の氏

70	子の国籍	229

日本国籍の取得原因／日本の国籍法における扱い／本問の事例について

71	生後認知による国籍取得	232

生後認知による国籍取得（国籍法3条1項の改正）／2008年判決の概要／改正後国籍法3条1項の内容／認知調停の活用

72	帰　化	235

帰化制度の概要（普通帰化）／帰化の一般的条件／帰化条件の緩和（簡易帰化）／帰化申請の手続／帰化の効果／本問の事例について

73	重国籍・国籍喪失	239

国際結婚と国籍／離婚した場合／在留資格

74	国籍喪失・就籍	243

相談者について（国籍の喪失）／相談者の長男（国籍の再取得）

| 75 | 無国籍 | 247 |

「法律上の無国籍者」と「事実上の無国籍者」／日本国籍の取得が認められる無国籍者／アンデレ事件

●6章　難　民

| 76 | 難民認定の手続 | 252 |

難民認定制度／審査請求手続／訴訟

| 77 | 難民申請中の在留資格 | 258 |

難民認定申請中（審査請求手続を含む）の在留資格／在留資格を有しない難民認定申請者と生活保障／法律扶助について

●7章　刑事事件

| 78 | 入管法違反事件の刑事手続・退去強制手続 | 262 |

不法入国等の罪／即決裁判手続／退去強制手続

| 79 | 在留資格・保釈 | 264 |

在留期間の更新／更新の手続／不起訴に向けて／保釈について

| 80 | 否認事件における対応・裁判員と要通訳事件 | 267 |

裁判員裁判対象事件／捜査段階での留意点（接見・取調べの可視化）／公判段階での留意点

| 81 | 判決後の流れ（送還・服役） | 270 |

判決内容と入国管理局収容の関係／受刑者移送条約／仮放免について

| 82 | 犯罪被害 | 272 |

収容の可能性／人身取引の被害者の場合／弁護士への依頼など

●8章　準拠法・法律援助・通訳

83　準拠法　276
当事者による準拠法の選択／物権及びその他の登記をすべき権利／不法行為／外国法の調査

84　法律援助制度　278
法テラスの対象事業／弁護士会の法律援助制度

85　通　訳　281
通訳人の手配／通訳人の役割／通訳人の個人情報／発問・回答の仕方

事項索引　284

1章
在留資格

1 在留資格制度

Q 外国人の在留資格には、どのようなものがありますか。在留資格を持って日本に上陸するにはどのようにすればよいのでしょうか。

A 入管法上、在留資格は28種類定められており、活動類型ごとに分類されています。また、入管特例法に基づき、終戦前から日本に居住している朝鮮半島・台湾出身者には、「特別永住者」というより安定した法的地位が付与されています。外国人が日本に上陸するには在留資格認定証明書の交付を受けるのが一般的です。

1 在留資格とは

　在留資格とは、外国人が日本に在留して一定の活動を行うことができる法的地位をいいます（入管法2条の2）。外国人が日本に上陸するには、その外国人が日本で行おうとする活動が、入管法別表に定めるいずれかの在留資格に該当していることが必要であり（同法7条1項）、これが認められると、上陸許可がされる際にその外国人に対し活動内容に対応する在留資格が付与されます。

　在留資格の中には、入管法別表の要件に加え、上陸審査の際の審査基準が法務省令で定められているものがあり（基準省令）、基準の明確化が図られています。

　在留資格には在留期間が定められており（入管法2条の2第3項、入管規則3条、入管規則別表第2）、この在留期間を経過すると在留資格を失います。その後は非正規滞在となってしまい、退去強制の対象となり得る（入管法24条4号ロ）ので、注意が必要です。

2 在留資格認定証明書の取得と査証の発給

　外国人が「短期滞在」以外の在留資格で入国しようとする場合、日本に在住する代理人を通じて、事前に在留資格認定証明書を取得するのが一般的です（入管法7条の2）。そして、日本で交付された在留資格認定証明書を送ってもらい、これを添付して外国人の居住する日本の在外公館に対し査証（ビザ）の発給を申請します。こうして取得した在留資格認定証明書と査証を持って、日本に上陸（入国）することになります。

　手続的には在留資格認定証明書の添付なしに査証申請をすることも可能ですが、その場合には、査証申請を受けた在外公館から外務省を通じて法務省に申請書類が送付され、法務省が審査をした上で査証交付の可否が決められることになり、時間が余計にかかってしまったり、査証発給が拒否されることもあるため、合理的ではありません。現在、「短期滞在」以外の在留資格での入国については多くが在留資格認定証明書の申請・交付によっています。

　なお、一般的な用語として、在留資格の取得や在留期間の更新を指して、「ビザを取る」「ビザの延長をする」などといわれることがありますが、法律的には、ビザ（Visa、査証）と在留資格（Status of Residence）とは異なるものです。ビザ（査証）とは、外国にいる外国人が在外日本領事から発給を受ける、日本に入国しようとする外国人の入国及び滞在が差し支えないことの判断を示すものです。先に述べたとおり、査証免除［⇨3］の場合を除き、有効な査証を有することは日本への上陸の条件であって、これがないと原則として上陸（入国）は許可されません（同法6条1項）。ただし、有効な査証があってもその他の上陸拒否事由（同法5条）があれば上陸は許可されず、在留資格が認められないこともあります。

　各在留資格の認定証明書交付の要件は、上陸審査の場合と同じですから、入管法別表、基準省令を参照することになります。また、当該在留資格の認定において必要とされる資料は、入管規則別表第3に列挙されています。

　前記のとおり、「短期滞在」の在留資格で日本に在留中の場合等を除き、申請の際に入国を希望する外国人が日本国内にいないことから、在留資格認定証明書交付申請は、日本にいる代理人を通じて申請することになります

（入管法7条の2第2項）。代理人となり得る者は、入管規則6条の2及び入管規則別表第4に定められています。受け入れ側である学校、企業などの機関の職員（職員個人が代理人となる）や申請人の親族が代理人となることができます。また、入国管理局に届出をした弁護士や行政書士が代理人となることもできます（入管規則6条の2第4項）。在留資格認定証明書交付申請を受けた地方入国管理局長は、基準省令の定める上陸審査基準該当性が認められ、かつ入管法5条1項に定める上陸拒否事由（1年以上の有罪判決を受けたことがある、麻薬・大麻等の取締りに関する法令に違反して刑に処せられたことがある、過去に退去強制を受け再上陸拒否期間を経過していないなど）に該当すると認められなければ（同規則6条の2第5項）、在留資格認定証明書を発行します。

　申請代理人が在留資格認定証明書の交付を受けたら、これを入国を希望する外国人のもとに送り、その外国人はこれを添付して在外日本領事館で査証（ビザ）の発給を受けます。査証発給の際にも在留資格認定証明書交付申請と同様の添付資料の提出を求められることが多いので、在留資格認定証明書交付申請の提出資料は、査証申請に備え予め2通作成しておくとよいでしょう。査証申請に必要とされる提出資料は、各在外公館で異なりますので、直接各在外公館に確認する必要があります。そして、その外国人が日本にやって来て入国（上陸）する際、在留資格認定証明書と査証を提示すると、他の上陸拒否事由がなければ在留資格認定証明書と同じ在留資格、在留期間で滞在が認められることになります。在留資格認定証明書は、交付の日から3か月以内に査証とともに入国審査官に提出して上陸の申請を行わないと失効するため、来日のスケジュールとの関係で注意が必要です（同規則別記第6号の4様式参照）。

　なお、在留資格認定証明書交付申請に対して不交付処分がされた場合、法律的には取消訴訟（行訴法3条2項）を提起して争うこともできますが、実際には不交付処分の理由を入国管理局に問い合わせて確認し、問題点を解決した上で再度申請を行うのが現実的な対応といえます。

3　在留資格取得申請

　外国人は通常、外国から日本に来るものであり、これらの外国人は空港や

港で上陸審査を受けるときに、上陸許可という形で在留資格が付与されますが、外国から入国しない場合もあります。例えば、日本国籍を持たないで日本国内で生まれた子は外国人なのでこの場合にあたります（国籍法2条の反対解釈）。

この場合、その子は出生から60日間は在留資格なく日本にいることができますが（入管法22条の2第1項）、それを超えて日本に在留する場合には出生後30日以内に居住地を管轄する地方入国管理局、支局又は出張所に在留資格取得申請をしなければなりません（同条2項）。また、日本において日本国籍を離脱した者も同様に、外国人となったのですから、日本に滞在するためには在留資格取得申請をする必要があります。

在留資格取得のためには、申請者が入管法別表第1及び第2のいずれかの在留資格に該当しなければならないことになります。なお、後に述べる、特別永住者の子については、同様の規定が入管特例法4条に定められています（「特別永住許可」）。

4 在留資格の類型

入管法上、在留資格は28種類あり、入管法別表に活動類型ごとに分類されて列挙されています。なお、入管法上の在留資格とは別に、入管特例法に基づき、我が国に在留するいわゆる在日韓国・朝鮮人及び台湾人には、「特別永住者」として、他の入管法上の在留資格に比べてより安定した法的地位が付与されています。

在留資格は、大きく分けると「一定の活動に基づく在留資格」（入管法別表第1）と、「一定の地位（身分）に基づく在留資格」（入管法別表第2）があります。このうち、入管法別表第1の表は、活動の類型に応じて、さらに5つの表に分かれています。また、各在留資格の在留期間は、入管規則別表第2に定められています。

(1) **入管法別表第1について**

入管法別表第1の1と第1の2は、日本で就労活動ができる資格です。このうち、第1の2は、基準省令が定める上陸審査基準の適用を受けます。

入管法別表第1の3と第1の4は、原則として就労活動が認められていません。このうち第1の4は、基準省令の適用を受けます。

また、入管法別表第1の5は、「特定活動」といい、個々の外国人に特定の活動内容が指定される在留資格です。活動内容が個々に指定されるため、いわば開かれた在留資格ですが、指定される活動内容と許可の要件については、一部、法務省告示によって類型化・明確化されています。

　なお、2018年10月の臨時国会において、国内で不足する人材の確保を図る必要のある分野において就労する、相当程度の知識又は経験を要する技能を要する業務に従事する外国人を対象とする「特定技能1号」、同分野において熟練した技能を要する業務に従事する外国人を対象とする「特定技能2号」の新設を内容とする議案が提出されており、今後、これらの在留資格が増える可能性があります。

(2)　**入管法別表第2について**

　入管法別表第2は、身分又は地位に基づく在留資格であり、「永住者」「日本人の配偶者等」「永住者の配偶者等」「定住者」の4つがあります。これらの在留資格は、就労が可能で、基準省令の適用を受けません。

(3)　**在留資格該当性の判断と立証**

　上陸（入国）にあたり、外国人が日本で行おうとする活動が特定の在留資格に該当することは、外国人自身が資料により明らかにしなければなりません。その際に必要となる提出資料については、先に述べたとおり入管規則別表第3に列挙されていますので、これらの資料をそろえて入国管理局に提出することになります。

　このように、在留資格には様々なものがありますので、外国人が日本で行おうとする活動がどの在留資格にあたるのか、どのような資料をそろえて提出すべきか、判断が難しい場合があります。申請に手間取ってしまったり、予定する活動にそぐわない申請をしたりすると、特にQ6で述べる在留資格変更申請などの際、法で定められた期間を経過して非正規滞在となり退去強制手続が開始されるなど、大きな不利益を受けてしまうこともあるため、十分な検討と余裕のある申請スケジュールを確保することが大切です。

（田中純一郎）

【図表1-1 外国人の在留資格一覧】

- (一) 一定の活動に基づく資格 （別表第1）
  - (1) 在留資格に対応する就労活動ができるもの（就労資格）

    （在留資格の名称）

    ○上陸許可基準の適用を受けないもの
    （別表第1の1）
    - ① 外　　交
    - ② 公　　用
    - ③ 教　　授
    - ④ 芸　　術
    - ⑤ 宗　　教
    - ⑥ 報　　道

    ○上陸許可基準の適用を受けるもの
    （別表第1の2）
    - ① 高度専門職
    - ② 経営・管理
    - ③ 法律・会計業務
    - ④ 医　　療
    - ⑤ 研　　究
    - ⑥ 教　　育
    - ⑦ 技術・人文知識・国際業務
    - ⑧ 企業内転勤
    - ⑨ 介　　護
    - ⑩ 興　　行
    - ⑪ 技　　能
    - ⑫ 技能実習

  - (2) 就労活動ができないもの（非就労資格）

    ○上陸許可基準の適用を受けないもの
    （別表第1の3）
    - ① 文化活動
    - ② 短期滞在

    ○上陸許可基準の適用を受けるもの
    （別表第1の4）
    - ① 留　　学
    - ② 研　　修
    - ③ 家族滞在

  - (3) 法務大臣が指定する活動内容により就労の可否が決められるもの
    （別表第1の5）
    - 特定活動

- (二) 一定の地位(身分)に基づく在留資格資格（別表第2）
  就労活動ができる
  ○身分又は地位を有するものとしての活動を行うことができるもの
  - ① 永住者
  - ② 日本人の配偶者等
  - ③ 永住者の配偶者等
  - ④ 定住者

(坂中英徳・齋藤利男『出入国管理及び難民認定法逐条解説』(改訂第4版．日本加除出版．2012年) 83ページ図表を基にその後の法改正〈2018.11.15現在〉を反映して作成)

2

在留管理制度

Q 外国人が日本に在留するにあたり、どのような管理制度が適用されるのですか。

A 現行の在留管理制度は、2012年7月に施行された改正入管法に基づいています。日本に中長期間にわたり在留する外国人（中長期在留者）を対象に、法務大臣が在留管理に必要な情報を継続的に把握しようとするものであり、対象者には「在留カード」が交付されます。

1　現行の在留管理制度

　法務大臣は中長期在留者の氏名、生年月日、性別、国籍、住居地、所属機関その他在留管理に必要な情報を取得・整理します（入管法19条の4、19条の18第1項）。ただし、個人情報保護の観点から、法務大臣が取得・保有できる情報は、在留管理の目的を達成するために「必要な最小限度の範囲」でなければならず、当該情報の取扱いにあたっては「個人の権利利益の保護に留意しなければならない」とされています（同法19条の18第3項）。

　また、入管法19条の16は、雇用関係や婚姻関係などの社会的関係が基礎となっている在留資格について、その社会的関係が継続しているか否かを把握するため、中長期在留者に対し、社会的関係に変更があった場合の届出を義務づけています。したがって、日本の企業や学校に所属している外国人は、所属機関に変更があった場合、変更が生じた日から14日以内にその旨を届け出なければなりません（同法19条の16第1号・2号）。また、配偶者として「家族滞在」「日本人の配偶者等」「永住者の配偶者等」で在留している外国人が、配偶者と離婚又は死別した場合も同様です（同条3号）。

　現行の在留管理制度導入に伴い、外登法に基づく外国人登録制度は廃止さ

れました。その一方で住民基本台帳法が改正され、中長期在留者については日本人と同様に住民票が作成されることになりました（住民基本台帳法30条の45）。

　ところで、従前の外国人登録制度では、不法入国者、超過滞在者などの非正規滞在者も外国人登録をすることができ、これを根拠に母子手当、教育など自治体が提供する行政サービスを一定範囲で受けることができていました。しかし、新たな在留管理制度はこれら非正規滞在者を対象としておらず（同条参照）、彼らの存在を自治体が把握する手段がなくなりました。新たな在留管理制度の導入により、受給が打ち切られるなどの事態が生ずることが懸念されましたが、そのような動きはあまり見られていないようです。ただ、新たに入国したり、転入したりした非正規滞在者の存在が地方自治体に把握されなくなったため、必要な支給を受けられない外国人が相当数いるものと考えられます。

2　在留管理制度の対象者

　入管法上の在留資格をもって適法に日本に中長期間在留する外国人で、具体的には次の①～⑥のいずれにもあてはまらない者が対象です（入管法19条の3）。

① 「3か月」以下の在留期間が決定された者
② 「短期滞在」の在留資格が決定された者
③ 「外交」又は「公用」の在留資格が決定された者
④ これらの外国人に準じるものとして法務省令で定める者（詳細は、入管規則19条の5）
⑤ 特別永住者
⑥ 在留資格を有しない者

3　在留カードとは

　在留カードとは、対象となる外国人に対し、上陸許可や在留資格の変更許可、在留期間の更新許可等の在留に係る許可に伴って交付されるものです（入管法19条の4）。在留カードには、写真が表示されるほか、次の事項が記載されます。また、偽変造防止のためICチップが搭載され、券面記載事

項の全部又は一部が記録されます。
　① 氏名、生年月日、性別、国籍等
　② 住居地
　③ 在留資格、在留期間、在留期間満了日
　④ 在留許可の種類及び年月日
　⑤ 在留カードの番号、交付年月日、有効期間満了日
　⑥ 就労制限の有無
　⑦ 資格外活動許可を受けているときはその旨
　なお、16歳以上の外国人には在留カードの常時携帯義務が課されます（同法23条2項・5項）。

4　「特別永住者」について

　「特別永住者」については、新たな在留管理制度の対象とはならず、「特別永住者証明書」が交付されます（入管特例法7条）。特別永住者証明書の記載事項は以下の必要最小限の内容とし、在留カードの記載事項と比べて大幅に削減されています（同法8条）。
　① 氏名、生年月日、性別及び国籍等
　② 住居地
　③ 特別永住者証明書の番号、交付年月日及び有効期間満了日

（生田　康介）

3 外国人の入国・出国手続

Q 外国人の入国・出国手続の流れはどのようなものですか。

A 一般に日本国の領土に上がるという意味での「入国」は、入管法上、「上陸」と定義されています。上陸の目的や期間によって、上陸に必要な手続は異なります。出国については自発的に出国するかどうかによって手続が異なります。

1 入国（上陸）手続について

(1) 上陸の要件

　外国人が日本に入国し、上陸するためには、原則として次の要件すべてに適合している必要があります。なお、「入国」とは、領海又は領空に入ること、「上陸」とは領土内に足を踏み入れることをいい、両者を区別して理解する必要があります。

　① 有効な旅券

　　まず、❶有効な「旅券」（パスポート）を所持していることが必要です（入管法6条1項、7条1項1号）。

　　有効期限を経過している旅券を所持していてもこの要件を充足しないため、日本に上陸を検討している外国人は、まず、自国で有効期間のある旅券を取得する必要があります。

　② 査証（ビザ）

　　次に、旅券に日本国領事官等からの❷有効な「査証」（ビザ）を受けていることが必要です（同法6条1項、7条1項1号）。

　　査証とは、外国にある日本大使館又は総領事館において発給するいわば推薦状であり、実際には旅券に証印を押してもらうことにより確認さ

れます。査証は外務省の所管とされます（外務省設置法4条1項13号）。

　例外的に、短期滞在目的の場合、日本と外国との間で互いに査証免除協定が締結されていると、査証を受ける必要がありません（入管法6条1項ただし書）。

　そこで、外国人が日本への上陸を検討する際には、自国が日本との査証免除の対象になっているかを確認する必要があります。これについては、P.15の図表1-2を参照してください。

　これに対し、長期滞在目的の場合には、査証免除が認められておらず、査証が発給されるかどうかの判断手続も厳格になる（すなわち、在外日本大使館から日本の外務省を経由し法務省入国管理局にて審査される）ことがあり、査証の取得まで時間がかかることになります。そこで、このような長期滞在目的の場合には、在留資格認定証明書を利用する方法が一般的です［⇨1］。

③　その他
　前記のほかに、❸申請に係る在留活動が虚偽のものではなく、かつ、在留資格付与の要件に関する入管法別表第1・第2、同規則等所定の基準に適合すること（入管法7条1項2号）、❹申請に係る在留期間が入管規則の規定に適合すること（同条項3号）、❺上陸拒否事由に該当しないこと（同条項4号）が必要です。

　❸及び❹は在留資格に関係する部分です［⇨1］。❺の上陸拒否事由については、［⇨5］。

(2)　**上陸許可等**

　前記のとおり、一部例外を除き、各要件をすべて満たした場合、上陸許可が出され、上陸することができます。

　もっとも、例外的に、前記の要件を欠いていた場合でも上陸許可がされる場合や上陸許可がなくとも上陸できる場合があります（入管法12条〜18条の2）。

(3)　**上陸審査**

　日本に到着した外国人は、入国審査官に対し上陸申請をして、上陸審査手続を経ることが必要です（入管法6条2項）。すなわち、上陸審査におい

て、前記上陸許可の要件充足の有無が審査され、旅券に上陸許可の証印を受けることによってはじめて合法的に上陸することができるとされており、これを受けない外国人は、退去強制及び刑事罰の対象となります。

まず、上陸申請に必要な外国人入国記録又は再入国記録に記入します。これらの出入国記録カードは、一般的に、EDカード(Embarkation and Disembarkation Card)と呼ばれています。このEDカードの「渡航目的」及び「日本滞在予定期間」の欄や、過去の退去強制歴の有無等の質問は、特に正確に記入する必要があります。

上陸審査は、日本到着後、船舶の場合は原則として船舶内、航空機の場合は、空港内の上陸審査場で行われます。

入国審査官は、提出されたEDカードを参照しつつ、旅券と査証を点検しますが、場合によっては、申請に虚偽がないことを裏付ける資料の提出を求め、上陸目的と滞在予定期間について質問します。長期滞在希望などで在留資格認定証明書の発給を受けている人は、これを提出することで審査は簡単に済みます［⇨1］。このようにして、上陸要件に適合するかどうかが審査され、上陸が許可されるかどうかが決定されます。これら上陸審査の際には、テロの未然防止を目的とし、原則として、指紋及び顔写真を提供する必要があり、これを拒むと入国が許可されないとされています（同法6条3項）。

上陸が許可されるときは、旅券にシール式の上陸許可の証印が押されます。この証印には、上陸許可年月日、在留資格、在留期間、上陸港名等が記載されます。上陸要件に適合しないとして上陸の許可を受けられない外国人は、口頭審理を受けることとなります。口頭審理以降の手続、救済措置については、［⇨4 以下］。

2　出国手続について

出国に際しては、出国審査手続により、入国審査官から出国の確認を受けなければなりません（入管法25条）。この目的は、滞在していた外国人の所在を確認することにあります。以下、在留期間内の出国かどうかに分けて説明します。

(1) **在留期間内の出国・再入国**

　出国の際には、「再入国出入国記録」に、氏名、生年月日、便名を記入し、再入国の予定の有無や予定出国期間については該当する欄にチェックをします。みなし再入国許可［⇨8］の適用を受けて再入国する予定の場合には、再入国の予定である旨の欄に忘れずにチェックをする必要があります。現在、中長期在留者で在留カードを交付されているが、再入国の予定はない、という場合には、在留カードを返納します。これに対し、再入国許可（みなし再入国許可を含む）又は法務大臣が交付した難民旅行証明書により出国する場合は、在留カードを入国審査官に返納せず、海外に持参することになります（再入国について［⇨8］）。

(2) **在留期間経過後の出国**

　これに対し、在留期間を過ぎている場合には、出国確認時に著しく手間がかかるため、在留期間を過ぎていないかどうかに注意し、万が一、出国までに在留期間が過ぎてしまう場合には、在留期間内に地方入国管理局・支局・出張所で在留期間更新の許可を受けておくことが必要です。

　在留期間が過ぎてしまったときには、退去強制の手続によることになります［⇨21］。

(3) **その他の場合**

　このほかに、出国確認の留保という制度もあります。これは、関係機関から当該外国人が死刑若しくは無期若しくは長期3年以上の懲役若しくは禁錮にあたる罪によって訴追されている場合、又はこれらの罪を犯している疑いにより逮捕状、勾引状、勾留状若しくは鑑定留置状が発せられているなど、一定の事由に該当する者である旨の通知を受けているときは、出国の確認の手続がされた時から24時間に限り、その者の出国の確認を留保することができるというものです（入管法25条の2）。

　したがって、該当する外国人はこのような場合、24時間は出国ができないことになります。

（上野一英・丸山由紀）

【図表1-2 査証免除措置国・地域一覧表】

2017年7月現在、計68の国・地域

上陸許可の際に付与される在留期間は、原則として、インドネシア、タイ及びブルネイは「15日」、アラブ首長国連邦は「30日」、その他の国・地域は「90日」となります。ただし、入国管理局の判断により、これよりも短い期間になることもあります。

6ヶ月以内の滞在が査証免除で認められている国・地域の人で、90日を超えて滞在する場合には、法務省(地方入国管理局)において在留期間更新手続を行う必要があります。

(アジア地域)

査証免除国・地域	滞在期間
インドネシア	15日以内
シンガポール	90日以内
タイ	15日以内
マレーシア	90日以内
ブルネイ	15日以内
韓国	90日以内
台湾	90日以内
香港	90日以内
マカオ	90日以内

(北米地域)

査証免除国・地域	滞在期間
米国	90日以内
カナダ	90日以内

(中南米地域)

査証免除国・地域	滞在期間
アルゼンチン	90日以内
ウルグアイ	90日以内
エルサルバドル	90日以内
グアテマラ	90日以内
コスタリカ	90日以内
スリナム	90日以内
チリ	90日以内
ドミニカ共和国	90日以内
バハマ	90日以内
バルバドス	90日以内
ホンジュラス	90日以内
メキシコ	6か月以内

(大洋州地域)

査証免除国・地域	滞在期間
オーストラリア	90日以内
ニュージーランド	90日以内

(中近東地域)

査証免除国・地域	滞在期間
アラブ首長国連邦	30日以内
イスラエル	90日以内
トルコ	90日以内

(欧州地域)

査証免除国・地域	滞在期間
アイスランド	90日以内
アイルランド	6か月以内
アンドラ	90日以内
イタリア	90日以内
エストニア	90日以内
オーストリア	6か月以内
オランダ	90日以内
キプロス	90日以内
ギリシャ	90日以内
クロアチア	90日以内
サンマリノ	90日以内
スイス	6か月以内
スウェーデン	90日以内
スペイン	90日以内
スロバキア	90日以内
スロベニア	90日以内
セルビア	90日以内
チェコ	90日以内
デンマーク	90日以内
ドイツ	6か月以内
ノルウェー	90日以内
ハンガリー	90日以内
フィンランド	90日以内
フランス	90日以内
ブルガリア	90日以内
ベルギー	90日以内
ポーランド	90日以内
ポルトガル	90日以内
マケドニア旧ユーゴスラビア	90日以内
マルタ	90日以内
モナコ	90日以内
ラトビア	90日以内
リトアニア	90日以内
リヒテンシュタイン	6か月以内
ルーマニア	90日以内
ルクセンブルク	90日以内
英国	6か月以内

(アフリカ地域)

査証免除国・地域	滞在期間
チュニジア	90日以内
モーリシャス	90日以内
レソト	90日以内

出典:外務省ホームページ http://www.mofa.go.jp/mofaj/toko/visa/tanki/novisa.html より作成

(注) 外交・公用旅券所持者は、取り扱いが異なる場合があります。
(注) 査証免除措置をとっている国のうち、査証取得奨励措置を導入している国があります。査証を取得せずに入国しようとする場合、日本入国時に厳格な入国審査が行われることになりますので、あらかじめご了承ください。
(注) 査証取得奨励措置の対象国は、ペルー(1995年7月15日以降)及びコロンビア(2004年2月1日以降)です。
(注) インドネシア及びアラブ首長国連邦の査証免除の対象はICAO(国際民間航空機関)標準のIC旅券を所持し、日本の在外公館で旅券の事前登録を行った方に限ります。
タイの査証免除の対象はICAO標準のIC旅券を所持する方に限ります。
台湾の査証免除の対象は、身分証番号が記載された台湾護照(旅券)を所持する方に限ります。
香港の査証免除の対象は、香港特別行政区旅券及び英国海外市民(BNO)旅券を所持する方(香港居住権所持者)に限ります。
マカオの査証免除の対象は、マカオ特別行政区旅券を所持する方に限ります。
マレーシアのICAO標準のIC旅券を所持していない方には査証取得勧奨措置を導入しています。
バルバドス、トルコ及びレソトの機械読取式旅券(MRP)でない旅券を所持する方に対しては、査証取得奨励措置を導入しています(バルバドス及びレソトにつき2010年4月1日以降、トルコにつき2011年4月1日以降)。

4 上陸審査不適合の場合の口頭審理・上陸特別許可

Q 私は、「定住者」の在留資格で滞在している外国人男性です。弟が私を訪ねて来ることになり、空路日本に到着し、空港で「短期滞在」の在留資格を申請したのですが、就労目的であると疑われたらしく、申請が許可されませんでした。上陸を認めてもらうにはどうすればよいですか。

A 口頭審理に備え、「短期滞在」の上陸条件に適合するとの資料を提出するなどの対応をする必要があります。親族訪問の場合、訪問する親族の陳述書、来日前のやりとりが記載された手紙、滞在後の予定、滞在費についての資料などをそろえるべきでしょう。口頭審理の際に、代理人を選任することもできます。また、親族が証人として出頭することも検討する必要があります。
口頭審理に間に合わなかった場合は、異議の申出の手続をとり、同様の資料を提出する必要があります。異議の申出も認められない場合は、退去命令の対象となります。

1 特別審理官への引渡しと口頭審理

　入国審査官は、申請者が上陸条件に適合すると判断した場合は上陸許可の証印を押し（入管法9条1項）［⇨3］、適合しないと判断した場合は、口頭審理を行うため、申請者を特別審理官へ引き渡さなければなりません（同法9条6項）。

　口頭審理は、申請者が特別審理官に引き渡された後、速やかに行わなければならないとされています（同法10条1項）。口頭審理には代理人の出頭、証拠の提出、証人尋問が認められています（同3項）。許可を受ければ、親

族や知人の1人が立ち会うこともできます（同4項）。代理人の資格に、法律上の制限はなく、弁護士や行政書士ではなくても代理人になれます。

口頭審理の結果、申請者が上陸条件に適合すると認定されたときは、直ちに申請者の旅券に上陸許可の証印が押されます（同8項）。逆に、適合しないと認定されたときは、特別審理官は申請者に対し速やかに理由を示してその旨を知らせ、さらに、その認定に異議を申し出ることができる旨を知らせなければなりません（同10項）。

2　異議の申出と法務大臣裁決、上陸特別許可

上陸条件に適合しないと認定された申請者は、その通知を受けた日から3日以内に法務大臣に対し異議を申し出ることができます（入管法11条1項）。異議の申出があると、法務大臣は、異議の申出に理由があるかどうかを裁決し、その結果を主任審査官に通知します（同3項）。

異議の申出に理由があるとの法務大臣裁決がなされた場合、直ちに申請者の旅券に上陸許可の証印が押されます（同4項）。これに対し、異議の申出に理由がないとの法務大臣裁決がなされた場合は、退去命令が発せられます（同6項）。

なお、入管法12条1項は、上記の裁決にあたり、異議の申出が理由がないと認める場合でも、「法務大臣が特別に上陸を許可すべき事情があると認めるとき」などにおいては、例外的に上陸を特別に許可することができるとの例外を定めています。この上陸特別許可がなされると、在留資格が認められ申請者の旅券に上陸許可の証印が押されることになります（入管法12条2項、11条4項）。

3　仮上陸許可

主任審査官は、上陸手続において特に必要があると認める場合には、その手続が完了するまでの間、申請者に対し仮上陸を許可することができます（入管法13条1項）。仮上陸が許可された場合、申請者に対し仮上陸許可書が交付されます（同2項）。そのほか、住居等の制限、出頭義務、保証金の納付（同3項）など、退去強制手続における仮放免［⇨21］の場合と同様の規定があります。

4　本問の場合

　在留資格「短期滞在」は、本問のような親族訪問目的での滞在のほか、観光、短期商用などが典型例です。しかし、特に査証免除措置がとられている場合は、査証取得のための事前の手続がないため、上陸手続の際に在留資格該当性がないと判断される可能性があります。

　具体的には、報酬を受ける活動を行う可能性はないか、予定されている期間滞在できるだけの資金があるかなどが審査され、そのために、観光日程、訪問する親族に係る資料、会合の場所及び内容を明らかにする資料、滞在に必要な費用を支払えることを明らかにする資料などの提出を求められることがあります（「入国・在留審査要領」法務省入国管理局）。

　そして、本問のように、親族訪問目的で来日したが入国審査官による審査において上陸が許可されなかった場合、口頭審理において、上記の資料をあらためて提出する必要があります。代理人が就任して資料を追完し、場合によっては親族が証人として出頭することが必要となる場合もあるでしょう。口頭審理に間に合わない場合は、異議の申出をして、同様の資料を提出する必要があります。

（生田　康介）

5 上陸拒否事由と上陸の拒否の特例

Q 私は、日本在住の日本人男性です。非正規滞在の中国人女性と結婚し在留資格取得の手続をとろうとしていた矢先、妻が警察に逮捕された後、入国管理局に送られ、2年前に退去強制処分になってしまいました。妻が退去強制させられたのはこのときがはじめてです。その後も、私が年に数回中国へ行き、手紙のやりとりも続けています。妻を日本に呼び寄せる方法はないでしょうか。

A 退去強制となった日から5年以内は、上陸拒否事由に該当します。そこで、上陸を特別に許可すべき事情があることを明らかにする資料を添えて、「日本人の配偶者等」の在留資格認定証明書の交付申請をし、同証明書の交付を得てから来日し、上陸の許否の特例の適用を求めることが考えられます。

1 上陸拒否事由

　入管法5条1項各号に定める上陸拒否事由は、以下のとおりです。詳細については同条の条文を参照してください。

　① 法定の感染症の患者等（1号）
　② 法定の精神障害者（2号）
　③ 貧困者、放浪者等（3号）
　④ 日本国又は日本国以外の国の法令に違反して、1年以上の懲役若しくは禁錮又はこれらに相当する刑に処せられたことのある者（政治犯罪は除く）（4号）
　⑤ 薬物事犯・売春事犯関係者（5号、6号、7号、9号）
　⑥ 国際会議等を暴力的に妨害するおそれのある者（5号の2）

⑦　人身取引を行い又は助けた者（7号の2）
⑧　銃刀類若しくは火薬類を不法に所持している者（8号）
⑨　退去強制若しくは出国命令による出国となった日から一定期間を経過していない者（9号）
⑩　別表1の在留資格を有する者が特定の犯罪で懲役若しくは禁錮の刑の判決を宣告され、その後出国している間に判決が確定してから5年を経過していない者（9号の2）
⑪　テロ行為など公安を害する可能性のある者（10～14号）

2　上陸の拒否の特例

　本問のように、申請者が以前に一度退去強制となったことがある場合、その日から5年以内は入管法5条1項9号ロに該当するので、上陸特別許可[⇨4]が認められない限り上陸申請は許可されないのが原則です。

　なお、1999年の入管法改正以前は、退去強制となった外国人の上陸拒否期間は「1年」でしたが、同改正により「5年」へと大幅に伸長されました。ただし、このときの国会審議において、日本国内に家族を残しているなど人道上の配慮が必要なケースに対応できるよう、上陸特別許可の運用については、「家族的結合等……に十分配慮」すべきとの付帯決議が両院で可決されています。

　さらに、上陸拒否事由がある者の再入国手続について従来は上陸特別許可が必要でしたが、2009年の入管法改正により、「上陸の拒否の特例」制度が導入され手続が簡素化されました（入管法5条の2）。
　上陸の拒否の特例とは、一定の上陸拒否事由に該当する方が、以下のいずれかに該当する場合で法務大臣が相当と認めるときは、不法残留により退去から5年を経過していないなど一定の上陸拒否事由が該当している場合であっても、そのことのみをもっては上陸を拒否しないこととすることができる、とする制度です（入管規則4条の2第1項）。上陸の拒否の特例が適用される場合には、当該外国人に対して、その旨の通知書が交付されます。
①　再入国許可が与えられた場合
②　難民旅行証明書が交付された場合であって、在留資格を有する場合
③　在留資格認定証明書が交付された場合

④ 査証（ビザ）を取得した場合で特別の理由があると法務大臣が認めた場合
⑤ 在留資格変更許可、在留期間更新許可、在留資格取得許可、永住許可、在留特別許可など在留にかかる許可を受け、在留資格をもって在留している場合

　具体的には、前記の付帯決議にある「家族的結合」があるケースなどにおいては、在留資格認定証明書の交付が受けられる可能性があり、交付を受ければ上記③に該当するので、上陸特別許可を経ずに入国できる可能性が高いといえます。

3　本問の場合

　本問の場合、妻が退去強制となってから2年しか経過していないので、上陸拒否事由に該当します。とはいえ、前記の付帯決議にある「家族的結合」があるケースなので、上陸の拒否の特例に該当するとして上陸が認められる可能性はあります。

　その手続ですが、来日前に、上陸を特別に許可すべき事情があることを明らかにする資料を添えて、「日本人の配偶者等」の在留資格認定証明書の交付申請をします。具体的には、退去強制後も配偶者のもとを頻繁に訪れていること、手紙のやりとりをしていること、電話や電子メールのやりとりをしていることなどを証明する資料を提出します。

　そして、入国管理局において、家族的結合についても審査の上、同証明書の交付の可否が決せられます。このような手続を経て在留資格認定証明書が交付されれば、来日までの事情変更がない限り、原則として上陸が許可されることになります。

（生田　康介）

6

在留期間の更新・資格変更

Q 在留期間を延長することができますか。また、他の在留資格に変更することができるのでしょうか。

A 在留期間を延長するには、期間内に在留期間更新許可申請をして許可を受ける必要があります。在留資格の変更も同様に在留資格変更許可申請をして許可を受ける必要があります。

1 在留期間更新と在留資格変更

　日本に在留している外国人が在留期間を経過した後も日本に同一目的を持って滞在することを希望する場合には、在留期間の更新を申請することができます（「在留期間更新許可申請」入管法21条1項）。「永住者」「高度専門職2号」は在留期間が無期限であり、「外交」の場合も特定の期間が定められていませんが、それ以外の在留資格で滞在する外国人は一定の在留期間ごとにその更新をすることが必要となっています。

　また、ある在留資格で日本に滞在する外国人が、日本にいるままで他の在留資格への変更を申請することもできます（「在留資格変更許可申請」入管法20条1項）。例えば、留学生が大学卒業後に日本で就職するために、留学の在留資格から「人文知識・国際業務」や「技術」などの就労可能な他の在留資格へ変更する場合、日本人の配偶者が離婚後も日本にとどまって日本人との間の子を育てるために「定住者」への資格変更を申請する場合などです。

2 申請手続

　「在留期間更新許可申請」と「在留資格変更許可申請」は、居住地を管轄する地方入国管理局、支局又は出張所に入管規則所定の申請書（各地方入国

管理局及び支局・出張所で用紙の交付を受けられるほか、法務省入国管理局のホームページからもダウンロードできる）とともに旅券、在留資格証明書等と在留資格該当性等を疎明する資料を入国管理局に提出して行います。

在留期間が満了してしまった後に在留期間更新や変更の申請をすることは原則としてできないため、十分に注意することが必要です。

「在留期間更新許可申請」は期間満了のおおむね3か月前から申請することができます。「在留資格変更許可申請」は、資格変更を必要とする事情が発生した際に変更すべきもので「いつまでにする」ということはありません。また、変更許可申請が不許可となった場合は直ちに現在の在留資格が失われるものではありませんが、在留資格取消（入管法22条の4）の対象になる可能性があるので注意が必要です。

3 申請書類の提出

在留期間更新や在留資格変更が許可されるためには、更新、変更した後の在留資格該当性のあることが前提となることは当然ですが、それは「当該外国人が提出した文書により」判断されるものとされており、上陸許可の場合と同様に、申請に対する許否の判断は申請者の提出した資料により判断されるものとされています。更新、変更申請に際して、申請者が提出すべき資料については、入管規則別表に定められていますが、これしか提出できないということではなく、法務省入国管理局のホームページでは、在留資格ごとに添付すべき書類として、これ以外の書類も含めて具体的に記載した案内を掲載しています。

東京入国管理局の取扱いでは、更新許可申請があると、受理番号（例えば東京入国管理局での就労を目的とする資格の更新申請であれば「東労E○○号」）の記載された申請受付票とともに、在留カードに申請中である旨を記載して返還します。追完すべき書類がある場合は、その場で、又は後日手紙で追完が指示されます。結果については、後日、ハガキ等での連絡により入国管理局に呼び出されて告知されます。

4 許可処分の裁量性について

在留期間更新、在留資格変更許可申請は、法文上「相当の理由があるとき

に限り」許可されるものとされており（入管法20条3項、21条3項）、その趣旨は、許否の判断が法務大臣の裁量行為であることを意味するとされています。もっとも在留資格該当性（及び多くの在留資格では、より具体的な基準を定めた基準省令に適合していること＝「基準適合性」といわれる）が、法規の定める要件を充足していることだけが求められる羈束行為であるため、更新や変更許可申請に際しては、その時点での在留資格該当性、基準適合性が再確認されるに過ぎません。

　ですから、変更許可や更新許可の許否の判断が裁量行為とされる具体的な意味は、上陸してから許可申請までの、日本における在留状況、活動実績を考慮することができるということを意味するものと解されます。例えば、以前の在留期間中に犯罪行為を犯した場合や「経営・管理」の在留資格で中華料理店を経営していた者が超過滞在者を雇用したとして在留期間更新が認められなかったというような実例があります。一般的に考慮される事情は、法務省入国管理局の発表する「在留資格の変更、在留期間の更新許可のガイドライン」に示されています。

　更新、変更許可申請が受理され許否の決定がなされないうちに在留期間が満了してしまった場合でも、決定があるか、従前の在留期間の満了の日から2か月を経過するまでは、特例期間として在留を続けることができ、非正規滞在になるわけではありません（同法20条5項、21条4項。ただし、従前の在留期間が30日以下の場合はこの制度が適用されないため、後日、許可になったときにさかのぼって申請中の在留資格を与える手当がされています）。また更新、変更申請中であっても、現在の在留期間が満了するまでであれば、後記の再入国許可又はみなし再入国許可を利用して出国し、帰国することができます。在留期間更新許可申請や、在留資格変更許可申請が不許可となっても、現在有する在留資格（在留期間）に影響を与えるものではありません。

（小林明隆・丸山由紀）

7 永住権

Q 私（外国人）は日本人と結婚して5年が経ったので日本の永住権をとりたいと希望していますが、手続について教えてください。

A 永住許可申請をして許可を受ける必要があります。

1 「永住者」の在留資格

　入管法別表第2には「永住者」という在留資格があります。「永住者」の在留資格は、日本に一定の在留資格を持って滞在する者のうち、永住許可を申請した者に対して、法務大臣が永住を許可した場合に得られることになります（入管法22条）。アメリカ合衆国のように、外国に居住している者に対して永住権を与えるということはなく、はじめから永住を目的としての日本への上陸許可はあり得ないことになります。永住許可の要件は入管法22条2項に定められていますが、それによると、法務大臣は永住許可申請があった場合、申請者が、❶素行が善良であること、❷独立の生計を営むに足りる資産又は技能を有すること、の2つの条件を満たし、かつ「その者の永住が日本国の利益に合すると認めたときに限り」これを許可する（同条2項）ものとされています。

　ただし、日本人や永住者の配偶者や子の場合、上記❶❷の条件はともに不要とされ（入管法22条2項ただし書）、また難民認定を受けた者については上記❷の条件が不要とされています（同法61条の2の11）。

　永住者は他の在留資格と異なり在留期間が無期限であり、日本における活動には制限がありません。永住許可がなされた場合には新たに在留カードが交付され、交付の時に許可の効力を生じます（同法22条3項）。

　なお、永住者であっても退去強制事由（同法24条）に該当する場合は退

去強制の対象となります。ただし、その場合も、「永住者」であることをもって在留特別許可の対象となり得ることが明文で規定されています（同法50条1項1号）。

2　「永住者」の資格該当性

　現在の入国管理局の実務上の取扱いは、公表されている法務省の「永住許可に関するガイドライン」（2017年4月改定、以下、「ガイドライン」という）でおおよそを知ることができます。これによれば、日本人や永住者の配偶者であり、その婚姻関係が実体を伴うもので、引き続き1年以上日本に居住している場合には3年以上、「定住者」在留資格で滞在している場合には5年以上経過すれば、永住許可が認められることが多くなっています。それ以外の例えば、「経営・管理」「技術・人文知識・国際業務」といった在留資格の場合には、相当長期間（10年以上）の滞在が必要とされています。

　ただし、「高度専門職」に該当する外国人については、一定の要件を満たす場合に3年以上又は1年以上の在留で足りるとする優遇策があります。また、「外交、社会、経済、文化等の分野において我が国への貢献があると認められる者」については、5年以上の在留で足りるとされます。さらに、地域再生法に基づく地域再生計画において明示された同計画の区域内の公私の機関に所属する外国人研究者等が、日本への貢献があると認められた場合には、3年以上の在留で足りるとする優遇策もあります。

　ガイドラインでは、原則として、現在有している在留資格の最長の在留期間を許可されていることを要求しています。ただし、2012年7月施行の入管法改正に伴う施行規則の改正により、多くの在留資格に「5年」という在留期間が新設されたことに伴い、当面は、在留期間「3年」を許可されていればよいものとされています。

3　従来の在留資格での在留期間との関係

　永住許可申請は、従来の在留資格から「永住者」という在留資格への変更を求める申請ですから、在留資格変更許可申請の特殊な場合ともいえるものです。そのため、ある在留資格に基づく在留期間が満了する以前に永住許可申請をしても、その申請の効果として日本に在留することはできず、現在の

在留期間が満了すると非正規滞在になってしまいます。したがって、永住許可申請を行う場合にも、在留期間が満了するときには、必ず元の在留資格での在留期間更新許可申請を別にしておかなければなりません。

(小林明隆・丸山由紀)

8 再入国

Q 私は、日本に留学生として来ていますが、夏休みに一時帰国したいと考えています。特に手続をとらずに帰っても、再来日は可能でしょうか。

A 在留カードの交付を受けている中長期在留者や特別永住者等は、比較的短期間の出国の場合には、「みなし再入国許可」の利用により、出国前の在留資格を保持しながら本国又は第三国に出国し、再度日本に上陸することができます。「みなし再入国許可」の期限を超える可能性がある場合や、みなし再入国許可を利用できない場合は、予め入国管理局で再入国許可を受ける必要があります。

1 在留資格と出国－再入国許可とは

　在留資格は日本にいる限りのものであり、日本に在留する外国人が出国すると、それまで持っていた在留資格を失うものとされています。これは在留期間が定められていない「永住者」や入管特例法に基づく「特別永住者」の場合も同様です。したがって、いったん日本から出国した後に、日本に再上陸する場合にはあらためて入国査証の発給を受け、さらに上陸審査に際してその上陸条件適合性を証明しなければならないことになります【最判平成10・4・10民集52巻3号677頁】。

　しかし、外国人は予め「再入国許可」を受けておくことにより、出国前の在留資格を保持しながら一時帰国、業務出張などで本国又は第三国に出国し、再度日本に帰ることができます（入管法26条）。再入国許可には、有効期間内に何度でも出国－再入国ができる数次再入国許可と、そのとき1回だけの再入国許可とがあります。再入国許可の有効期間は、5年を超えず、か

つ現在の在留期間の範囲内です（同3項。特別永住者は入管特例法23条1項により6年）。

2 みなし再入国許可制度

2009年改正法により導入された「みなし再入国許可」制度は、上記のような再入国制度の建前は維持しつつ、有効な旅券と在留カードを所持する外国人が再び日本に入国する意図を表明して出国した場合であって、出国後1年以内に再入国する場合には、再入国許可を得たものとみなすというものです（入管法26条の2）。特別永住者については、再入国可能な出国後の期間が2年間とされています（入管特例法23条2項）。実務上、再び日本に入国する意図の表明は、外国人入国記録・再入国出国記録（EDカード）にチェックをすることによって行われます［⇨3］。

2012年7月にこの改正法が施行されて以来、日本に滞在する外国人が予め再入国許可を取得しておくことを必要とする場合は、著しく減少しました。ただし、みなし再入国許可は国外で延長することができないため、みなし再入国許可の期限を超えてしまう可能性がある場合には、予め再入国許可を取得する必要があります［⇨3］。

在留資格取消手続中の方、出国確認の留保対象者、収容令書の発付を受けている方、難民認定申請中の「特定活動」の在留資格の方などについては、みなし再入国許可の適用除外となっています（入管規則29条の4）。

また、一定の前科があるなど上陸拒否事由に該当する場合には、上陸拒否の特例［⇨5］の適用を受けるために、予め再入国許可を取得する必要のある場合もあります。

（小林明隆・丸山由紀）

9 外国人配偶者と親族の呼び寄せ

Q 私（日本人）は、X国の現地法人に駐在員として滞在中、同国籍の女性と結婚して同居していましたが、この度急きょ単身日本に帰国しました。妻を日本に呼び寄せたいのですが、どうすればよいでしょうか。また、10歳になる妻の連れ子や、将来的には一人暮らしの妻の母親も日本に呼びたいのですが、それは可能でしょうか。

A 「日本人の配偶者等」の在留資格で在留資格認定証明書を取得します。連れ子は「定住者」、妻の母親は「特定活動」の在留資格を取得できる可能性があります。

1 外国人配偶者の呼び寄せ

相談者の妻は、「日本人の配偶者等」の在留資格に該当します。そのため、妻を日本に呼び寄せる場合、相談者が申請代理人となって、申請に必要な提出資料をそろえて「日本人の配偶者等」の在留資格で在留資格認定証明書交付申請を行うことになります。在留資格認定証明書については、[⇨1]。

2 「日本人の配偶者等」の在留資格

(1) 「日本人の配偶者等」在留資格の概要

① 「日本人の配偶者等」の在留資格は、日本人の配偶者若しくは民法817条の2の規定による特別養子又は日本人の子として出生した者に与えられます（入管法別表第2）。

「配偶者」とは、日本人と法律上の婚姻関係にある外国人のことをいいます。内縁関係にある場合や日本人の相手方配偶者と死別したり離婚

したりした場合は含まれません。また、入管法の規定が「身分若しくは地位を有する者としての活動を行うことができる」と規定していることから（同法2条の2第2項）、法律上婚姻関係にあることに加え、入国管理局の実務上、日本人の配偶者と同居して夫婦共同生活を営む必要があるとされています。

「民法817条の2の規定による特別養子」は、養子縁組により養父母との間に実子と同様の親子関係を成立させることを目的とする制度です。特別養子縁組は、❶子の利益のため特に必要があると認められる場合に、❷原則として6歳未満の幼児について、❸家庭裁判所の審判によって成立します。特別養子は、生みの親との親子関係が消滅して嫡出子の身分を取得するので、この在留資格が認められますが、一般の養子には認められませんので注意が必要です。

「日本人の子として出生した者」とは、日本人の実子をいい、嫡出子のほか、認知された非嫡出子も含まれます。ただし、その子の出生時に父若しくは母のいずれか一方が日本国籍を有していた場合、又は出生前に父が死亡していた場合に、その死亡時に父が日本国籍を有していたものに限られます。したがって、その子が出生した後に父母いずれかが日本国籍を取得しても、「日本人の子として出生した者」には該当しません。

② この在留資格は、上陸審査基準（基準省令）の適用を受けません。
③ この在留資格の在留期間は、5年、3年、1年又は6か月です（入管規則別表第2）。実際には、最初の在留期間は1年となることが多いようです。

(2) **提出書類と注意すべき事項**

相談者の場合、在留資格認定証明書交付申請に必要な書類は、以下のとおりです（入管規則別表第3）。

① 当該日本人との婚姻を証する文書及び住民票の写し
  ・相談者の戸籍謄本（婚姻が記載されているもの）
  ・住民票の写し
② 当該外国人又はその配偶者の職業及び収入に関する証明書
  ・相談者の在職証明書、納税証明書、源泉徴収票、確定申告書写し等

③　日本に居住する当該日本人の身元保証書
・入国管理局に備付けの用紙があります

　なお、上記以外に、入国管理局に備えられている「質問書」という定型用紙があり、知り合った経緯、過去の出入国歴、結婚歴、来日後の住居、家族構成等を記入して提出する必要があります。

　また、入国管理局では、日本人の配偶者の申請について、いわゆる偽装結婚の可能性を考慮し審査を厳しくしています。配偶者との年齢差が大きかったり、過去に退去強制歴があったりするなど、偽装結婚と疑われるような場合には婚姻に至る経緯について詳しい補充書面を提出したり、結婚と婚姻生活の実態を示す写真を提出したりするなどして、審査官に申請内容を信用してもらえるよう工夫する必要があります。

3　外国人配偶者の親族呼び寄せ

(1)　在留資格

　10歳になる妻の連れ子と妻の母親について、そのままあてはまる在留資格はありません。先に述べた「日本人の配偶者等」にもあたりません。相談者と彼らには血縁関係・身分関係がないからです。そこで、日本に在留する必要性を個別的に明らかにして、開かれた在留資格である「定住者」の在留資格の付与を求めることになります。

(2)　「定住者」在留資格

　「定住者」の在留資格は、法務大臣が特別な理由を考慮し一定の在留期間を指定して居住を認める者に与えられます（入管法別表第2）。したがって、この在留資格を付与するかどうかについては、個別の事案ごとに、法務大臣がその必要性を審査して判断することになります。

　もっとも、個別の事案ごとの必要性を審査する基準がないと手続が煩雑になったり不明確になったりすることから、法務省は、上陸時にこの在留資格を付与する必要性を判断するための一定の基準を定めています（「出入国管理及び難民認定法第7条第1項第2号の規定に基づき同法別表第2の定住者の項の下欄に掲げる地位を定める件」（平成2年法務省告示第132号）以下、「定住者告示」という）。

　定住者告示は、概要以下の地位にある者に「定住者」の在留資格を付与す

るとしています。

① ミャンマー難民のうち一定範囲のもの（1号、2号）
② いわゆる日系2世（3号）並びに配偶者（5号ハ）及び未成年で未婚の実子（6号ハ）
③ いわゆる日系3世（4号）並びに配偶者（5号ハ）及び未成年で未婚の実子（6号ハ）
④ 日本人の子として出生し、「日本人の配偶者等」の在留資格をもって在留する者の配偶者（5号イ）
⑤ 「定住者」（在留期間1年以上）の在留資格を持つ者の配偶者（5号ロ）
⑥ 日本人又は一定の外国人（「永住者」、在留期間1年以上の「定住者」、「特別永住者」、これらの者の配偶者）又はその配偶者の扶養を受ける未成年で未婚の実子（6号イ・ロ・ハ・ニ）
⑦ 日本人又は一定の外国人（「永住者」、期間1年以上の「定住者」、「特別永住者」、これらの者の配偶者）の6歳未満の養子（7号）
⑧ いわゆる中国残留邦人等と一定のその親族（8号）

(3) 本問の場合

　本問の場合、外国人配偶者の連れ子は、定住者告示6号イ（日本人又は一定の外国人）に該当しますので、「定住者」の在留資格が付与される可能性があります。

　一方、外国人配偶者の母親は、定住者告示にあてはまりません。もっとも、「定住者」や「特定活動」の在留資格は、個々の外国人について特別な理由を考慮して日本での在留を認める在留資格であることから、在留を必要とする特別な理由を考慮して付与される可能性があります。

　現在の入国管理局の実務では、70歳以上で外国人の本国で扶養や看護が期待できない場合や、70歳未満でも持病があり日本での療養看護が必要な場合、「特定活動」の在留資格が付与されることがあります。

（田中純一郎）

10 留 学

Q 私（外国人）は、日本の文学に興味があり、高校卒業後、日本の大学で日本文学の勉強をしたいと考えています。どのような在留資格を取得すればよいでしょうか。

A 在留資格認定証明書交付申請をして、「留学」の在留資格を取得することになります。

1 「留学」の在留資格

　「留学」の在留資格は、日本の大学、高等専門学校、高等学校、中学校、小学校、専修学校、各種学校（日本語学校）等で教育を受ける活動を行う場合に認められます（入管法別表第1の4）。相談者の場合、❶十分な日本語能力があることを証明できるのであれば、日本の大学の入学許可を得た上で、「留学」の在留資格認定証明書の交付申請を行うことになります。❷もし、日本の大学に入学する前に、まず日本で日本語を習得しようと考えるのであれば、日本語学校に入学手続をして、「留学」の在留資格認定証明書の交付申請を行い、大学進学を目指すことになります。

　「留学」の在留資格の上陸審査基準及び提出資料一般については、基準省令及び入管規則別表第3を参照してください。在留資格認定証明書交付申請の手続については、[⇨1]。

　この在留資格の在留期間は、入学時期や来日時期に応じ、4年3か月、4年、3年3か月、3年、2年3か月、2年、1年3か月、1年、6か月又は3か月とされています（入管規則別表第2）。

2　大学等に入学する場合（❶のケース）

(1) **上陸審査基準**
   ① 申請人が日本の大学若しくはこれに準ずる機関、専修学校の専門課程、外国において12年の学校教育を修了した者に対して日本の大学に入学するための教育を行う機関又は高等専門学校に入学して教育を受けること。
   ※夜間通学又は通信教育は除かれます。
   ② 申請人が日本に在留する期間中の生活に要する費用（「生活費用」）を支弁する十分な資産、奨学金その他の手段を有すること。ただし、申請人以外の者が申請人の生活費用を支弁する場合は、この限りでない。

(2) **立証資料**
   ① 入管規則別表第3には、以下の資料が挙げられています。
     a）教育を受けようとする機関の入学許可書の写し
     b）在留中の一切の経費の支弁能力を証する文書、当該外国人以外の者が経費を支弁する場合には、その者の支弁能力を証する文書及びその者が支弁するに至った経緯を明らかにする文書
   ② 実際の申請手続における提出資料としては、以下のような書類が挙げられます（状況に応じて適宜提出する書類もあります）。
     ・入学許可書（学部・学科等の記載があるもの）写し
     ・入学金払込書写し
     ・学歴に関する証明書（卒業証明書・卒業証書写し　※申請時に原本を提示する）
     ・本人の履歴書（学歴・職歴等を記載）
     ・学費、生活費の支弁に関する書類
       ア）本人支弁の場合
         ・奨学金の給付に関する証明書、本人名義の銀行等の預金残高証明書等
       イ）親族送金による場合
         ・送金者の経費支弁書・経緯説明書
         ・送金者名義の預金残高証明書・送金証明書等

・志望理由及び進路説明書

3 日本語学校に入学する場合（❷のケース）

(1) 上陸審査基準
① 申請人が日本の高等学校（中等教育学校の後期課程を含む）若しくは特別支援学校の高等部、専修学校の高等課程若しくは一般課程又は各種学校若しくは設備及び編制に関してこれに準ずる教育機関に入学して教育を受けること。
※定時制、夜間通学又は通信教育は除かれます。
①-2（日本語学校で教育を受ける場合）　申請人が専修学校の高等課程若しくは一般課程、各種学校又は設備及び編制に関して各種学校に準ずる教育機関において専ら日本語の教育を受けようとする場合は、当該教育機関が法務大臣が告示をもって定める日本語教育機関であること。
※「告示をもって定める日本語教育機関」とは、平成2年法務省告示第145号別表第2に定める機関をいいます。
② 申請人が生活費用を支弁する十分な資産、奨学金その他の手段を有すること。ただし、申請人以外の者が申請人の生活費用を支弁する場合は、この限りでない。

(2) 立証資料
① 入管規則別表第3には、以下の資料が挙げられています。
　a）教育を受けようとする機関の入学許可書の写し
　b）卒業証明書及び経歴を明らかにする文書
　c）在留中の一切の経費の支弁能力を証する文書、当該外国人以外の者が経費を支弁する場合には、その者の支弁能力を証する文書及びその者が支弁するに至った経緯を明らかにする文書
② 実際の申請手続における提出資料としては、以下のような書類が挙げられます（状況に応じて適宜提出する書類もあります）。
・入学許可書（学科、課程の記載があるもの）写し
・入学金払込書写し
・学歴に関する証明書（卒業証明書・卒業証書写し　※申請時に原本を提示する）

・本人の履歴書（学歴・職歴等を記載）
・学費、生活費の支弁に関する書類
　ア）本人支弁の場合
　　・奨学金の給付に関する証明書、本人名義の銀行等の預金残高証明書等
　イ）親族送金による場合
　　・送金者の経費支弁書・経緯説明書
　　・送金者名義の預金残高証明書・送金証明書等
　　・進路予定説明書

（田中純一郎）

11

在留資格「留学」の
外国人のアルバイト・卒業後の就職活動

Q 私は、在留資格が「留学」である外国人大学生ですが、日本でアルバイトができますか。また、卒業後に就職活動はできるのでしょうか。

A 資格外活動の許可を受ければ、アルバイトをすることができます。卒業後は、「特定活動」の在留資格に変更することにより、最長1年間、就職活動をすることができます。また、大学を卒業後、就職活動により内定を得た外国人は、一定の条件のもと、「特定活動」の在留資格で就職するまでの間、最長1年6か月（ただし、内定後1年以内）在留することができます。

1 アルバイト

　在留資格が「留学」である外国人は、資格外活動の許可を受けることで、アルバイトをすることができます。資格外活動許可は、❶就労が認められない在留資格を持って在留する外国人が、本来の在留目的とする活動と合わせて就労活動を行おうとする場合、❷就労活動を目的とする在留資格をもって在留する外国人が、本来の在留目的とする活動と合わせてその在留資格に該当しない就労活動を行おうとする場合に、受ける必要があります（入管法19条1項）。資格外活動許可は、本来の在留資格に属する活動を主たる活動として維持することを前提として与えられるものなので、本来の在留資格に属する「活動の遂行を阻害しない範囲内で」、「相当と認めるとき」に付与され（同法19条2項）、これに該当するか否かは、個々の案件ごとに、具体的な事情に基づいて判断されます。

　実務的には、留学生（専ら聴講による研究生及び聴講生を除く）からアルバイトをするために資格外活動の許可申請があった場合は、時間及び稼動先

に関する一定の制限の下に、一律かつ包括的な許可が付与されるという取扱いが行われており、その申請は、原則として管轄の地方入国管理局に本人又は取次者が申請書を提出して行います。在留資格「留学」で新規入国する場合（在留期間「3月」の場合を除く）には入国した空港の入国管理局で申請をすることもできます。

　資格外活動許可が認められると、旅券に証印シールが貼付され、在留カードにも要旨が記載されます。

　時間の制限は、原則として、1週について28時間以内であり、教育機関の長期休業期間（夏季休業、冬季休業及び春季休業として当該教育機関の学則等により定められているものをいう）にあっては1日について8時間以内とされています。稼動先の制限としては、いわゆる風俗関係の仕事、すなわち「風俗営業若しくは店舗型性風俗特殊営業が含まれている営業所において行われるもの又は無店舗型性風俗特殊営業、映像送信型性風俗特殊営業、店舗型電話異性紹介営業若しくは無店舗型電話異性紹介営業に従事するもの」は除かれます（入管規則19条5項1号）。

　留学生の家族（「家族滞在」の在留資格を持って在留する者）についても、風俗関係の仕事を除き、週28時間以内の就労活動を行うことについて、包括的に資格外活動が許可されます。

　かかる許可なくアルバイトをした場合で、就労活動を「専ら行っていると明らかに認められる者」は、退去強制手続の対象となり（入管法24条4号イ）、3年以下の懲役若しくは禁錮若しくは300万円以下の罰金に処せられます（併科含む）（同法70条1項柱書、4号）。また、「専ら行っていると明らかに認められる者」でないときでも、退去強制手続の対象とはならないものの、1年以下の懲役若しくは禁錮若しくは200万円以下の罰金に処せられます（併科含む）（同法73条）。

2　就職活動

　外国人留学生が卒業した場合には、「留学」の在留資格に該当しなくなるので、当該在留資格での在留期間の更新はできません。もっとも、入国管理局では、大学又は専修学校専門課程を卒業した留学生が卒業後に就職活動を行っていて、かつ卒業した教育機関の推薦がある場合には、「特定活動」へ

の在留資格変更を許可し（在留期間6か月）、さらに1回の在留期間更新を認めることにより、最長1年間の滞在を可能とする措置を講じています（平成21年4月入国管理局「大学等を卒業した留学生が行う就職活動の取扱いについて」）。

　さらに、その間に内定したときには、企業において採用されていることを明記した文書（採用時期、報酬契約期間、予定される活動内容など）の提出を条件として、「特定活動」の在留資格を許可し（就職活動とは指定内容が異なるため、あらためて在留資格変更手続が必要）、実際に就職するまでの間（内定後1年を超えない期間に限り、かつ、卒業後1年6か月以内に限る）の在留を認めることとしています。

　なお、これらの資格での在留期間中においても、留学中と同様、資格外活動許可を受けることにより、一定の制限のもと、アルバイトを行うことができます。

（永田光博・丸山由紀）

12 就労したい人の在留資格

Q 私（日本人）は、学習塾を経営しているのですが、この度外国から英会話教師を呼び寄せ、雇用しようと考えています。その外国人が日本で就労するためには、どうすればよいでしょうか。

A 入管法で定められている就労可能な在留資格のいずれかに該当している必要があります。相談者のケースでは、招へい者がその外国人を代理して「技術・人文知識・国際業務」の在留資格認定証明書の交付を受け本人に送付し、本人は査証取得の上、入国することになります。

1　申請人の資格要件

　入管法は、外国人の在留資格ごとに日本において従事可能な活動を定めています（入管法2条の2、19条1項、別表第1・第2）。

　申請人が「技術・人文知識・国際業務」の在留資格のうち「国際業務」の要件に適合するためには、日本の公私の機関との契約に基づいて行う、外国の文化に基盤を有する思考若しくは感受性を必要とする業務に従事する活動（入管法別表第1）を行う必要があります。ここでいう「外国の文化に基盤を有する思考若しくは感受性を必要とする業務に従事する活動」とは、いわゆる外国人特有の感性、すなわち、外国に特有な文化に根ざす一般の日本人が有しない思考方法や感受性を必要とする業務をいいます。通常の英会話学校で英会話を教えることはここにいう業務にあたり、学習塾における語学の指導もこれに該当します。

　さらに申請人は、「国際業務」の要件に適合するために、基準省令に掲げる基準をすべて満たしている必要があります。その基準としては、❶翻訳、

通訳、語学の指導、広報、宣伝又は海外取引業務、服飾若しくは室内装飾に係るデザイン、商品開発その他これらに類似する業務に従事すること、❷従事しようとする業務に関連する業務について3年以上の実務経験を有すること（ただし、大学を卒業した者が翻訳、通訳又は語学の指導に係る業務に従事する場合は、この限りでない）、❸申請人は日本人が従事する場合に受ける報酬と同等額以上の報酬を受けること、が挙げられています（基準省令）。

　本問では、語学の指導にあたる外国人が、大学を卒業（学士又は短期大学学士以上の学位を取得していることが必要です）していない場合には3年以上の語学の指導経験を有することが必要です。また、給与額についても日本人と同水準である必要があります。

2　受入団体の資格

　受入団体としての学習塾や英会話学校は、個人経営であっても、外国人が在留活動を行うことができる施設及び陣容を有しており、事業が適正に行われ、安定性及び継続性が認められるものであれば問題ありません。また、外国人との契約は、雇用形態だけでなく、委任・委託・嘱託等の形態であっても構いませんが、期間はある程度継続的なものである必要があります。

3　招へいの手続

　外国人を招へいする際には、一般的には、招へい者が本人の代理で「技術・人文知識・国際業務」の在留資格認定証明書（入管法7条の2）を取得して本人に送付した上、本人が在外公館において査証申請することになります。これによって、当該外国人が日本で就労できるか否かを、予め知ることができます。

　在留資格認定証明書の交付を受けるためには、入国管理局ホームページに掲載されている所定の書類を地方入国管理局に提出する必要があります（入管規則6条の2第1項・2項、別表第3）。

　招へい先が、前年分の職員の給与所得の源泉徴収票等の法定調書合計表によって1,500万円以上の納付を証明できる団体・個人である場合には、前年分の職員の給与所得の源泉徴収票等の法定調書合計表（受付印のあるもの

写し）を提出すれば、❶在留資格証明書交付申請書、❷写真、❸返信用封筒の提出のみで足り、簡略化されています（入国管理局ホームページ）。

　また、所属先が、ア）日本の証券取引所に上場している企業、イ）保険業を営む相互会社、ウ）日本又は外国の国・地方公共団体、エ）独立行政法人、オ）特殊法人、カ）認可法人、キ）国・地方公共団体認可の公益法人、ク）その他法人税法別表第1に掲げる公共法人である場合は、会社四季報の写し又は日本の証券取引所に上場していることを証明する文書の写し、及び主務官庁から設立の許可を受けたことを証明する文書の写しを提出すれば、上記の❶～❸までの文書の提出のみで足ります。

（蒲野　宏之）

13

事業をしたい人の在留資格

Q 私（中国人）は、中国上海において従業員50人ほどの機械メーカーの社長をしていますが、今回日本の同業の従業員30人ほどの機械メーカーを買収して、長男及び次男をそれぞれ取締役及びエンジニアとして日本の会社に送り込みたいと考えています。いかなる在留資格を取得したらいいでしょうか。

A 入管法で就労可能とされている在留資格のうち、長男は「経営・管理」、次男は「企業内転勤」のための在留資格を取得することになります。

1 「経営・管理」の在留資格取得

(1) 申請人の資格

　日本の会社を買収した上、買収者以外の者が買収者に代わって当該会社の取締役に就任し、事業の経営をすることは、日本における貿易その他の事業の経営を行う活動（入管法別表第1の2）に該当し、「経営・管理」の在留資格を取得することができます。

　申請人は、経営者としての「経営・管理」の在留資格を取得するために、基準省令に掲げる基準をすべて満たしている必要があります。この基準として、❶当該事業を営むための事業所が日本に存在し（ただし、事業が開始されていない場合は、日本に事業所用施設が確保され）、❷当該事業がその経営に従事する者以外に2人以上の日本に居住する者（同法別表第1の上欄の在留資格を持って在留する者を除く）で常勤の職員が従事して営まれるか、又は資本金の額もしくは出資の総額が500万円以上の規模のものであることが挙げられています。

　もし申請人が事業の管理に従事するような場合は、事業の経営又は管理に

ついて3年以上の経験(大学院において経営・管理に係る科目を専攻した期間を含む)を有し、かつ、日本人が従事する場合に受ける報酬と同額以上の報酬を受けることが要求されます(規準省令)。

なお、「経営・管理」の在留資格に該当する活動は、事業の経営や管理に実質的に参画すると判断される者をいいます。具体的には、社長、取締役、監査役等や部長、工場長、支店長としての活動などがこれに該当することになりますが、活動の実態がそれにふさわしいものである必要があります。

(2) **受入団体の資格**

受入団体としての買収先の事業所は、日本に存在し、常勤の従業員を2人以上雇用しているか、資本金もしくは出資の総額が500万円以上である必要があります。受入団体は、その事業が適正に行われており、かつ安定性及び継続性の認められるものでなければなりません。ここにいう安定性及び継続性についての判断は、資本合計、営業損益のバランス、従業員数等から総合的に検討されます。また、受入団体の事業所が賃貸物件の場合、賃貸借契約の中でその使用目的を事業用若しくは店舗、事務所等事業目的であることを明示するものでなければなりません。契約書中の賃借人についても当該法人等の名義として、当該法人等による使用であることを明確にする必要があります。なお、事業は継続的に運営されることが求められますから、3か月以内の短期間の賃貸スペース等を利用したり、容易に処分できる屋台等を利用したりする場合には基準を満たすとはいえません。

なお、外国人投資家が新たに日本で事業を始める場合にもこの「経営・管理」の在留資格の対象となりますが、その場合は、事業計画(収支見積り等を含む)に具体性、合理性が認められ、かつ実現可能なものでなければなりません。新規事業を開始しようとする場合は、❶事業所の確保、❷2人以上常勤で雇用する職員の給与、❸その他事務機器の購入経費や事務所維持に係る経費について投資した額が500万円以上であり、かつ500万円以上の投資額が継続して維持されていることが必要です。

本問では、長男は日本にある従業員30人ほどの買収先企業に取締役として来日することを予定しており、この「経営・管理」の在留資格に該当するといえます。

2 「企業内転勤」の在留資格取得

(1) 申請人の資格

　外国にある事業所の職員が、当該事業所の日本にある本支店、事業所に期間を定めて転勤し、「技術・人文知識・国際業務」の在留資格に該当する活動を行う場合には、「企業内転勤」の在留資格を取得することができます（入管法別表第1の2）。

　申請人は、「企業内転勤」の在留資格を取得するために、基準省令に掲げる基準をすべて満たしている必要があります。この基準としては、❶申請に係る転勤の直前に外国にある本店、支店その他の事業所において1年以上継続して「技術・人文知識・国際業務」に係る業務に従事していること、❷日本人が従事する場合に受ける報酬と同等額以上の報酬を受けること、が挙げられています。

　この資格で在留する外国人の活動の内容は、「技術・人文知識・国際業務」にかかわる在留資格の活動と同じですが、他方、在留期間が限られていること、転勤先の事業所でしか活動できないこと、これら在留資格の両方の活動に従事できることという相違があります。

　本問では、申請人である次男が中国において、1年以上継続して、「技術・人文知識・国際業務」の在留資格で認められる業務に従事している必要があります。ただし、日本で従事する「技術・人文知識・国際業務」の在留資格で認められる活動との関連性までは問われません。また、日本においての給与・報酬額が、日本人と同水準でなければなりません。

(2) 受入団体の資格

　企業内転勤の対象となる日本における事業所は、日本において本店を置く日本企業や外資系企業のみならず外国企業や合弁企業の支店も含まれます。

　ここにいう「転勤」は、同一会社内（本支店間）の異動のみならず、系列企業内（親会社、子会社、関連会社）の出向等も含みます。ここにいう親会社、子会社は会社の意思決定について支配・被支配の関係にある会社を指します。関連会社とは子会社以外の他の会社等の財務、営業、事業の方針決定に対して重要な影響を与える場合における会社等をいいます。

3 手 続

　在留資格認定証明書の交付を受けるためには、入国管理局ホームページにある所定の書類を地方入国管理局に提出する必要があります（入管規則6条の2第1項・2項、別表第3、入国管理局ホームページ）。

　所属先が上場企業等の場合は提出書類の簡略化が図られています［⇨12］。

（蒲野　宏之）

14 日系人3世・4世の就労と永住

Q 私はブラジルにいる日系人3世ですが、日本で就労することができますか。また、永住することはできますか。日系人4世である私の子についてはどうですか。

A 「定住者」の在留資格を取得すれば、就労することができます。また、定住許可後5年以上日本に在留した場合には「永住者」の在留資格を取得できる可能性があります。

1 日系人3世の在留資格

　一般に日系人3世（以下、「3世」という）とは、海外へ移住した日本人（1世）の子（2世）の子を指し、「定住者」の在留資格（定住者告示3号・4号）を取得することができます。定住者告示3号は「日本人の子として出生した者の実子」、同4号は「日本人の子として出生した者でかつて日本国民として本邦に本籍を有したことがあるものの実子の実子」と規定しています。

　ところで、同じ3世といっても、1世が外国へ帰化せず日本国籍を有している場合と、外国へ帰化して日本国籍を離脱してしまっている場合があります。前者の場合、若しくは、後者のうち2世が生まれた時点ではまだ1世が日本国籍を有していた場合、3世は「日本人（1世）の子として出生した者（2世）の実子」ですから定住者告示3号に基づき定住者の在留資格を取得することができます。また、後者のうち2世が生まれた時点で既に1世が日本国籍を離脱していた場合は「日本人の子として出生した者でかつて日本国民として本邦に本籍を有したことがあるもの（1世）の実子（2世）の実子」（定住者告示4号）として定住者の在留資格を取得することができます。

なお、2世は、1世が日本国籍を離脱していない場合、若しくは、1世が日本国籍を離脱する前に出生した場合であれば、日本人の子として出生した者に該当するため、「日本人の配偶者等」の在留資格の取得が可能です。これに対し、1世が日本国籍を離脱した後に出生したのであれば「日本人（1世の親）の子として出生した者（1世）の実子」ですから定住者告示3号に基づき定住者の在留資格を取得することになります。

2　「定住者」の在留資格の要件・期間等

　定住者の在留期間は、定住者告示に該当する類型の場合、5年、3年、1年又は6か月です（入管規則3条、別表第2）。「定住者」の在留資格は、別表の下欄に該当性の要件が記載されていない、いわゆる開かれた要件を有する在留資格であり、法務大臣が、人道上の理由その他特別な理由を考慮し、一定の在留期間を指定して居住を認めます。在留期間に制限はありますが、活動に制限はないため、日本での就労が可能です。

　3世を理由として「定住者」の在留資格を取得するには、素行が善良であることが求められます。在留期間を更新する場合、又は既に「短期滞在」など他の在留資格で在留している外国人が3世であることを理由に「定住者」の在留資格に変更する場合も、同様です。

　しかし、日系人にのみこのような要件を課すことは不合理な差別であるという指摘もあり、素行の善良性の判断は慎重に行われる必要があります。東京地判平成24年3月28日は、軽微な前科により在留期間更新が不許可となり、その後、退去強制令書を発付された事例で、退去強制令書の発付を取消しました。実務では、道路交通法違反による罰金以外の刑事前科がある場合等には、原則として素行善良要件を満たさないとされますが、刑法34条の2に基づき刑の言渡しが効力を失った時には、前科があっても素行が善良でないものとは扱わないとされています。また、既に「定住者」で日本で生活している場合については、素行善良要件を満たさない場合であっても、本人の生活状況や家族との関係等の事情を考慮して在留期間更新が許可されることもあります。

3　日系人4世の在留

　3世と異なり、日系人4世（以下、「4世」という）については、4世であることのみをもって「定住者」で在留することはできません。

　しかし、3世として「定住者」を許可されている親の扶養を受ける未成年で未婚の実子として在留する場合には、「定住者」の資格該当性があるとされます（定住者告示6号ハ）。これにより在留資格「定住者」で何年か日本で生活した後、成人したり結婚したりして親から独立した場合には、そのことのみでは在留期間更新は不許可にならず、「定住者」での在留継続が可能です。

　これに対して、日本に3世の親が住んでいない場合や、本人が既に成人している場合、「定住者」で来日することはできません。

　一方、平成30年7月1日より、「日本と現地日系社会との結びつきを強める架け橋になる人材を育成する」として、素行、日本語能力、生計維持能力等の要件を満たす18歳以上30歳以下の4世を「特定活動」で受け入れる制度が開始されました。

　この制度は、日本に在留できる期間が通算5年間と期間が限定されており、これまでの「定住者」による受け入れとは性格を異にしています。

4　帰国支援事業を利用した方の再来日

　2009年、リーマン・ショック後の不況で失業した日系人を対象に、政府は帰国支援金を支給するという事業を実施し、これを利用して2万1,675人の日系人が帰国しました。この帰国支援事業を利用した人に対しては、当分の間、同様の身分に基づく在留資格による再入国は認められないとされていましたが、この措置は入管法上の根拠が不明なものでした。2013年10月、政府は、帰国支援事業を利用した日系人が再び「定住者」等の在留資格で来日することを認めましたが、日本で就労を予定している方については、在外公館における査証申請の際、1年以上の雇用期間のある雇用契約書の写しの提出を条件としました。

5 「永住者」の在留資格

　「永住者」とは、法務大臣が永住を認める者をいいます。永住者には在留期間の制限がなく、また、日本において可能な在留活動にも制限がありません。

　一般的な原則としては、「永住者」の在留資格を取得するには10年以上継続して日本に在留していることが必要ですが、定住者の在留資格を有する者については、定住許可後5年以上日本に在留していることとされています。その他の要件等については、[⇨7]。

（永田光博・丸山由紀）

15 「家族滞在」で在留する子どもの就職

Q 私は、在留資格「技能」で在留しており、私の子は「家族滞在」の在留資格をもって日本で私や妻と一緒に暮らしています。私の子は、高校を卒業した後、就職を希望しているのですが、就労可能な在留資格を得ることはできるでしょうか。

A 在留資格「家族滞在」のままでは、資格外活動許可を得た上で週28時間までの就労しかできないので、就職するためには就労可能な在留資格に変更する必要があります。お子さんの日本での在留歴や就学歴によっては、在留資格「定住者」や「特定活動」に変更して、日本で就労できる可能性があります。また、家族で永住許可を受けることができれば、無制限の就労が可能になります。これらが不可能な場合には、「技術・人文知識・国際業務」などの就労のための在留資格に変更する必要がありますが、多くの場合、学歴や職歴の要件を満たすことが要求されます。

1 在留資格「家族滞在」

　在留資格「家族滞在」は、「技術・人文知識・国際業務」「経営・管理」「技能」など就労を目的とする在留資格や、在留資格「留学」で在留する外国人の扶養を受けて生活する配偶者や子を対象とする在留資格です。子の年齢に制限はなく、成人後も親の扶養を受けて生活している限り更新が可能です。

　在留資格「家族滞在」の外国人は、原則として就労することができません。資格外活動許可を受けた場合には、週28時間の就労が許されます。

　したがって、親と一緒に日本で暮らすために「家族滞在」で来日した子ど

もは、そのままでは、高校等を卒業した後も、フルタイムの仕事に就くことができません。

2　無制限の就労が可能な在留資格に変更するための方法

　在留資格「家族滞在」の子どもが、就労可能な在留資格に変更するための方法として、まず、親と一緒に家族で永住許可を受けることが考えられます。ただし、入管法別表第1の在留資格の外国人の場合、永住許可を受けるためには原則10年以上の在留が必要とされており、また、審査にあたっては親の収入が安定していることなどもチェックされるので、家族で永住許可を受けることが難しいケースもよくあります。

　また、日本で義務教育を修了し、日本の高等学校を卒業したケースについては、在留資格「定住者」や「特定活動」に変更し、日本で就労できる場合があります。

　まず、以下の要件を満たす場合には、「定住者」への変更が可能です（平成30年2月26日付法務省入国管理局入国在留課長通知法務省管在第1375号『「家族滞在」の在留資格をもって在留する者からの在留資格変更許可申請における在留審査事務の取扱いについて（通知）」）。

① 　在留資格「家族滞在」で在留していること
② 　日本で義務教育の大半を修了していること。少なくとも小学校4年生のおおむね1年間を在学し、その後引き続き在学していることが必要とされます。
③ 　日本の高等学校を卒業又は卒業見込みであること
④ 　就労先が決定又は内定していること
⑤ 　住居地の届出等、公的義務を履行していること。

　また、上記の要件のうち、②の「日本で義務教育の大半を修了していること」という要件を満たさない場合であっても、その他の要件を満たし、かつ、少なくとも中学校3年生のおおむね1年間を日本で在学し、日本で中学校及び高等学校を卒業したケースでは、扶養者である父又は母との同居を条件に、「特定活動」への変更が認められ、フルタイムの就労が可能になる可能性があります。この場合、風俗営業に関する業務への従事は禁止されますが、その他には職種に制限はありません。

3 「永住者」「定住者」「特定活動」への変更が不可能な場合

　上記のいずれかの在留資格への変更が許可されない場合、フルタイムでの就労をするには、入管法別表第1の就労のための在留資格のいずれかに変更をする必要があります。

　しかし、「技術・人文知識・国際業務」の場合、大学又は専門学校等を卒業して学んだ内容と関係のある仕事に就く必要がありますし、「介護」の場合は介護福祉士の養成施設を卒業し、介護福祉士の資格を取得して介護施設に就職する必要があるなど、ほとんどの在留資格で学歴や職歴の要件が定められています。「経営・管理」で自分で事業を経営する場合には、経歴についての要件はありませんが、一定以上の規模の事業を営む必要があるなどの要件があります。

　いずれについても、高等学校を卒業したばかりの若者が要件を満たすのは通常は困難であるので、進路選択にあたっては、どの仕事をめざし、どの在留資格を取得する必要があるのかをよく考える必要があります。

　　　　　　　　　　　　　　　　　　　　　　　（丸山　由紀）

16 在留資格の変更

Q 私（外国人）は現在、「技術・人文知識・国際業務」の在留資格で日本のソフトウェア会社でシステムエンジニアとして働いていますが、友人に誘われてもっと給料のよい同業他社に転職しようと考えています。もし転職した場合、私の在留資格はどうなるのでしょうか。別の職種に転職した場合はどうなるのでしょうか。

A 転職先での活動も転職前と同種の在留資格に該当する場合には、転職後も以前の在留資格が有効であり、期間が満了した際に在留期間更新許可申請を行います。別の在留資格にあたる職種に転職する場合には、転職内容の資料を準備して適格性があれば事前に在留資格変更申請を行うことができます。

1　同種の在留資格で転職する場合

(1)　就労資格証明書について

　日本に在留して就労することが認められている外国人は、法務大臣から、就労資格証明書の交付を受けることができます（入管法19条の2）。この就労資格証明書によって、その外国人が行うことができる収入を伴う事業の活動又は報酬を受ける活動を証明することができます。

　本問においては、新たな転職先での就労が就労資格証明書に記載されている在留資格と同一とみなされるか否かの判定がなされなければなりません。同業他社で現在と同じシステムエンジニアとして働くというのであれば在留資格は同種と考えられますが、所属機関の移籍又は新たな契約の締結に伴う届出をする必要があります（同法19条の16）。

(2) 転職に先立つ確認

　就労資格を持って在留する外国人が転職する場合に、転職先での具体的活動が当該就労資格に対応する活動に含まれるか否かについて明確でなく、これについて確認するために、就労資格証明書の交付を求めて申請した場合には、当該申請に係る活動が、❶現在の在留資格と同種かどうか、❷基準省令に適合するか否かが審査されます。

　本問においても、転職先の活動内容がシステムエンジニアとしての職種とみなされ得るかどうかについて疑問のある場合には、転職の事実が次回の在留期間更新許可申請の際に、否定的に評価されて更新許可が受けられなくなることを防ぐため、転職に先立って就労資格証明書の交付を受け、転職に係る入国管理局の評価を明らかにしておく方法もあります。

　なお、具体的な申請手続としては、所定の書類を地方入国管理局に提出する必要があります（入管規則19条の4第1項・2項）。

2　別の在留資格にあたる職種に転職する場合

(1) 相当な理由がある場合

　在留資格を持って在留する外国人は、法務大臣に対し在留資格の変更を申請し、在留資格の変更を適当と認めるに足りる相当の理由があると認定された場合には、在留資格変更の許可を受けることができます（入管法20条1項～3項）。

　本問において、現在はシステムエンジニアとして「技術・人文知識・国際業務」の在留資格を得ているものと考えられますが、この「技術・人文知識・国際業務」としての職種以外、例えば、教職等の職種に就くということであれば、別の在留資格を取得しなければなりません。そのためには転職先での活動がどの在留資格にあたるかをまず確かめる必要があります。いずれかの在留資格に該当するということであれば、転職前に当該在留資格を取得するため、在留資格変更許可申請書及び変更の申請に係る在留資格に応じた資料を地方入国管理局に提出する必要があります（入管規則20条1項・2項、別表第3）。

(2) 短期滞在在留資格からの変更

　観光目的等、短期滞在の在留資格で滞在する者は、在留資格の変更につい

ては「やむを得ない特別の事情」に基づくものでない限り許可されることは難しいとされています（入管法20条3項）。短期滞在は、短期間の滞在を目的とするもので、査証発給や上陸手続が簡易なものとなっているからです。

3 「高度専門職」への在留資格の変更

　高度人材外国人の受け入れの促進を図るため、2015年4月から「高度専門職（入管規則別表第2第1号イ・ロ・ハ）」及び「高度専門職（同表2号イ・ロ・ハ・ニ）」の在留資格が創設されました。高度専門職の在留資格を得るためには、高度の専門的な能力を有する人材として法務省令で定める基準に適合する必要があります。この基準を定める高度専門省令では、学歴、職歴、年収、研究実績などの項目ごとに基準と加算点数を設定しています。

　「高度専門職（1号イ）」は相当の研究実績のある研究者、科学者、大学教授が法務大臣が指定する日本の公私の機関で研究・教育活動に従事する場合、「高度専門職（1号ロ）」は、医師、弁護士、情報専門分野などの高度な専門資格を有する技術者などが上記の機関で専門的な就労活動に従事する場合、「高度専門職（1号ハ）」は、法務大臣が指定する日本の相当規模の企業の経営者、管理者等の上級幹部が当該企業の経営・管理活動に従事する場合に、それぞれ付与されることが想定されています。

　『高度専門職2号』の「イ・ロ・ハ」は「高度専門職1号」の「イ・ロ・ハ」に対応していますが、その違いは活動に従事する場所が「法務大臣の指定する本邦の公私の機関」の縛りがない点です。「高度専門職（2号ニ）」は「高度専門職（2号イ・ロ・ハ）」のいずれかの活動と併せて行う活動です。また、「高度専門職2号」は「高度専門職1号（イ・ロ・ハ）」（又は高度人材外国人としての「特定活動」）の在留資格で3年以上日本にて活動した外国人に与えられます。「高度専門職1号（イ・ロ・ハ）」はそれぞれ別々の資格ですので、所属機関の変更をする場合は在留資格の変更を要します。他方、「高度専門職2号」は、特に法務大臣が指定した公私の機関との縛りがないため、所属機関の変更は所属機関等に関する変更の届出は必要とされるものの、在留資格の変更の必要はありません。

　「高度専門職」には出入国管理上の優遇措置があります。「高度専門職（1号イ・ロ・ハ）」の場合は、❶在留期間5年の付与、❷複合的な在留活動の

許容、❸在留歴に関わる永住許可要件の緩和、❹入国在留手続の優先処理、❺配偶者の就労、❻一定の要件の下での親及び家事使用人の帯同が認められます。「高度専門職（2号）」の場合は在留期間が無期限となり、就労に関する在留資格のほぼすべての活動が認められるほかに上記❸❺❻の優遇措置の適用があります。

（蒲野　宏之）

17

短期滞在の在留資格

Q 私は日本にいる親族を訪問するために「短期滞在」90日の在留資格で来日しましたが、あいにく病気になって入院することになりました。このままでは在留期間を超えてしまうのですが在留期間更新許可申請は認められるでしょうか。

A 病気療養の必要性が高い場合には、人道上の必要性から在留期間の更新が認められる可能性があります。

1 短期滞在の在留資格は更新できるか

　観光、親族訪問、短期商用などのために入国する場合には「短期滞在」の在留資格が付与されます。これらの活動にそれほどの長期間を要するということは考えがたいため「短期滞在に更新なし」ということがいわれています。

　しかし、何らかの事情で滞在が伸びてしまうといったことはあり得ることで、そのような場合には当初の在留期間を超えて滞在する現実的な必要性を証明することにより、在留期間更新許可を得ることができます。

　ただし、そのような場合であっても、入国管理局の内部基準で、「人道上の真にやむを得ない事情又はこれに相当する特別な事情」がある場合を除いては、入国日から通算して180日を超えて在留期間が更新されることはないものとされています。

2 短期滞在者に期間更新や資格変更が認められる場合

　本問の場合、病気療養の必要性が高いと認められれば、90日間の在留期間更新許可を得ることができます。それ以上の更新については原則として認められないのですが、日本での在留を継続しなければ治療ができない具体的

な事情があることなどを立証できれば、「人道上の真にやむを得ない事情」があるものとして、必要性が認められる可能性があると考えられます。

　なお、入管法上、短期滞在者の在留資格を持って在留する者の他の在留資格への変更は、やむを得ない特別の事情に基づく場合でなければ許可されないことになっています（入管法20条3項）。

　またその他の例外としては、「日本人の配偶者等」といった身分に基づく在留資格、あるいは「技術・人文知識・国際業務」のような就労可能な在留資格について在留資格認定証明申請をして、証明書が交付される前に来日して日本で待機している場合があります。この場合は、在留資格認定証明書が交付された後に、その証明書を添えて当該在留資格への変更許可申請をすると許可されることになっています。また、中国人で永住者の在留資格を持つ者が本国にいる高齢の親を日本に引き取って面倒をみたいという事例で、いったん親を短期滞在で日本に呼び、その後、定住者への資格変更の手続をしたところ認められたという例があります。

（小林明隆・生田康介）

18 在留資格更新・変更が不許可となった場合の救済方法

Q 私は日系3世です。「定住者」の在留資格で日本に在留していましたが、この度、在留期間更新許可申請をしたところ、不許可となってしまいました。何とか日本に在留する方法はないでしょうか。

A 再申請若しくは行政訴訟の提起が考えられます。

1 在留期間更新や在留資格変更の許可申請が認められなかった場合の不服申立方法

　在留期間更新・在留資格変更許可申請［⇨6］につき、入管が不許可の方向で結論を出している場合、担当者との面談のために、申請者本人に対して窓口への出頭を促す旨のハガキが送付されます。これに従って申請者が出頭した際、入管職員との面談において正式に結果が通知されます。その際、入管職員から、不許可の理由について説明を受けることができます。

　そこで実務的には、まだ在留期間の満了前であれば、さらに資料を補充するなどして、あらためて在留期間更新・在留資格変更許可申請をして入国管理局に再考を促すことになります。

　また、在留期間が切れて非正規滞在の状態になったときでも、その期間がごく短いもので、在留期間内に申請していれば問題なく認められたという場合には、在留期間満了のときにさかのぼって更新、変更の申請の「特別受理」という扱いをしてもらえることがあります。

　そのような場合以外に入管法上、法務大臣の在留期間更新・在留資格変更許可申請に対する不許可処分に対する再審査ないし不服申立手続は入管法に定められていません。したがって法律的な不服申立の方法としては、国を被告として、当該不許可処分の取消訴訟を提起することになります。

この場合、処分の通知を受けた日から原則として 6 か月以内に訴えを提起しなければなりません（行訴法 14 条）。

2　処分取消訴訟の審理

　入管法上、在留資格変更許可、永住許可、在留期間更新許可、在留資格取得許可等の申請については、「当該外国人が提出した文書により相当の理由があるときに限り」許可されることになっています（入管法 20 条）。そこで判例上、在留に関する許可要件を満たしていることについての立証責任は原告側にあり、またこれらの許可をするかどうかは法務大臣（又は権限の委任を受けた地方入国管理局長）の裁量行為であると解されています。

　このことの意味は、在留関係の処分取消訴訟においては、直接裁判所が証拠に基づき、在留資格該当性や在留を許可することの相当性を判断するのではなく、処分庁である法務大臣や地方入国管理局長が、不許可処分を相当とする判断をした過程を審査し、そこに事実誤認や不合理な点があって、裁量権の範囲を超え又はその濫用があったと認められる場合に限り、裁判所はその処分を取り消すことができるということです（行訴法 30 条）。特に外国人の在留関係では、在留資格更新許可申請に対する不許可処分に関する【最大判昭和 53・10・4 民集 32 巻 7 号 1223 頁（マクリーン判決）】がリーディングケースとされています。この判決は、法務大臣の不許可判断が違法となるのは「全く事実の基礎を欠き又は社会通念上著しく妥当性を欠くことが明らかである場合に限」られると判示しており、これ以降の判決は、少なくとも一般論としてこれを踏襲するとしているものが大半です（また、取消訴訟を提起すると被告である国は必ずこの部分を引用してきます）。

　以上の結果として、在留に関する行政処分の取消訴訟は、行政訴訟のうちでも勝訴することがなかなか難しい種類の裁判となっています。

3　係争中の在留資格について

　ところで、前記 1 の面談の際、入国管理局側から出国準備のための「短期滞在」や「特定活動」への変更申請を示唆されることがあります。

　これに安易に応じてしまうと、変更後の在留期間満了により帰国を余儀なくされ、行政訴訟において当初の在留資格変更不許可処分の効力を争おうと

しても「訴えの利益を欠く」として請求を却下されるおそれがあります（訴えの利益を否定した判例として【東京地判平成 4・3・9 行裁集 43 巻 3 号 298 頁】、肯定した判例として【大阪地判平成 7・8・24 判タ 891 号 109 頁】）。

他方で、これに応じることなく再申請中ないし訴訟係属中に在留期間が満了してしまうと、不法滞在となってしまいます。その場合には収容令書による収容［⇨21］を受けたり、退去強制まで至った場合には上陸拒否事由に該当し、上陸拒否期間［⇨5］が生じる（入管法 5 条 1 項 9 号）というデメリットがあります。そのため、改めて希望する在留資格で入国する見込みがある場合には、出国準備のための在留資格変更に応じて一度出国し、あらためて希望する在留資格で在留資格認定証明書を取得して入国することも一つの方法です。

このように、不許可を争うとしても、不法滞在のリスクがあることを念頭に置きつつ、入国管理局から示された不許可理由について争う余地があるか否かを慎重に検討する必要があります。

（小林明隆・青木正明）

19 出国命令

Q 私は数年前に、「短期滞在」90日間の在留資格を得て入国し、そのまま日本に住んで働いていました。仕事もなくなったので帰国しようと思いますが、警察や入国管理局に摘発されて強制送還になる場合と比較して、自主的に入国管理局に出頭した場合の方が有利なのでしょうか。

A 自主的に入国管理局に出頭した場合は、収容を回避できること、上陸拒否期間が1年になることなどのメリットがあります。

1　非正規滞在者の原則的帰国手続

　在留期間経過後も日本国内にとどまった非正規滞在の外国人は、いわゆる不法残留として退去強制手続の対象となり、また、刑事罰（3年以下の懲役・禁錮又は300万円以下の罰金若しくはその併科）も定められています（入管法70条）。刑事罰については、その外国人が以前に退去強制されたことがなく、かつ他に一般刑法犯などの犯罪行為を犯していない場合には、警察官などが逮捕しても刑事事件として立件せず入国管理局に引き渡すという扱いが一般的にとられています。また入国警備官など入国管理局職員が摘発した場合には、不法残留だけでなく、密航や偽造旅券での入国などのいわゆる不法入国事案でも刑事処罰を求めるために警察に引き渡すことは行われていません。

　しかし、在留資格なしに日本にとどまることは退去強制事由に該当するので、原則として収容令書に基づいて収容され（同法39条1項）、退去強制手続が進められることになります。この場合、退去強制後5年間（それ以前に退去強制歴がある場合には10年間）は日本に入国することはできなくなり

ます（同法5条1項9号）。

2　出国命令制度の概要

　退去強制手続の例外として、外国人が摘発される前に自主的に出頭して不法残留を申告した場合、出国命令制度の対象となって、収容令書は発付されず（したがって収容されず）、出国命令により帰国した後の日本への入国拒否期間も1年間に短縮されます（入管法55条の2、55条の3、5条1項9号ニ）。

　出国命令制度の適用を受けられるのは、いったんは有効な在留資格を持っていた非正規滞在の場合であって、密航や偽造旅券を利用した不法入国・不法上陸の事案ではない場合であり、かつ、以前、退去強制を受けたり、出国命令による出国をしたことのないこと、入国後に窃盗罪等の所定の罪により懲役又は禁錮以上の刑に処せられた者でないこと、不法残留以外の退去強制事由に該当していないことなどの要件を満たしていることなどが必要です（同法24条の3各号）。

　出国命令制度の適用があって入国拒否期間が1年間となった場合であっても、他の上陸の要件を満たさない、典型的には在留資格該当性や基準省令該当性がない場合には、1年経過後であっても日本に入国することはできません。

3　出国命令の適用がない場合

　出国命令制度の適用を受けられない場合であっても、入国管理局に自主的に出頭して帰国する意思を表明した外国人に対しては、退去強制手続が開始され収容令書が発付されますが、その執行は行わないので身体拘束はされず帰国の航空券を持って出頭する日時を指定するなどの取扱いを行う場合が通常です。そのため、帰国する意思があるのなら自主的に入国管理局に出頭して帰国する方がよいでしょう。

（小林　明隆）

20

在留特別許可

Q 日本在住の外国人女性です。「短期滞在」の在留資格で入国し、その後、非正規滞在状態となっていましたが、交際していた日本人男性と結婚したので、入国管理局に対し、在留資格の付与を求めようと思います。在留資格は認められますか。

A 在留特別許可により「日本人の配偶者等」の在留資格が認められる可能性があります。

1 在留特別許可とは

　法務大臣は、退去強制事由に該当する外国人に対して一定の場合には、退去強制することなく、在留を特別に許可することができます。これがいわゆる在留特別許可制度です（入管法50条）。

　一般的には、在留特別許可の可否は、「その他法務大臣が特別に在留を許可すべき事情があると認めるとき」（同条1項4号）という要件に該当するか否かの問題となります。

　在留特別許可の法的性質については、許可を与えるか否かが法務大臣の自由裁量に委ねられているものに過ぎないという考え方のほか、外国人に対し一定の法的権利を認めるものであるとする見解もあります。

2 在留特別許可の手続について

(1) 出頭及び入国警備官の調査について

　在留特別許可を得ることを目的とするのであれば、入国管理局や警察に検挙されるよりも前に、自ら管轄の地方入国管理局の警備課に出頭することが望ましいといえます。

　初期段階から可能な限り自らの置かれている状況を理解してもらうため

に、出頭時には、本人だけでなく結婚した日本人の男性（もしいれば子どもも）の同伴が望ましいでしょう。この段階では事実上話を聞かれたり提出すべき資料を指示されたりすることが多く、直ちに身体拘束される例は多くは存在しないようです。

　後日、入国警備官による違反調査が行われ（入管法27条）、当該外国人や関係者に対して、事情聴取や聞き込み調査が行われます。

(2) 入国審査官による違反審査及び仮放免

　入国警備官の違反調査が終了した段階で、入国警備官によって収集された資料とともに身柄が入国審査官に引き渡されます（「仮放免」の詳細［⇨21］）。

　入国管理局は、退去強制手続をするに際しては、当該外国人を収容するという建前をとっていますが（全件収容主義）、この収容を解く制度として仮放免があります（入管法54条）。

　外国人が自ら出頭した場合、最近では、入国管理局は当該外国人を一度形式的に収容し、即時に仮放免をするという対応をとる例が多くなっています。仮放免許可の条件として保証金を納付する必要がありますが、本問のような婚姻に基づく本人の出頭事案においては、約5万円から30万円が一応の基準であるといわれています（事例によっては保証金が不要とされることもある）。

　なお、出頭する前に摘発された場合には、当該外国人はそのまま収容されることになり、自ら申請をしなければ、仮放免が認められるのはかなり困難なのが実情です。

　入国審査官による違反審査が終了した時点で、退去強制事由に該当するとの認定がされた場合には上記認定が記載された認定通知書（同法47条3項）が交付されます。同時に、入国審査官から、通知を受けた日から3日以内に口頭審理請求ができる旨の告知がされます（同4項）。

(3) 特別審理官による口頭審理

　口頭審理請求がされると、事件は特別審理官に引き渡され、特別審理官による口頭審理が行われます（入管法48条）。

　口頭審理は、代理人の立会い、証拠提出、証人の尋問が認められており、特別審理官の許可を受けて、親族や知人の1人を立ち合わせることができま

す（同法48条5項、10条3項ないし6項）。本問でも、口頭審理において配偶者を立ち合わせることが考えられます。

在留特別許可を求める事案においては、口頭審理の場で、違反調査の結果に誤りがないことを示す判定通知書が交付されます（同法48条8項）。この場で速やかに、異議申立書（同法49条1項）に在留特別許可を求める旨を記載して特別審理官に交付します。

(4) **法務大臣・入国管理局長の裁決**

この異議申立の後は、地方入国管理局長の裁決（法務大臣から委任を受けている。入管法69条の2、入管規則61条の2第11号）により、在留特別許可がされることを待ちます。在留特別許可がされず、退去強制令書が発付された場合については、［⇨21］。

3 ガイドラインについて

前記 1 のとおり、在留特別許可の裁決は自由裁量で行われるものとする見解もありますが、入国管理局が開示している「在留特別許可に係るガイドライン」(2009年7月改定、以下、「ガイドライン」という）によれば、おおよそ婚姻事案における在留特別許可取得の要件については、❶日本人との真正な婚姻（相当期間の共同生活、相互扶助、子の有無）、❷素行の善良性、❸自ら出頭したかどうか、によって判断されることが多いとされています。

前記のとおり、夫・妻及び子が同行することによって、ガイドラインに掲げる❶から❹までの認定の資料となることが考えられます。また、出頭時に提出する陳述書が、事実に基づいているかどうかも認定の資料とされるので、出頭時の段階から、陳述書の作成を正確にするべきです。そして、自らに有利な資料があれば、入国管理局からの要求がなくとも積極的に提出しておくべきです。

上記のガイドラインに加えて、入国管理局は在留特別許可に関する過去の事案をホームページ上で公表しています（法務省入国管理局「在留特別許可された事例及び在留特別許可されなかった事例について」参照）。もっとも、これは入国管理局が一部の事案を選別して公表しているものに過ぎないことには注意が必要です。

4 刑事処分

(1) 刑事事件が先行する場合

　なお、本問のように非正規滞在（オーバーステイ）の外国人が自主的に出頭したことにより退去強制手続が開始するケースとは異なり、刑事事件の勾留に引き続き退去強制手続に付されるケースがあります。

　有罪判決を受けたことが退去強制事由に該当するものとして、❶実刑判決の確定を要するもの（入管法24条4号リ）、❷執行猶予付も含む判決の確定を要するもの（同条4号ニ～チ、4号の2、4号の4）、❸判決の確定を要しないもの（上記以外）があります。

　❶の場合には服役が先行することになります。❷の場合には判決言渡し後いったん釈放され、判決確定後に退去強制手続が開始して収容の対象となることがあります。これに対し、❸の場合には判決言渡し後直ちに収容の対象となることがあります。

　服役した外国人に対して退去強制手続が開始する場合として、上記のように有罪判決が退去強制事由に該当する場合のほか、服役中に在留期限を過ぎてオーバーステイになる場合もあります。退去強制手続は服役中であっても行うことができるとされており（入管法63条1項）、服役を終えた時点で既に退去強制令書が出ているということもありますので、注意が必要です。

　これらのケースであっても、自主出頭のケースと手続の流れは変わりません。もっとも、仮放免については、自ら申請をしなければ認められるのはかなり困難なのが実情です。

(2) 不法残留による刑事処分との関係

　また、本問のように、入国時には適法であったものの、その後非正規滞在になった者に対しては、不法残留に対する罪で処罰される場合があります（入管法70条）。

　これまで述べた入国管理局の手続と刑事処分は別個であり、在留特別許可が得られる可能性の高い場合でも刑事処分がされることもあります。しかし、刑事手続で有罪と判断された場合であっても、日本人配偶者と安定した婚姻関係にあるなど考慮されるべき積極要素が認められるときは在留特別許可が得られる場合もあります。

（上野一英・青木正明）

21

収容・仮放免と退去強制を争う方法

Q 10数年前に偽造旅券で来日した外国人夫婦です。日本で生まれた娘が中学生になったこともあり、入国管理局に出頭して在留特別許可を求めましたが認められず、家族そろって退去強制令書の発付を受け、夫が収容されました。裁判で争うしかないのでしょうか。また、夫はずっと入国管理局に収容されることになるのでしょうか。

A 最終的には裁判で争うことになりますが、その前に収容を争う機会はあり、場合によっては、仮の措置として収容を解かれることもあります。

1 収容手続について

(1) 収容令書に基づく収容

　入国警備官は、外国人が退去強制事由に該当すると疑うに足りる相当の理由があるとき、主任審査官の発付する収容令書により当該外国人を収容することができます（入管法39条）。

　同条に基づく収容について、入国管理局は、退去強制手続の対象者すべてを収容するとの建前をとっています（全件収容主義）。入国管理局はこのような建前に基づき、非正規滞在の外国人が自ら出頭するケースであっても、当該外国人を一度形式的に収容し、保証金の納付を条件として、即時に仮放免（同法54条）をするという対応をとっています。この全件収容主義に対しては、あえて収容しなくても退去強制手続の目的を阻害しないことや、収容によって心身に重大な障害がもたらされることに対する考慮がなく、一律収容するところを問題視されています。

　なお、収容令書に基づく原則30日間ですが、主任審査官は、やむを得な

い事由がある場合にはさらに30日延長し、合計60日間収容することができます（同法41条1項）。したがって、最大で60日以内に退去強制令書が出る可能性がありますので、在留特別許可［⇨20］を検討する場合には、早急な対応を要します。

(2) 退去強制令書に基づく収容

　他方、退去強制手続を経て最終的に退去強制令書が発付された場合、入国警備官は、退去強制令書の効力により、当該外国人を送還可能のときまで入国者収容所、収容場などに収容することができます（入管法52条5項）。本件では、既に退去強制令書が出されているので、父親は退去強制令書に基づく収容を受けていることになります。

　退去強制令書に基づく収容は、法律上、特に期限が定められていないため、送還されるか、仮放免許可又は執行停止の決定を受けるまでは収容が続くことになります。司法審査もなく、行政庁の判断のみで、無期限の収容がなされることは、適正手続や令状主義の観点から問題であるといわざるを得ません。

　なお、入国管理局は、平成22年12月9日法務省管警第288号法務省入国管理局通達・平成22年12月9日法務省警第289号法務省入国管理局警備課長通知及び平成29年7月24日法務省管警第120号法務省入国管理局警備課長通知に基づき、入管事件、民事事件、家事事件、労災申請事件等の代理人又は代理人となるものと認められる弁護士や、出頭義務の履行に対する協力を表明している弁護士から通知希望申出書の提出があった場合には、送還予定時期のおおむね2か月前に、被退去強制者の送還予定時期を通知する制度を実施しています。

2　仮放免

(1) 仮放免制度

　仮放免とは、収容令書又は退去強制令書により身体を拘束された被収容者について、請求により又は職権で、一時的に収容を停止し、身体の拘束を仮に解く措置のことをいいます（入管法54条）。これは、被収容者の健康上の理由、出国準備等のために身体の拘束を一度解く必要が生じることもあるため、そのような場合に対応するために設けられた制度です。

これに対し、送還することができないことが明らかになった被退去強制者に対してなされる措置である特別放免（同法52条6項）もありますが、実際には全く機能していません。

仮放免は収容者本人若しくはその代理人、保佐人、配偶者、直系の親族若しくは兄弟姉妹が申請することができます（同法54条1項）。そこで、本問では、まずあらためて自ら又は妻が仮放免の申請をし、その必要性を具体的に主張することによって、身体拘束を解除してもらうことを求めます。この仮放免が行われる場合には、通常、保証金を支払う必要があります（同2項）。

(2) **具体的なケース**

実際に摘発される前に自ら違反を申告して在留の希望を述べた場合には、収容令書発付と同時に仮放免によって釈放される場合も多いですが、問題があると判断された場合などは仮放免が認められないこともあり得ます。

退去強制令書に基づく収容の場合には、1年前後収容された後、10～50万円前後の保証金を納めて仮放免される例が多くみられます。ただし保証金の工面や保証人探しは容易ではないこともあります。

仮放免期間は1か月とされることが多く、その後は同一条件で更新されることもありますが、期間満了後に再収容となる場合もあります。例えば、係属中の訴訟対応のために仮放免を受けていた外国人について、当該訴訟が判決確定等により終了すると再収容されることがあります。

3 裁判手続

本問では、夫が収容されるにあたり、地方入国管理局長の裁決（入管法49条3項、69条の2）とそれに基づく主任審査官の退去強制令書の発付処分（同法49条6項）が存在しますので、これらの取消訴訟を提起します（行訴法3条2項）。この取消訴訟だけでは、退去強制手続は止まりませんので、併せて退去強制令書の執行停止の申立（同法25条）を行い、収容と送還の執行停止を求めていきます。

在留特別許可に関しては、特別審理官が意見書を作成しており、ここには収容者に有利な内容も書かれている可能性があることから、裁判の審理を通じて、入国管理局に対して係る意見書の提出を要求するべきです。

裁判においては、夫婦及びその中学生の子が日本に居住し続けることが必要であることを主張することになります。具体的には、夫婦の素行の善良性や定着性、本国へ送還された場合の生活維持の困難さ、子が日本で生まれて中学校に通っていることなどを主張・立証していくことが考えられます。

4　再審情願

　さらに、いわゆる再審情願という方法をとることも検討されるべきです。これは、法律上の明文はなく入国管理局の実務上存在するものであり、一度退去強制処分が終了した後に、入国管理局に対して再度の審査を求めるものです。

　一度出された退去強制処分後、当該処分が基礎にしていた事情に大きな変更が生じた場合などに、この再審情願が認められる可能性があります。実際に想定されるケースは退去強制令書発付後、仮放免中に婚姻が成立した場合や、本国での政治的迫害を理由に在留特別許可を求めていたが、この許可が認められなかった後に日本人と婚姻するなど新たな事由が生じた場合などがあります。

　したがって、本問でもこれに類するような事実があれば、再審情願で在留資格を得ることが可能となる余地があります。ただし、再審情願の判断は、同じような事情があれば必ず認められるというものではなく、このような事情があっても在留が認められないケースもたくさんあります。

（上野一英・青木正明）

22

在留資格の取消し

Q 日本在住の外国人男性です。日本でコックとして働くという理由で、「技能」の在留資格で上陸しましたが、実際は、コックとしての経歴はなく、日本では単純労働に従事しています。今回、入国管理局から、コックとしての経歴に偽りがあるとして、出頭するよう命じられました。今後どうなるのでしょうか。

A 出頭し、事情聴取をされた後、在留資格の取消事由があると判断された場合には、在留資格の取消通知が送られ、出国を求められることになります。

1 在留資格が取り消される場合

　日本に上陸したり、上陸後に在留期間の更新をする際に、偽造文書を提出したり、申請書に事実と異なる記載をしたりしたことが判明した場合のほか、入管法別表第1の在留資格（技術・人文知識・国際業務、技能、留学等）を持って日本に在留している外国人が、正当な理由がないのに、その在留資格に係る活動を継続して3か月以上行っていないことが判明した場合には、在留資格の取消事由に該当します（入管法22条の4第1項3号・6号）。このほか、別表第1の在留資格を持って日本に在留している外国人が、正当な理由がないのにその在留資格に係る活動を行っておらず、かつ、他の活動を行い又は行おうとして在留している場合や、日本人や永住者の配偶者が6か月以上、その活動をしない場合や、中長期在留者が住居地の届出を怠ったり、虚偽の届出とした場合なども在留資格取消し対象となります。

　したがって、上陸の時点からコックの経歴がないにもかかわらず、あると偽っていた場合には事実と異なる記載をしたことになり、また、仮に経歴が

あったとしても上記の資格に係る継続した活動をしていない場合には、在留資格の取消事由があることになります。

2　在留資格取消の手続

　法務大臣は、在留資格の取消しをしようとする場合には入国審査官が、予め在留資格取消対象者から意見を聴取する機会を設けなければなりません（入管法22条の4第2項）。
　この意見聴取手続には、未成年者の親権者、後見人等の法定代理人のほか、在留資格の取消しを受ける者が代理人として委任した弁護士などの代理人が出席することができます（同4項）。
　もし地方入国管理局への出頭を通知されたにもかかわらず、本人やその代理人が指定された期日に出頭しなかった場合には、正当な理由がない限り、意見の聴取を行わないで在留資格が取り消されることがあります（同5項）。そのため、病気等のやむを得ない事情により、指定された期日に出頭できない場合には、予め地方入国管理局に連絡しておく必要があります。
　この意見聴取手続では、前記したようなコックの経歴があったかどうか、当初からコックとして働く予定があったのかどうかなどの点について質問されることになると思われますので、もし事実と異なる部分がある場合にはその旨をこちらから説明する必要があり、必要であれば証拠も持参していくべきです。

3　取消処分後の手続

　在留資格を取り消すことを決定した場合、その事実は在留資格取消通知書により本人に通知します（入管法22条の4第6項）。本人にその通知書を直接交付する場合には、旅券上に在留資格を取り消した旨の表示をします。
　在留資格を取り消された後の取扱いは2種類あります。不正手段等の行使について悪質性が高い場合（上陸拒否事由に該当していることを偽った場合や、その他偽りその他不正の手段により在留資格を得た場合）には、在留資格を取り消された後、直ちに退去強制の手続がとられますが、不正手段等の行使について悪質性が高くない場合（申請人以外の者が事実と異なる文書等を提出した場合など）や、正当な理由がないのに在留資格に係る活動を継続

して3か月以上行わないで在留している場合には、在留資格が取り消される際に、30日を超えない範囲内で出国するために必要な準備期間（出国猶予期間）が指定されます（同7項）。別表第1の在留資格を持って日本に在留している外国人が、正当な理由がないのにその在留資格に係る活動を行っておらず、かつ、他の活動を行い又は行おうとしている場合については、原則、出国猶予期間が与えられますが、逃亡のおそれがある場合には与えられないこともあります。

　本問の場合は、コックとしての経歴を偽ったと認定された場合には、直ちに退去強制の手続がとられることも念頭に置く必要があります。これに対して、出国猶予期間が与えられ、指定された期間内に出国する場合は、在留期間内に出国する場合と同様に取り扱われます。

（上野一英・丸山由紀）

2章

日常生活

23

医療と健康保険

Q 私（外国人）は、技能実習生として在留資格を得ましたが、入国時に定められた滞在期間が3か月とされています。このような場合でも、国民健康保険に加入できますか。在留資格がない場合はどうですか。

A 在留資格が、当初3か月であっても3か月を超える在留期間が見込まれる場合であれば、技能実習計画書などを証明書として、健康保険に加入できます。在留資格がない場合は、原則として国民健康保険に加入することはできないので、それ以外の制度を利用することになります。

1 国民健康保険の加入資格

　国民健康保険法6条において、国民健康保険の適用対象としない場合が定められています。

　在留期間が3か月以下や在留資格が「短期滞在」であるなどの場合には、外国人については、原則として国民健康保険には加入できないこととされています（国民健康保険法6条11号、同規則1条1号）。

　ただし、入国当初の在留期間が3か月以下であっても、入国目的、入国後の生活状況を勘案し、3か月を超えて日本に滞在すると認められる場合には、国民健康保険に加入することができます。その場合には、各々、在留目的に応じた、雇用契約書や在留活動の説明書等の書類を参考資料として提出する必要があります。在留資格が「短期滞在」の場合は、仮に長期滞在の蓋然性が証明できたとしても、加入できません。

　本問においては、在留資格が「研修」であれば入国時に滞在期間が3か月以下と定められた場合でも、研修計画書などを証明資料として提出し、3か

月を超えて日本に滞在することが明らかであれば、国民健康保険に加入することができます。

2 在留資格と健康保険

　また、国民健康保険の加入については、在留資格の有無によっても区別されることから、以下、問題点を説明します。

　かつて、在留資格を有しない外国人が国民健康保険法の適用対象となるかが争われた事件において、【最判平成16・1・15民集58巻1号226頁】は、「当該外国人が、当該市町村を居住地とする外国人登録をして、入管法50条所定の在留特別許可を求めており、入国の経緯、入国時の在留資格の有無及び在留期間、その後における在留資格の更新又は変更の経緯、配偶者や子の有無及びその国籍等を含む家族に関する事情、我が国における滞在期間、生活状況等に照らし、当該市町村の区域内で安定した生活を継続的に営み、将来にわたってこれを維持し続ける蓋然性が高い」場合には、国民健康保険法5条所定の「住所を有する者」に該当するとして同法の適用を認めました。しかしながら、この判決後、厚生労働省は、在留資格を有しない外国人について国民健康保険法の適用対象とはしないことを明確化する同施行規則の改正を行いました。現在では、国民健康保険法6条11号、同施行規則1条1号により、在留資格のない外国人又は3か月以下の在留資格を認められた外国人は国民健康保険の被保険者になることができません。

　もっとも、この法律・省令を形式的に適用すれば、日本人同様に生活の本拠としている者が医療の補助を受けられず、多大な不利益を被ることとなります。そのため、在留資格がない場合でも、在留特別許可申請中の場合、国民健康保険への加入が認められるケースがあります。

　また、難民認定申請中で仮滞在（入管法61条の2の4）を許可されている者や一時庇護許可者（同法18条の2）については、在留資格がなくても国民健康保険に加入できます。

　なお、近年の実務として、外国籍の老親を扶養するための特定活動が許可されにくいという実情があるようです。この場合において、医療目的の特定活動であれば許可されることもあるようですが、この場合、国民健康保険法6条11号、同施行規則1条2号との関係で、国民健康保険の被保険者資格

が問題になることがあるので、注意が必要です。

3 在留資格がなくても適用される制度

2000年5月の質問主意書答弁書（平成12・5・26内閣参質147第26号「大脇雅子君提出外国人の医療と福祉に関する質問に対する答弁書」）は、入院助産（児童福祉法22条）・養育医療（母子保健法20条）・育成医療（児童福祉法20条）・母子手帳・予防接種については、在留資格の有無を問わず適用となることを明言しています（日本弁護士連合会〈日弁連〉パンフレット「非正規滞在外国人に対する行政サービス（2016）」）。しかし、一部の地方自治体では在留資格のないことを理由に適用を拒否する例もあるそうですので、その場合には、厚生労働省に確認するように交渉することが必要でしょう。

また、予防接種については、1995年の「健医発962号保険医療局長通知」では、居住地不明の者については母子手帳の提示により確認の上、接種を行うとされており、在留資格がなくても接種を受けることが可能です（予防接種法5条1項、同令1条の3）。

4 地方自治体による対応

(1) 行旅病人及行旅死亡人取扱法

1990年の（旧）厚生省による在留資格のない外国人に対する生活保護不適用方針を受けて、1994年以降、いくつかの地方自治体が在留資格のない外国人に対する行旅病人及行旅死亡人取扱法（以下、「行旅法」という）の適用を行っています。独自の予算措置を行っている地方自治体もあるようです。

ただし、行旅法はあくまで旅行者を対象とするという点からの限界があり、運用の実態としても、入院していること、住所がなく、就労もしていないこと、救護者がいないことが必要とされているようです。

(2) 外国人未払医療費補填事業

外国人未払医療費補填事業は、医療保険又は医療扶助の適用を受けない外国人の医療に関し、医療機関に発生した未払医療費について、地方自治体がこれを補填する制度です。現在のところ、この制度を有する地方自治体の多

くは、関東に集中しています。

　前記のとおり「入院、定住所・定職なし、救護者なし」の3要件を満たすことが求められる行旅法に比べ、地方自治体によって差はあるものの外来も含めた緊急医療を対象とする未払医療費補填事業のほうが、適用範囲は広いといわれています。

　他方、未払医療費補填事業は、地方自治体が独自に要項を作り、予算を立てて制度を発足させなければならないのに対し、行旅法は法的根拠があるので、事例が出た時点で補正予算対応をすることも可能であり、どの地方自治体でも使えるというメリットを持っています。　　　　　　（渡部　典子）

24 年金・脱退一時金

Q 私（外国人）は、日本の会社で2年間仕事をしており、厚生年金保険に加入していましたが、退職し帰国することになりました。これまで支払ってきた厚生年金に対して保障はありますか。

A 厚生年金保険の加入期間が6か月以上であり、日本国籍を有しない外国籍の方が帰国した場合、加入期間等に応じた「脱退一時金」の支給を請求できます。国民年金についても同様の制度があります。

1 脱退一時金制度とは

　厚生年金の被保険者期間が6か月以上あり、年金（障害手当金を含む）の受給資格を満たしていない日本国籍を有しない人（国民年金の被保険者ではない人）が、日本に住所を有しなくなった日から2年以内に請求を行えば脱退一時金が支給されます。

2 支給要件（厚生年金保険法附則29条）

　脱退一時金が支給される要件は、❶厚生年金被保険者期間が6か月以上であること、❷受給者が日本国籍を有していないこと、❸既に年金受給権を有していない、若しくは障害手当金を受給されていないことが挙げられます。

3 脱退一時金裁定請求の手続

　脱退一時金の請求は、請求書を社会保険事務所等から帰国前に入手した上で、出国後2年以内に日本年金機構に対して請求書と必要書類を送付する手続によります（電子申請可）。また、帰国前であっても、転出届を市区町村

に提出すれば住民票転出（予定）日以降に提出手続可能です。この場合、添付書類として、日本国外に転出予定である者について記載された住民票の写し、住民票の除票等の転出届を提出したことが確認できる手続が必要となります。請求手続完了後に、各国の通貨に換算されて、指定した金融機関の口座に送金されます。なお、脱退一時金は支給額の 20.42％ が所得税として源泉徴収されます。そこで、退職後帰国する際、日本の最終住所地又は居所地の税務署に、退職一時金と併せて確定申告を行うことで、税の超過支払があった場合には還付を受けることができます。

4 支給額

　脱退一時金の金額は、被保険者であった期間に応じて、平均標準報酬額×支給率で算出されます（厚生年金保険法附則29条3項）。

5 社会保障協定による「年金加入期間の通算」制度

　なお、脱退一時金とは別に、国家間の社会保障協定に基づく「年金加入期間の通算」の制度があります。この制度は、日本と相手国との年金加入期間を相互に通算し年金受給権を獲得できるようにする制度です。

　2018年8月現在で、日本と年金加入期間の通算を内容とする保障協定を締結し、かつ発効済みの国は、ドイツ、アメリカ、ベルギー、フランス、カナダ、オーストラリア、オランダ、チェコ、スペイン、アイルランド、ブラジル、スイス、ハンガリー、インド、ルクセンブルク、フィリピンの各国です。

　この社会保障協定によって年金加入期間の通算が認められる相手国の外国人が、帰国後脱退一時金を受け取ると、その期間は、協定において年金加入期間として通算できなくなるので、金額の計算をした上、受給権の選択をする必要があります。

（池田　泰介）

25 年金の合算対象期間

Q
❶ 私（特別永住者）は日本で生まれ、2018年現在68歳です。年金記録を確認したところ40歳の頃に半年程度の年金加入記録がありました。私は年金受給することはできますか。

❷ 私（外国人）は、2007年に51歳で来日し、日本人の女性と結婚し、2016年に永住権を取得しました。来日後国民年金を支払い続けていますが、年金を受け取ることはできますか。

A 特別永住者のために年金に加入できなかった期間や、海外に在住していた期間を年金支払期間に合算して年金の受給が認められています。

1 年金合算対象期間とは

　2017年8月から国民年金を受給するための加入期間が10年に短縮され、年金受給対象者が大幅に拡大しました。

　そして加入期間が10年未満の場合でも、Q❶の特別永住者のように日本に居住していたにもかかわらず、過去に法律上年金加入が認められていなかった期間があれば、当該期間を合算対象期間（期間の計算にはいれるが、年金額には反映されない期間）として、加入期間に合算対象期間を加えた期間が10年以上あれば、年金受給申請が可能です。

　また、Q❷のように、外国人が中高齢者となってから日本国内に住所を有し、その後日本国籍や永住権を取得した場合にも、これらの人の海外在住期間が合算対象期間となっています。

2　具体的な年金資格期間の要件

まず、❶日本国籍を取得した外国人又は永住許可を受けた外国人の20歳以上60歳未満（原則、年金加入期間）の期間のうち、国民年金法（1959年成立）に基づき保険料の徴収が開始された1961年4月から、同法の国籍要件が撤廃される1982年1月より前までの間、外国人として在日していた期間が合算対象期間となります。

また、❷1961年4月以降で、日本国籍や永住権を得る前に海外に居住していた期間が合算対象期間となります。

合算対象期間を図で表すと、**図表2－1**のとおりになります。

Q❶では、相談者が20歳になった1970年から1981年12月までの年数と、相談者が年金を支払った6か月間を合算すると10年を超えますから、年金の受給権を得ることができます。

Q❷では、2007年に51歳で来日し、2016年に永住権を取得していますが、海外居住期間の約30年間を合算対象期間として合算できますので、来日後の期間の国民年金の支払いにより、年金の受給権を得ることができます。

本問のようなケースでは、年金受給額には反映されませんが、老齢基礎年金の受給資格期間に算入することができます。また国民年金の支払いの有無

【図表2－1 合算対象期間】

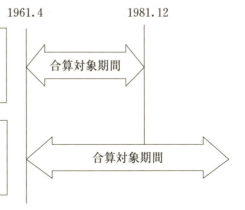

は障害年金や遺族年金の受給にもかかわってきます。

　なお、厚生年金同様、国民年金についても、加入した外国人が帰国する場合には脱退一時金の保障があります。

　すなわち、国民年金の第1号被保険者としての保険料納付済期間が6か月以上あるなどの一定の場合で、日本国籍を有していない外国人の方が帰国した場合は、保険料納付済期間に応じて、脱退一時金が支給されます。

（池田　泰介）

26 生活保護

Q 私（外国籍）は、日本人の夫と離婚をして、親権者として、子どもを日本で養育するつもりです。現在無職で、元夫からの養育費も払われないため生活保護を受給したいのですが、可能でしょうか。

A 定住外国人に対しては、日本人に準じた生活保護の取扱いを実施する運用がなされており、生活保護要件にあてはまれば受給資格が得られます。

1 生活保護の外国人への適用・準用

　法律が、生活保護の対象をすべての「国民」（生活保護法1条）と定めていることから外国人の生活保護受給権は、法律上の権利としては認められていません【最判平成26・7・18訟月61巻2号356頁】。

　しかし、運用通達（「生活に困窮する外国人の生活保護の措置について」昭和29・5・8社発382号）によって、日本人に準じた保護の取扱いがなされていました。具体的には、生活保護申請をしている外国人が、❶外国人登録を行っており、かつ❷要保護者状態にある場合には、受給資格が得られていました。

　ところが、1990年10月25日、生活保護法を準用するのは、在留資格を有する者のうち❶入管法別表第2の在留資格を有するもの（永住者、日本人の配偶者等、永住者の配偶者等、定住者の在留資格を有する外国人）、❷入管特例法の特別永住者、❸入管法上の難民に限るという、（旧）厚生省口答指示が出されました。この指示に従えば、入管法別表第1記載の在留資格を有する外国人については、生活保護法の準用がないことになります。

　本問については、相談者が既に永住者の在留資格を有している場合はもち

ろん、日本人の配偶者等の在留資格を有している場合も、離婚後に定住者への在留資格変更が可能なケースのため、生活保護申請が可能です。離婚後に日本人の配偶者等の在留資格から定住者への変更申請をする際、生活保護受給者であることが不利益に取り扱われないかを心配する方がいますが、本問のように日本人の子を養育しているケースでは生活保護受給者であっても定住者への変更は認められています。

　なお、生活保護を受けるためには、要保護者状態にあることが必要であり、本人の能力、家族（扶養義務者）の助力をもってしても、最低生活を維持することが難しい場合、保護が適用されます。

2　在留資格のない外国人の場合

　在留資格のない外国人については、原則として生活保護は受けられないこととされています（非正規滞在者を保護の対象としていない生活保護法は憲法25条、14条1項に違反しないと判断した判例として、【最判平成13・9・25判タ1080号83頁】）。

　しかし、在留特別許可が得られる見込みが高いと判断される場合や、在留資格の取得申請をしていること、又は取得申請を準備している場合には、先行して生活保護を受けられる場合もあります。

　また、外国人夫妻のうち一方だけに在留資格があり、夫婦が既に別居している場合においても、生活保護の適用世帯が（在留資格のない夫を含まない）妻のみであると解釈し、生活保護決定が出される場合もあります。

　いずれの場合においても、在留資格のない外国人が生活保護を受けることは現状においては相当に困難といえます。

　これは、健康保険の受給資格の問題とも関連しますが、医療扶助が受けられないことによって、在留資格のない外国人に深刻な被害をもたらすことがあります。

　その場合の方策としては、社会福祉法人などが行う無料又は低額医療事業の利用、行旅法に基づく制度の利用、地方自治体による医療費補塡事業の利用が挙げられます。

（池田　泰介）

27

非居住者に対する所得課税

Q 私は、X国の国籍を有しており、X国のY社に所属していますが、Y社から派遣され、5か月間、日本の事業所で勤務することになりました。この間Y社から受ける給料について、日本で税金を支払う必要はあるのでしょうか。

A 日本国内での勤務に対する給料は、国内源泉所得として日本で税金を支払う必要があり、源泉徴収されるのが原則です。

1 所得税法における納税義務者区分

(1) 所得税法における区分

　日本の所得税法（2条1項3号～5号）は、個人を「居住者」と「非居住者」に区分し、さらに居住者について「永住者」と「非永住者」に区分して、それぞれ異なる課税範囲と課税方法を定めています。そこで、まずは納税義務者区分のいずれに該当するのかを確認する必要があります。

　「居住者」とは、国内に住所を有し、又は現在まで引き続いて1年以上居所を有する個人をいいます。「住所」とは、各人の生活の本拠をいい、「居所」とは、その人の生活の本拠という程度には至らないまでも、その人が現実に居住している場所をいいます。「非永住者」とは、居住者のうち、日本の国籍を有しておらず、かつ、過去10年以内において国内に住所又は居所を有していた期間の合計が5年以下である個人をいい、「永住者」とは、非永住者以外の居住者をいいます。

　「非居住者」とは、居住者以外の個人をいいます。

(2) 住所を有しないことの推定

　所得税法施行令15条は、次のような場合に国内に住所を有しない者と推定する規定を置いています。

① その者が国外において、継続して1年以上居住することを通常必要とする職業を有すること
② その者が外国の国籍を有し又は外国の法令によりその外国に永住する許可を受けており、かつ、その者が国内において生計を一にする配偶者その他の親族を有しないことその他国内におけるその者の職業及び資産の有無等の状況に照らし、その者が再び国内に帰り、主として国内に居住するものと推測するに足りる事実がないこと
③ 上記①②の規定により国内に住所を有しない者と推定される個人と生計を一にする配偶者その他その者の扶養する親族が国外に居住する場合

(3) 本問の相談者

本問の相談者は、X国のY社に所属しており、日本での勤務期間が予め5か月と決まっていることなどから、特別の事情がなければ日本国内に住所がないと推定され、非居住者に該当すると考えられます。

2 課税範囲

(1) 国内源泉所得

非居住者は、国内源泉所得についてのみ課税されます（所得税法5条2項、7条1項3号）。どのような所得が国内源泉所得にあたるかは、所得税法161条に規定されています。

(2) 国内勤務に基因する給与等

所得税法161条12号イでは、「俸給、給料、賃金、歳費、賞与又はこれらの性質を有する給与その他人的役務の提供に対する報酬のうち、国内において行う勤務その他の人的役務の提供（内国法人の役員として国外において行う勤務その他の政令で定める人的役務の提供を含む。）に基因するもの」は国内源泉所得にあたるとされています。

(3) 本問の相談者

本問の相談者がY社から受け取る給与は、国内勤務に基因する給与として国内源泉所得にあたりますから、課税の対象になります。

3　課税方法

(1)　非居住者の所得税の納税方法
　所得税の納税方法は、居住者、非居住者の居住形態によって区別されています。非居住者の納税方法は所得税法164条に規定されており、いわゆる恒久的施設（事業を行う一定の場所や代理人など）の有無や国内源泉所得の種類によって異なります。

(2)　本問の相談者
　本問の相談者は国内に恒久的施設を有しておらず、Y社から受け取る給与は源泉分離課税の対象となります。相談者の納税はY社による源泉徴収によって終了するのが原則で、この場合には確定申告をする必要はありません（所得税法169条、212条）。税率は20.42％とされています（170条）。

4　租税条約

　なお、本国と日本との間で租税条約等が締結されている場合は、当該租税条約等が優先的に適用されます。例えば、日米租税条約では、一定の場合に源泉地国（本問では日本）での課税を免除する旨の規定があり、これによると本問のようなケースでは日本で課税を受けない可能性があります。適用される租税条約等がないかどうか、確認する必要があります。
　2018年11月現在で日本が締結している租税条約等は74本（財務省ホームページ2018・11）で、126か国・地域に適用されます。

（金　秀玄）

【図表2-3 我が国の租税条約ネットワーク】

《74条約等、126か国・地域適用／2018年11月1日現在》(注1)(注2)

(財務省ホームページより)

(注1) 発効済租税条約が複数国間条約であること、及び、旧ソ連・旧チェコスロバキアとの条約が複数国へ承継されていることから、条約等の数と国・地域数が一致しない。
(注2) 条約等の数の内訳は以下のとおり。
・租税条約：二重課税の除去並びに脱税及び租税回避の防止を主たる内容とする条約：61本、71か国・地域
・情報交換協定：租税に関する情報交換を主たる内容とする条約：11本、11か国・地域(图中、(※)で表示)
・税務行政執行共助条約：税務当局間の国際的な協力を可能とする多国間条約：補助国を除いた締約国は我が国を除いて90か国(図中、国名に下線)。適用拡張地域により107か国・地域に適用(図中、(※)で表示)
・日台民間租税取決め：公益財団法人交流協会(日本側)と亜東関係協会(台湾側)との間の民間租税取決め及びその内容を日本国内で実施するための法令によって、全体として租税条約に相当する枠組みを構築・実現。両協会は、公益財団法人日本台湾交流協会(日本側)及び台湾日本関係協会(台湾側)にそれぞれ名称が変更されている。
(注3) 台湾については、公益財団法人交流協会(日本側)と亜東関係協会(台湾側)との間の民間租税取決め：1本、1地域

28 居住者に対する所得課税・外国税額控除

Q 私は、Ｘ国の国籍を有しており、日本の企業に勤務して10年になります。Ｘ国内でも所得があったのですが、この所得は日本で課税されますか。Ｘ国でも税金を納める必要があるのですが、その分を日本の税額から差し引くことはできますか。

A Ｘ国内の所得についても日本で納税義務を負います。日本とＸ国で二重課税になる場合、一定額を差し引くことができる場合があります。

1　相談者の納税義務者区分

　課税の範囲は納税義務者の区分によって異なるので、まずはいずれの納税義務者区分に該当するのかを確認する必要があります〔⇨27〕。

(1)　**住所を有することの推定**

　所得税法施行令14条は、次のような場合に国内に住所を有すると推定する規定を置いています。

① 　国内に継続して１年以上居住することを通常必要とする職業を有すること
② 　日本の国籍を有し、かつ、国内に生計を一にする配偶者その他の親族を有することその他職業及び資産の有無等の状況に照らし、国内に継続して１年以上居住するものと推測するに足りる事実があること
③ 　上記①②により国内に住所を有する者と推定される個人と生計を一にする配偶者その他その者の扶養する親族が国内に居住する場合には、これらの親族

(2)　**永住者の課税範囲**

　相談者は、住所を有すると推定され、その期間が５年を超えるため、「居

住者」のうちの「永住者」にあたるでしょう。「永住者」は、すべての所得について所得税の納付義務を負います（所得税法5条1項、7条1項1号）。

したがって、相談者は、X国内の所得も日本で課税されることになります。

2　二重課税の危険と外国税額控除

居住者は、国内源泉所得（所得税法161条）と国外で生じた所得（国外所得）について日本で課税されますが、国外所得が外国の法令で所得税に相当する租税（以下、「外国所得税」という）の課税対象とされる場合、日本とその外国で二重に所得税が課税される場合が生じることになります。

この国際的な二重課税を回避するために、所得税法95条は、外国政府に納付した所得税の税額のうち一定額を、日本での所得税の税額から控除する外国税額控除と呼ばれる方法を採用しています。

居住者は、各年において外国所得税を納付することとなる場合には、その年分の所得税の額から、その年において生じた国外源泉所得に対応する税額を限度として、その外国所得税の額を控除することができます。

したがって、相談者は一定額を日本で納付すべき所得税額から控除することができます。

3　外国税額控除の繰越控除

外国税額控除は、外国所得税を納付することとなる年においてその年分の所得税額から一定額を差し引くことができるのですが、国外所得が生じた年と外国所得税を納付することとなる年が一致するとは限りません。そのような国外所得の発生年と外国所得税の納付年とのズレを調整するため、外国所得税の額と控除限度額との差額を翌年以降3年間繰り越すことができます。

4　外国税額控除を受けるための手続

外国税額控除を受けるためには、確定申告書に控除を受ける金額の記載をし、かつ、外国税額控除に関する明細書、外国所得税を課されたことを証する書類及び国外所得総額の計算に関する明細書などを添付する必要がありま

す。

5　その他

　その他詳細については、税理士等の税務の専門家に相談することをお勧めします。

（金　秀玄）

29

在留資格のない外国人の子どもの就学

Q 私は10年前に在留資格「短期滞在」で来日した後、オーバーステイになり、日本で難民認定申請もしましたが認められず、既に退去強制令書が発付され、現在は仮放免許可を受けています。私は、日本で知り合った、やはり在留資格のない同国人の女性との間に子どもを設けましたが、現在、私たち3人とも在留資格がありません。子どもは6歳ですが、小学校に入学することはできるのでしょうか。

A 在留資格のない外国人の子どもであっても、公立の小・中学校、高校で学ぶことができます。

1 在留資格と教育を受ける権利

　日本人の子どもの場合、子どもに普通教育を受けさせることは親などの義務とされていますが（憲法26条、教育基本法4条、学校教育法16条）、外国人の子どもについては、日本の義務教育への就学義務はないと解されています。しかしながら、日本が批准している経済的、社会的及び文化的権利に関する国際規約（以下、「社会権規約」という）13条は、締約国に対し、教育についてすべての者の権利を認め、初等教育は無償かつ義務的なものとすること、中等教育についてすべての者に機会が与えられるものとすることを求めており、また、同じく日本が批准している児童の権利に関する条約（以下、「児童権利条約」という）28条も同様の内容を締約国に求めています。これらを踏まえて、文部科学省は、従来より、外国人の子どもが公立の義務教育諸学校への就学を希望する場合には、国際人権規約等も踏まえて、日本人児童生徒と同様に無償で受け入れるという立場をとっています。これは、在留資格がない外国人の子どもであっても同じであり、文部科学省は、国会

の答弁等で、たびたび、このことを明言しています。

　高校での就学についても、同じことがいえます。社会権規約 13 条、児童権利条約 28 条は、中等教育についても、「一般的に利用可能であり、かつ、すべての者に対して機会が与えられるものとすること」を求めており、実務上も、公立高校について、在留資格のない外国人生徒が就学する上での制限はありません。

2　就学のための手続

　日本人の児童生徒の場合、市区町村の教育委員会が、区域内に住所を有する学齢児童生徒について、住民基本台帳に基づいて学齢簿を作成し、就学予定者に対して入学期日の通知をします。住民基本台帳に記載がない場合、実務では、個別に住民登録未済者就学申請書の提出があれば、教育委員会が住所の認定をして、その上で入学を認めています。

　外国人の児童生徒の場合、1991 年から、就学年齢に達した外国人児童生徒の保護者に対しては、外国人登録で住所を確認し、在留資格にかかわりなく、就学案内を通知する取扱いがされていました（平成 3・1・30 文部省初等中等教育局長通知文初高 69 号）。2012 年 7 月 9 日施行の法改正により外国人登録制度が廃止され、一定の在留資格を持つ外国人については住民基本台帳法が適用され、住民票が作成されることになった一方、在留資格のない外国人は公的な登録の対象外となりました。

　現在、外国人の児童生徒に対する就学案内は、原則として住民基本台帳に基づいて行われています。しかし、これは、住民票がなければ就学できない、ということではなく、一定の信頼ができる書類により住所確認等ができる場合には、それによって就学手続を取ることも可能です。外国人登録制度の廃止にあたって、文部科学省は、外国人の児童生徒については、住民基本台帳等の情報に基づいて学齢簿に準じるものを作成するなど、適正な情報管理に努めることを指示する一方、入国管理局から市町村に通知される仮放免された者の情報の中に、就学年齢の外国人の子どもが含まれる場合は、各担当部局と連携の上、必要に応じて就学案内等を行うこと、在留カードなどの提示がない場合であっても、一定の信頼が得られると判断できる書類により、居住地等の確認を行うなど、柔軟な対応を行うことを指示しています

(平成24・7・5文部科学省初等中等教育局長通知文科初第388号)。

　文部科学省は、2012年の法改正にあたって、義務教育に関して、在留資格の有無を問わず無償で受け入れるという同省がとってきた立場が変わるものではないことを明言しています。こうした法的知識のない地方自治体担当者により、在留資格がない外国人の児童が就学拒否されたという事例も時折ありますが、正しい知識を持って申し入れをすることにより解決が可能です。

（丸山　由紀）

30 外国人学校からの進学

Q 私の子どもは、外国人学校に通い、現在、日本の中学に相当するレベルの勉強をしています。子どもは、将来、日本の大学への進学を希望しており、そのために公立高校に進学することを検討していますが、外国人学校から日本の高校や大学へ進学することはできるのでしょうか。

A 大学については、文部科学省の指定を受けた学校や、国際的な評価団体の認定を受けた学校を卒業した場合、大学において個別の入学資格審査により認められた場合などには入学資格が認められます。高校に進学する場合については、外国人学校で中学に相当する課程を修了することで高校の受験資格が認められる場合があります。

1 大学進学について

　学校教育法90条1項は、大学の入学資格を、「高等学校若しくは中等教育学校を卒業した者若しくは通常の課程による12年の学校教育を修了した者（通常の課程以外の課程によりこれに相当する学校教育を修了した者を含む。）又は文部科学大臣の定めるところにより、これと同等以上の学力があると認められた者」と定めています。

　外国人学校は、学校教育法1条の「学校」とは認められておらず、法律上は、各種学校又は未認可の私塾という位置付けであるため、日本国内にある外国人学校で高等学校に相当するレベルの課程の勉強を終えても、法律上は、高等学校や中等教育学校を卒業したものとは扱われません。そこで、外国人学校を卒業した生徒については、大学の入学資格を得るためにはどうすればよいのかが問題になります。

まず、文部科学省から、外国の高等学校相当として指定を受けた外国人学校を卒業した場合は、高校卒業と同等以上の学力があると認められ、大学入学資格を得ることができます。ただし、その学校の課程が12年未満の課程の場合には、原則としてさらに指定された準備教育課程又は研修施設の課程等を修了する必要があります（学校教育法規則150条1号、昭和56年文部省告示153号4号・5号）。指定を受けている学校には、欧米系、アジア系、南米系など各国の民族学校がありますが、文部科学省は、日本に数多くある朝鮮学校に対しては、この指定をしていません。

　また、WASC、CIS、ACSIといった国際的な評価団体の認定を受けた外国人学校の12年の課程を修了した者についても、大学入学資格が認められます（学校教育法規則150条4号、昭和23年文部省告示47号・24号）。この認定を受けている学校は、いずれも、英語で教育を行う、いわゆるインターナショナルスクールです。

　どの学校が、文部科学省の指定又は国際的な評価団体の認定を受けているかについては、文部科学省のホームページ（http://www.mext.go.jp/）などで調べることができます。

　さらに、文部科学省の指定も、国際的な評価団体の認定も受けていない外国人学校を卒業した場合であっても、18歳以上で、入学しようとする大学の個別の入学資格審査により、高等学校を卒業した者と同等以上の学力があると認められた場合には、大学入学資格が認められます（学校教育法規則150条7号）。朝鮮学校の卒業生は、この規定に基づいて大学に進学しているのが現状です。

　これらの規定のいずれによっても大学入学資格が認められない場合には、高等学校卒業程度認定試験（旧大検）に合格する必要があります（学校教育法規則150条5号）。

2　高校進学について

　高校進学についても、大学の場合と同様、外国人学校で中学に相当する課程を修了しても、法律上、中学卒業の資格が得られないことから、高校の入学資格が得られるかが問題になります。

　法律上、高等学校の入学資格があるのは、「中学校若しくはこれに準ずる

学校若しくは義務教育学校を卒業した者若しくは中等教育学校の前期課程を修了した者又は文部科学大臣の定めるところにより、これと同等以上の学力があると認められた者」（学校教育法57条）と定められています。外国人学校を卒業した生徒については、同条後段及び学校教育法施行規則95条によって、中学校卒業者と同等以上の学力があると認められる必要があります。

　具体的に、どのような場合にこれが認められるかですが、まず、卒業した外国人学校の課程やそこでの成績によっては、同施行規則95条5号に該当するとして、受験資格が認められる余地があります。ただし、外国人学校に在籍する生徒に受験資格を認めるか、認める場合にどのような要件を課すのかは、各高校の判断となるので、地域や学校によって取扱いの違いが生じる可能性があります。また、外国にルーツを持つ子どもなど、日本国籍の子どもが外国人学校に在学している場合には、法律上、就学義務が免除されていないことから、外国籍の子どもについて外国人学校からの公立高校進学を認めている高校や地域であっても、その日本国籍の子どもに入学資格が認められない可能性があります。外国にルーツを持つ子どもが、自らのアイデンティティに誇りを持ち、継承語を学ぶ機会を持つことの意味を考えると、このような取扱いの正当性は疑問ですが、実際に子どもや保護者の相談を受ける際には、注意する必要があります。

　このほか、就学義務猶予免除者等を対象として、文部科学省が「中学校卒業程度認定試験」を行っており、これに合格すれば、中学校卒業と同等以上の学力があると認められ、高校の入学資格を得ることができます（学校教育法規則95条4号）。中学校卒業程度認定試験は、近年は、出願が8月下旬から9月初めにかけて、試験が10月末頃、合格発表が12月初め頃というスケジュールで行われています。

　いずれにせよ、外国人学校に在籍する子どもが日本の高校に進学したいという場合は、早めに志望校や教育委員会などと相談して、受験資格を確かめ、対策を考えておく必要があるでしょう。

（丸山　由紀）

31

教育費用の援助制度

Q 高校1年生と中学1年生の子どもをかかえる外国人の夫婦です。もともと家計は厳しかったのですが、先日、夫が失業し、さらに生活が苦しくなりました。毎月の授業料や教材費にも事欠く状態ですが、子どもたちは大学進学を希望しており、何とかかなえてあげたいと思います。教育費について援助してもらえる制度は何かないでしょうか。

A 義務教育の学齢にある子どもの保護者が経済的に困窮している場合は、就学援助を受けることができます。また、高校の授業料については、高等学校就学支援金を利用することができます。

1 就学援助

　就学援助とは、義務教育の学齢にある児童生徒の保護者が、経済的に困窮し、子どもを就学させることが困難と認められる場合に、市区町村が就学に要する諸経費を援助する制度です（学校教育法19条）。対象となるのは、生活保護を受けている場合や、生活保護世帯に準ずる程度に困窮している場合です。就学援助は、在留資格の有無にかかわらず受けることができます。学校教育法等の法令には、就学援助について、日本国籍を持つことや在留資格があることを支給の要件とする規定はなく、また、文部科学省は、学齢期の外国人の子どもが公立の義務教育諸学校へ就学を希望する場合には、教科書の無償給与及び就学援助を含め、日本人と同一の教育を受ける機会を保障するものと明言しており、在留資格の有無による区別はありません。

　就学援助によって支給されるのは、学用品費、体育実技用具費、新入学児童生徒学用品費等、通学用品費、通学費、修学旅行費、校外活動費、学校給

食費などです。

　申請方法や支給内容など、詳細については、子どもの在籍する小中学校に問い合わせてください。

2　児童手当・児童扶養手当

　児童手当は、児童手当法に基づき、中学校修了までの国内に住所を有する児童を養育しており、かつ、所得が一定水準以下の人に支給される手当です。また、児童扶養手当は、児童扶養手当法に基づき、父母が離婚するなどして、父又は母と生活を同じくしていない児童のために支給される手当で、支給の要件を満たす場合、当該児童が18歳に達する年度まで（一定の障害がある場合は20歳になる前まで）支給されます。

　これらは、いずれも、児童と養育者の双方が日本に住んでいることが要件になっており、例えば、親は日本で働き、子どもは本国の学校に通っているケースは支給の対象になりません。ただし、児童手当については、子どもが留学中の場合も一定の要件を満たす場合に支給の対象になることがあります。

　また、在留資格のない外国人については、日本国内に住所を有することが支給要件となっていることとの関係で、厚生省児童家庭局児童手当課長通知（昭和56・11・25児手33号）や厚生省児童家庭局企画課長通知（昭和56・11・25児企41号）を根拠に、支給が否定されることが多いようです。ただし、住所の有無と在留資格の有無はイコールではないので（国民健康保険法に関する【最判平成16・1・15判タ1145号120頁】参照）、例えば、在留特別許可の見込みが十分にあり、既に入国管理局で手続をしているようなケースについては、地方自治体と交渉をしてみてもよいかもしれません。

3　高等学校等就学支援金

　高等学校等就学支援金は、高等学校等における教育に係る経済的負担の軽減を図り、もって教育の実質的な機会均等に寄与することを目的として、国公私立を問わず、高校等に通う所得要件等を満たす世帯に対し、授業料にあてるため、国費により高等学校就学支援金を支給するという制度です。保護者に直接給付されるのではなく、国から各高等学校に授業料相当額を給付す

るという方式がとられます。

　給付の対象に国籍要件はなく、専門学校などの専修学校、あるいは外国人学校を含む各種学校も対象となり得ます。専修学校及び各種学校について、どの学校の生徒を対象にするかは、高等学校等就学支援金の支給に関する法律施行規則1条1項で定められていますが、各種学校のうち外国人学校については文部科学大臣が指定したものに限られています。

　外国人学校のうち、朝鮮学校については、制度発足当時、拉致問題と関連付けて反対する声が上がり、上記の指定から除外されています。このような扱いは、朝鮮学校に在学する生徒の学習権を侵害し、平等原則に違反するおそれが大きいと批判されています。

4　各種奨学金

　その他、就学を経済的に支援する制度としては、各種の奨学金があります。高校生を対象とするものとしては、都道府県の高等学校等奨学金事業があり、大学、短大、高等専門学校、専修学校の専門課程の学生については、独立行政法人日本学生支援機構の奨学金があります。独立行政法人日本学生支援機構の奨学金は、国内で返還することが予定されていることから、外国人については将来も日本で生活することが予定されている人だけが対象とされており、奨学規程2条で、外国人については特別永住者、永住者、日本人の配偶者等、永住者の配偶者等、定住者のうち永住者などに準ずると認められた者に奨学生の資格を認めるとされているので、入管法別表第1の在留資格の子どもや、在留資格のない外国人の子どもの利用は難しいのが現状です。

　また、この他にも、学校、地方自治体、私的な団体等の奨学金制度があり、支給を受けるための条件はそれぞれ異なります。

（丸山　由紀）

32 アパート、マンションの入居差別

Q 部屋を借りようと思って不動産仲介業者に賃貸物件の申込みをしようとしたら、外国人には部屋を貸せないと賃貸人が言っているので無理だと断られました。外国人には部屋を貸さないということに問題はないのでしょうか？

A 外国人であることを理由に賃貸借契約の申込みを断ることは不法行為となります。したがって、慰謝料などの損害賠償を請求できます。

1 外国人であることを理由に部屋を貸さないというのは違法

　賃借の申込みに対して、賃貸人が、賃借人の国籍によって貸すか貸さないかを区別する合理的な理由はありません。ところが、現実には、外国人が賃貸アパート・マンションを借りようと思っても、外国人との契約を拒否する賃貸人が大勢いるため、部屋を見つけるまで大変な苦労をします。

　国籍や民族を理由とする賃貸借契約の拒否は、憲法14条（平等原則）の趣旨に反し、民法709条の不法行為として慰謝料等の損害賠償請求ができます。

2 判 例

　【大阪地判平成5・6・18判タ844号183頁】は、賃貸借契約時に外国人でも契約できることを確認して申込書を受け取り、予約金を支払った者が、後に日本国籍でないことを理由に契約を拒否された事例です。賃貸人と大阪府を被告とし、賃借権の確認と損害賠償を求めた裁判で、原告が支払った引越業者のキャンセル料1万7000円と慰謝料20万円、弁護士費用5万円の支払いが認められました。裁判所は、契約締結の中止を正当視する事情がない場

合、一方的に中止することは許されず、在日韓国人であることを理由とする契約締結拒否は信義則に違反するものであり、契約の締結を期待したことによって被った損害を賠償すべき義務があるとしたのです（ただし、賃借権の確認請求は否定され、宅建業者を指導監督する義務を怠ったとした大阪府に対する請求は棄却）。

賃貸人が、申込書を見て外国人であることを理由に「韓国の人は難しい」といって断ったという事案（尼崎入居差別訴訟【大阪高判平成18・10・5判例集未登載】）では、判決は韓国人であることを理由として賃貸借契約の締結を拒否したことが、憲法14条（平等原則）の趣旨に反し、不法行為が成立すると判断し、慰謝料100万円（原告は夫妻2人）等の支払いを認めました（ただし、仲介業者に対する請求は棄却）。

電話で入居申込みをしてきたインド人に対して執拗に皮膚の色を問いただした不動産仲介業者に対し、慰謝料50万円の損害賠償を認めた判例【さいたま地判平成15・1・14判例集未登載】、家主が住民票の提出を要求し続けて提出がないことから契約を拒否した事案で、日本国籍がないことが拒否の理由であったことは明らかと認定し、日本国籍でないことを理由とする契約拒否は許されないと断じて、慰謝料など110万円を認めた判決【京都地判平成19・10・2判例集未搭載】などもあります。

このように、外国人であることを理由として賃貸借契約を締結しないことは違法であり、慰謝料等の損害賠償を請求できるというのが確立した判例です。

外国人は言語や習慣が違うから家を汚してしまう、近隣の人とトラブルになりやすい、家賃を支払わないでいなくなってしまうという心配があるから貸したくないという賃貸人もいるでしょう。しかし、夜中に騒いで隣近所に迷惑をかける外国人がいたとしても、それは国籍ではなくその個人の問題にすぎず、「だから○○人はだめなんだ」となるはずはありません。

区分所有マンションの管理規約に「賃借する場合は日本国籍の者に限る」と定められている例があります。このような管理規約が違法であることは当然です。しかし、実際には、そのために賃借を断られた外国人が入居をあきらめた実例もあるようです。

3 国と地方自治体の責任

　外国人であることを理由とする入居拒否に対しては事後的に損害賠償請求をすることはできますが、賃貸借契約の締結義務を認めた判決はありません。

　入居差別をなくすためには、賃貸人の意識を変えることが重要であることはもちろんですが、国や地方自治体がこれを防止するための施策をとらないことには、いくら裁判を繰り返し、賃貸人の損害賠償義務を認める判決を積み重ねても、入居差別がなくなることはありません。

　不動産仲介業者が、「日本国籍に限る」との条件を明示しても、監督・指導するべき都道府県は何らの是正をしようとはしません。川崎市の「住宅基本条例」には、高齢者・障害者・外国人等であることをもって民間賃貸住宅への入居の機会が制約されることがあってはならないと規定します。「世田谷区多様性を認め合い男女共同参画と多文化共生を推進する条例」は、「何人も、性別等の違い又は国籍、民族等の異なる人々の文化的違いによる不当な差別的取扱いをすることにより、他人の権利利益を侵害してはならない」と定めています。

　2016年施行の「本邦外出身者に対する不当な差別的言動の解消に向けた取組の推進に関する法律」（以下、「ヘイトスピーチ解消法」という）は、特定の民族や国籍の人々を排斥する差別的言動（ヘイトスピーチ）のない社会の実現のための基本理念を定める法律です。差別的言動の解消が国や地方公共団体の責務であるとしており、同法の趣旨は、入居差別について国等が積極的な施策をすることにも通じます。

　【大阪高判平成20・7・29判例集未搭載】は、大阪市の監督指導責任に基づく請求は棄却したものの、「控訴人が主張する立法措置については、今後被控訴人（大阪市）において十分検討すべきではある」と判示しました。入居差別があった場合、地方自治体が仲介業者や賃貸人に是正を求めることも必要となります。

　　　　　　　　　　　　　　　　　　　　　　　　（金　竜介）

33

運転免許

Q 私（外国人）はおよそ1年前から日本に住んでいます。来日前に取得した国際運転免許証を使って、日本で自動車を運転することはできるでしょうか。また、国際運転免許証が使えない場合には日本の運転免許証を取得することも考えていますが、どうすればよいのでしょうか。

A 国際運転免許証を使って日本で運転をすることができるのは、日本上陸から1年間とされており、それ以降も日本で運転するためには、日本の運転免許証を取得する必要があります。外国の免許を受けている場合には、日本の運転免許証を取得するための試験の一部が免除されます。

1　国際運転免許証を使って日本で運転することができる場合

　日本で運転するためには、❶日本の公安委員会の運転免許証、❷道路交通に関する条約（ジュネーブ条約）に基づく国際運転免許証、❸国際運転免許証を発給してはいないが政令で定めた国（現在はエストニア、スイス、スロベニア、ドイツ、フランス、ベルギー、モナコ、台湾）の外国運転免許証のいずれかを所持している必要があります（道路交通法64条、84条、107条の2）。❸の国の運転免許証を持っている場合を除き、来日前に国際運転免許証を取得するか、来日後に日本の免許証を取得しないと、日本では運転できないことになります。

　そして、❷の国際運転免許証や、❸の外国の免許証については、日本において運転できる期間が、日本に上陸した日から1年間又は当該免許証の有効期間のいずれか短い期間と決められています。ただし、住民基本台帳に記載されている者が出国から3か月未満のうちに帰国した場合には、当該帰国の

日を「上陸した日から1年間」の起算日とすることはできません。つまり、いったん帰国して、国際運転免許証の再給付を受けて日本にトンボ帰りする、ということはできない規定になっています。

上陸した日から1年間を超えると、たとえ国際運転免許証の有効期間が残っていても、日本で運転することはできず、運転をすると道路交通法違反（無免許運転）になりますので注意が必要です。

なお、国際運転免許証は、日本国内で更新することはできません。

2　日本の運転免許の取得方法

国際運転免許証や外国の運転免許証によって日本において運転できる期間を過ぎた後、日本で自動車の運転をしようとするのであれば、日本の運転免許証を取得する必要があります。

日本人と全く同様に学科試験・実技試験を受けて取得することももちろん可能ですが、学科試験の問題は、各都道府県公安委員会が作成しており、外国語の試験問題を作成していない場合や、外国語での受験が可能であっても英語だけというケースが多いので、日本語が得意でない外国人にとってはかなりハードルが高いのが現状です。

しかし、来日前に本国で免許証を取得している場合には、より簡単な方法があります。外国免許の日本免許への切替え手続と呼ばれているもので、有効な外国の免許を受けており、かつ、免許を受けた後、当該外国に滞在していた期間が3か月以上ある場合に、その免許で運転することができる自動車等に関する日本の免許を取得する場合は、申請によって、運転免許試験の一部について免除を受けることが可能とされています（道路交通法97条の2第2項）。この場合の学科試験は、通常の学科試験よりも簡単な上、外国語の試験問題も用意されています。どの外国語の試験問題が用意されているかは都道府県によって異なりますが、日本人と同様の試験を受ける場合よりもはるかに選択肢が多いのが通常です。

3　運転免許と在留資格

在留資格がないことは、法令上、運転免許保有の欠格事由や取消事由等にはなっていません。したがって、非正規滞在の外国人が、日本で運転できる

期間内の国際運転免許証を所持している場合や、有効期間内の日本の運転免許証を所持している場合には、自動車を運転したとしても、道路交通法違反にはなりません(もちろん、運転中に警察官に免許の提示を求められた際に非正規滞在であることが発覚すれば、入管法違反で処分を受けることにはなります)。

　日本の運転免許の取得や、外国の運転免許を日本の免許に切り替える手続についても、在留資格を必要とする明文はありません。ただし、手続上、旅券(パスポート)によって滞在期間を確認し、また、住民票等により住所を確認するため、在留資格がない人が手続をすることは困難です。もっとも、在留資格がなくても、仮放免許可を受けている人については、一般的な要件を満たせば手続は可能です。実務上、入管手続の状況によって、今後、長期にわたって日本に滞在する見込みがないなどとして、窓口で手続を断られる場合があるようですが、必ずしも明確な法律上の根拠なく拒否をしている可能性があるので、断られた場合には、なぜだめなのか、手続を拒否する根拠を法律の要件に即して明確にするよう求めるとよいでしょう。

(丸山由紀・林純子)

34

破　産

Q 私はＡ国の出身ですが、日本で就職しローンを組んでマンションも買いました。しかし、失業してローンを払っていくことができません。Ａ国にも不動産があり、借金もあります。どこの国で破産手続をすればよいのでしょうか。

A 日本に住所・居所あるいは財産があれば、外国人であっても日本の裁判所で破産手続ができます。Ａ国で申し立てる場合には、Ａ国の破産法によります。

1　国内倒産手続の対外的効果と外国倒産手続の対内的効果

　本問では、破産手続だけでなく、再生手続、更生手続、整理手続、特別清算手続など「倒産手続」の対外的効力（日本の裁判所で行った倒産手続の国外における効力）と対内的効力（外国の裁判所で行った倒産手続の日本国内における効力）が問題となります。

　旧破産法3条1項は、「日本において宣告した破産は破産者の財産にして日本にあるものについてのみその効力を有す」と定め、同条2項は、「外国において宣告した破産は日本にある財産についてはその効力を有せず」と定めていました（属地主義）。倒産手続は裁判所の手続であり国家行為である以上、国家の主権が及ばないところに効力を及ぼすことはできないということがその主たる理由でした。

　しかし、国際的な経済活動が活発化した現代社会において、国内倒産手続の対外的効果と外国倒産手続の対内的効果を否定することは、対象資産の最大化、債権者平等、企業再建といった法の普遍的目的を阻害するといわざるを得ません。

　そこで、2000年の旧破産法改正においてこの点に関する規定が改正され

（会社更生法も同年改正。これに先立つ 1999 年の民事再生法の制定においても同種の規定が盛り込まれた）、これが現行破産法に引き継がれています。

2　国際裁判管轄の明定

　破産法 4 条は、債務者が個人である場合には、日本国内にその営業所、住所、居所又は財産を有するとき、債務者が法人その他の社団又は財団である場合には、日本国内にその営業所、事務所又は財産を有するときに、破産申立に関する裁判管轄を認めています（民事再生法 4 条も同じ。なお、会社更生法は国内に営業所がある場合に限定している）。

　上記規定の最大の特徴は、債務者が海外にいても破産申立を認める点です。これは、国内債権者保護のために、国内に住所も居所も営業所もない債務者について、国内に財産があることを理由として破産申立ができるものとしたのです。

　このように財産管轄を認めた趣旨からすれば、ここでいう「財産」とは、配当につながらないようなごく少額のものは含まないというべきだと考えられますが、オーバーローンであるというだけで「財産」ではないということにはならないと考えます。ただし、負債は債権者にとっての引当てになるものではないため、マイナスの「財産」というわけではなく、ここにいう「財産」にはあたりません。

　そのため本問の場合は、日本に住所や居所がある場合はもちろん、A 国に帰国して日本国内にオーバーローンのマンションだけが残っても日本に破産の裁判管轄はあり、日本の裁判所への破産の申立ても可能です。ただし、これが競売なり任意売却によって債務者の所有物でなくなり、負債だけが残った場合には、日本に住所も居所も財産もない以上、破産申立もできないということになるでしょう。

3　破産手続の対外的効力

　破産法 34 条 1 項は、「破産者が破産手続開始の時において有する一切の財産（日本国内にあるかどうかを問わない。）は、破産財団とする」と定めています。また、同法 3 条は、外国人又は外国法人は、破産手続等に関し、「日本人又は日本法人と同一の地位を有する」と定めています（いずれの点

も、民事再生法や会社更生法も同様の規定を置いている）。

したがって、本問の事案において日本で破産が申し立てられた場合も、A国にある財産も破産財団に含まれますし、A国にいる債権者にも破産債権者として通知しなければなりません。

ただし、以上は日本法としての立場であって、倒産手続は裁判所の手続であり、日本国の主権が及ばないところに及ぶものではないという原則に変化はありません。そこで、別に外国裁判所における日本の倒産手続の承認・援助という手続が必要になります。

4　外国倒産手続の対内的効力

このことは逆に外国倒産手続の対内的効力についても同様に問題になることです。この問題に対応するために2000年に「外国倒産処理手続の承認援助に関する法律」（以下、「承認援助法」という）が成立しました。

承認援助法にいう外国倒産処理手続とは、外国で申し立てられた、破産手続、再生手続、更生手続、又は特別清算手続をいいます（同法2条1項1号）。そして、承認援助法は、外国倒産処理手続の承認の要件・手続等について定めています。外国倒産処理手続の承認は外国判決の承認と異なり、外国で認められている効果が日本国内でそのまま認められるものではなく、援助の処分をすることができる基礎として承認することを意味します（同法2条1項5号）。そして、援助処分として、強制執行・訴訟手続等他の手続の中止命令や、処分の禁止、弁済の禁止その他の処分などが定められています（同法3章）。

他方で、外国倒産処理手続が開始されても、日本での倒産手続の申立てができなくなるわけではありません。複数の国家で同一債務者の倒産処理が進むことを並行倒産といいます。この並行倒産の調整のために、破産法（11章）、民事再生法（11章）、会社更生法（10章）には、それぞれ「外国倒産処理手続がある場合の特則」が設けられています。

5　UNCITRAL 国際倒産モデル法の制定

UNCITRAL（国際連合国際商取引法委員会）では1997年5月のUNCITRAL総会で国際倒産モデル法を採択し、同年12月の国連総会において

加盟国に同モデル法を尊重した法整備を行うことを勧告する旨の決議がなされました。1999年12月の民事再生法成立の際に盛り込まれた関係諸規定、2000年11月の破産法・会社更生法改正と承認援助法の成立は、いずれもこれに対応したものです。

　A国法における倒産手続の裁判管轄や国内倒産手続の対外的効果と外国倒産手続の対内的効果は、A国法の定めるところではありますが、各国の国際倒産法制はおおむね前記モデル法を尊重した内容になっていくものと考えられます（もっとも、同モデル法の立法指針は消費者破産を適用除外とすることができるとされている）。

（田島　浩）

35 消費者問題

Q 私は非正規滞在ですが日本で働いています。同国人で「日本人の配偶者等」の在留資格を持つ男から10日で1割の利息で金を借りています。返済が滞ると昼夜を問わず脅かされます。でも日本で働き続けたいです。どうしたらよいですか。

A 法律に違反する高金利の借金は支払いを拒否できます。刑事告訴も可能です。ただし、刑事告訴をした後に日本で働き続けるのは事実上難しいでしょう。

1　消費者契約の準拠法

　日本では、消費者契約について、消費者保護のためにその成立や効力について様々な強行法規を設けています。また、消費者保護のために、契約の方式についても様々な規定を設けています。

　そこで、法適用通則法は、消費者契約について特則（同法11条）を設けています。❶当事者が準拠法を選択しなかった場合、消費者契約の成立・効力・方式の準拠法は消費者の常居所地法となります。❷当事者が選択した準拠法が消費者の常居所地法以外の法である場合であっても、消費者がその常居所地法中の特定の強行規定を適用すべき旨の意思を事業者に対し表示したときは、当該消費者契約の成立・効力に関しその強行規定の定める事項については、その強行規定をも適用すると定めています。❸さらに、消費者契約の方式についても、一般の契約と異なり、消費者は、行為地法等によらず、専らその常居所地法を適用すべき旨の意思を事業者に対して表示することができるものとされています。

2 消費者・事業者の定義

　法適用通則法11条1項によると、消費者とは、事業として又は事業のために契約の当事者となる場合を除いた個人と定義されており、事業者とは法人その他の社団又は財団及び事業として又は事業のために契約の当事者となる場合における個人と定義されています。そして、このような定義の下での消費者と事業者との間の契約が消費者契約と定義されているのです。

　そして、事業というのは、営利目的に限らず、自己の危険と計算によって、一定の目的をもって同種の行為を反復継続的に行うことをいい、反復継続が予定されているなら、最初の行為も事業として行われたことになるとされています。利息をとって金を貸すという行為を反復継続して行う予定があれば、当然、ここでいう「事業」にあたります。

3 外国人の「常居所」

　単なる金の貸し借りについて準拠法の選択を明示的に行うことはほとんどないでしょう。双方が日本に生活の基盤を置いて生活している場合には、日本法を選択する黙示の意思を推定すべきであると考えます。

　また、常居所というのは、人が常時居住する場所であって、単なる居所と異なり、相当長期間にわたって居住する場所であるとする国際私法上の概念であるため、在留資格がなくとも長期滞在をしていれば日本を常居所地といってよいと考えます。

　もっとも、常居所地の認定について、日本在住の外国人については、永住目的又はこれに類する目的の場合は1年の滞在と登録で足りる一方、外交、公用、短期滞在の在留資格を持って滞在する場合及び不法滞在の場合は日本に常居所を認めず、その他の目的の滞在については原則として5年の滞在と登録を常居所認定の要件としています。しかし、これは、戸籍実務の取扱いであって、窓口での形式的審査を原則とし、全国一律の取扱いをすることが必要であることから通達によって認定基準を画一的に定めているため、上記の解釈には影響しないといってよいでしょう。

4　貸金業を対象とする強行規定

　消費者契約に関する強行法規には消費者契約法、特定商取引法など様々な法律がありますが、貸金業を対象とする強行法規としては、利息制限法、「出資の受入れ、預り金及び金利等の取締りに関する法律」（以下、「出資法」という）や貸金業法などがあります。

　そこでは、金利の制限など、様々な規制が定められています。そして、その規制に反した場合に罰則が設けられていることもあります。

　したがって、事業者でない借主が日本を常居所地としている限りはこれらの強行規定の適用を主張することができます。

　特に出資法は、金銭の貸付けを行う者が、年109.5％を超える割合による利息の契約をしたときや、業として金銭の貸付けを行う場合において、年20％を超える割合による利息の契約をしたときは、5年以下の懲役若しくは1000万円以下の罰金に処し、又はこれを併科すると定めており（出資法5条）、これは日本の公序であると考えられます。そして、法適用通則法42条は、「外国法によるべき場合において、その規定の適用が公の秩序又は善良の風俗に反するときは、これを適用しない。」と定めているので、たとえ、借主の常居所地が日本であるということができなくとも、出資法違反の利息の定めは無効というべきであると考えます。

5　現実の対応策

　出資法違反の利息の定めは無効なため、これまでに支払った利息は元本に充当され、払いすぎていれば逆に過払金として返還を求めることもできます。さらに、10日で1割の利息をとるのは暴利行為ですから、元本の返還義務もありません。したがって、本問の例では、返済の必要はありません。

　さらに、前記のように出資法違反の高利貸付けは犯罪であり、刑事告訴をすることもできます。ただし、刑事告訴した場合には被害者として警察に出頭しなければならないので、在留資格がなければ帰国せざるを得ないでしょう。どうしても日本で働き続けたいというのであれば、過払金の請求やその請求権を基にした振込口座の差押え・仮差押えといった民事的な手段によるほかありません。

（田島　浩）

36

交通事故

Q 外国人が交通事故の被害にあった場合、損害賠償金額は日本人と異なるのでしょうか。在留資格の有無やその内容によって違いがあるのかを教えてください。

A 基本的には日本人と異なりません。後遺障害の逸失利益の算定方法について在留期間や在留資格の有無で異なることがあります。慰謝料額については判例が分かれています。

1 原則は日本人と異ならない

　日本に定住する外国人については、日本国籍でないことを理由に損害賠償の算定方法に違いが生じることはありません。また、治療費や通院交通費などの実費、入通院期間中の休業損害については、在留資格の有無や内容によって異なることもありません。

　就労可能な在留資格を持っていない、あるいは在留資格がない外国人でも、現実に得ていた収入額を基礎として休業損害を加害者に請求できます。【最判平成9・1・28民集51巻1号78頁】は、機械の操作中に受傷した不法就労のパキスタン人の休業損害について、日本で現に得ていた実収入を基礎に休業損害を算定しました。その後の判例はこの最判に従っています【名古屋地判平成16・6・30交民37巻3号867頁】【神戸地判平成18・11・24交民39巻6号1645頁】。

2 後遺障害・死亡による逸失利益

　就労可能な在留資格を持っていない、あるいは、在留資格がない外国人が後遺障害を負ったり死亡したりした場合、逸失利益はどう考えられるでしょうか。

その外国人の母国の物価水準や平均収入が日本のそれより低廉である場合にその算定方法が問題となります。

裁判では、【前記最判平成9・1・28】が、在留資格のないパキスタン人の労災事故に関し、予測される日本での滞在期間内は日本での収入を基礎とし、その後は母国などの出国先での収入などを基礎とするとの考え方を示した上で、退社後3年間は日本で現実に得ていた収入を基礎とし、その後はパキスタンでの稼働時の年収36万円を基礎として逸失利益を算定した原審の判断を是認しました。その後、同様の事例では事故後3年程度は日本での現実の収入を基礎とし、その後は母国の基準（来日前の収入や当該国の平均賃金統計など）で算定することが多いようです。

在留期間が定められている在留資格では、その在留期間に応じた日本での稼働を基準としますが、在留資格の変更後に得られたであろう利益で算出する例もあります。留学生が、卒業後も日本国内で仕事をする蓋然性が高いとして、日本の賃金水準で算定した例として、中国人の大学院生の死亡事故（31歳）について、大学院の博士前期課程終了後の32歳から10年間は日本の水準、その後は中国の水準（日本の賃金センサスの3分の1）で算定した例【東京地判平成10・3・25交民31巻2号441頁】などがあります。

3 後遺障害・死亡慰謝料

在留資格がない、あるいは在留期間が限られている外国人の後遺障害・死亡慰謝料はどのように考えられるでしょうか。

この点について最高裁判例はありませんが、日本人と比較し、低めに算定する裁判例も見られます。しかし、同じ人間である以上、精神的な損害を慰謝するための慰謝料を低く算定する合理的根拠はないといえます。

【名古屋地判平成16・9・29交民37巻5号1341頁】は、中国人留学生（25歳）の死亡事故について、中国と日本とでは物価水準及び所得水準に相違があり、慰謝料の算定には経済的事情を加味すべきとする被告の主張を排斥し、死亡慰謝料を両親固有の慰謝料と合わせて2100万円と算定しました。

死亡・後遺障害の慰謝料は、被害者が得ていた収入によって異なる算定はしません。日本国内の地域格差（例えば、地方間の物価水準の違い）も問題

とはなりません。外国人のみが慰謝料の算定について、被害者や相続人の居住地による経済水準を問題とするのは平等とはいえません。故意や重過失の事案（殺人、傷害、強姦、人身売買、劣悪な環境下での労働事故等）において、被害者や被害者遺族の居住地が日本よりも経済水準が低いことをもって慰謝料を減額することは、社会正義に反するものといえるでしょう。【京都地判平成5・11・25判時1480号136頁】が、スリランカ人の人身売買の事例で慰謝料1200万円とし、スリランカの物価水準が日本よりも低いことを考慮しなかったのは、当然といえます。

交通事故の慰謝料の算定については、被害者の個別事情を考慮することなく定額化するのが判例の考え方です。外国人についてのみその属性を考慮することは不合理な差別的扱いであるというほかありません。このような裁判例は是正されるべきです。

なお、自動車賠償責任（自賠責）保険は、国籍や遺族の居住地によって差異を設けることはありませんので、後遺障害や死亡の事案については、訴訟の前に自賠責の被害者請求をすることがよいと考えられます。

（金　竜介）

37

配偶者暴力
（ドメスティックバイオレンス＝DV）

Q 私はA国人ですが、日本人の夫と結婚し、日本で生活していました。しかし、夫の暴力がひどいので、現在は友人宅に避難しています。夫には居場所を知られたくないので、住民登録は変えていません。仕事が見つかりませんが、生活保護を受けることはできますか。もうすぐ在留期限が来てしまいますが、どうしたらよいでしょうか。

A 「日本人の配偶者等」、「永住者の配偶者等」、「定住者」又は「永住者」の在留資格がある外国人は生活保護を受給できます［⇨26］。それ以外の在留資格を有する外国人や在留資格のない外国人は、原則として生活保護を受給することができませんが、事情により生活保護の受給が認められることもあります。「日本人の配偶者等」「永住者の配偶者等」の在留資格については、離婚についての調停、訴訟継続中の期間の更新が認められ、また、離婚成立前であっても、定住者への変更が認められる場合があります。また、DVのために夫から身を隠しているような場合には、夫と別居していたり、実際の住居地を届け出していなくても、在留資格取消制度（入管法22条の4第1項）の対象にはなりません。

1　DV被害とDV防止法

　配偶者からの暴力の防止及び被害者の保護に関する法律（以下、「DV防止法」という）は、保護の対象となる者の国籍や在留資格の有無を問題としていません。したがって、DV防止法上の保護は、日本国籍や在留資格の有無を問わず、理論上は保護を受けられることになります。しかし、実際には、保護命令の申立ての際の通訳の問題など、外国人にとって保護が受けに

くい状況が存在するので、早めに法テラスや弁護士会などの外国人相談を利用して、弁護士への相談を促すとよいでしょう。在留資格のない外国人でも、日本弁護士連合会（日弁連）の委託事業により法律扶助を受けることが可能です。法律扶助を受ければ、通訳費用等の一部援助も受けられます。

2　DV被害と生活保護

「日本人の配偶者等」など、1年以上の在留資格を有していれば、生活保護受給の可能性があります。問題は、DV被害者の場合、夫に現住所を知られたくないので住民登録上の住所を変更できないところ、生活保護の管轄事務所は、住民登録上の住所を管轄する事務所とされていることです。ただし、柔軟に対応してくれる福祉事務所もありますので、まずはあきらめずに相談することが必要です。

他方、在留資格のない外国人の場合、原則として生活保護を受給することはできません。しかし、日本人の夫との間の子を監護養育しているなど、離婚後も在留を特別に許可されるような事情がある場合には、極めて例外的ではありますが、生活保護の受給が認められることもあります。なお、在留資格を有しない外国人が福祉事務所等に相談に行った場合、入管法62条2項が定める通報義務により、福祉事務所等から入国管理局に通報されることが懸念されます。しかしながら、法務省入国管理局長通知平成15・11・17管総1671号は、入管法62条2項に基づく通報義務の解釈について、「……その通報義務を履行すると当該行政機関に課せられている行政目的が達成できないような例外的な場合には、当該行政機関において通報義務により守られるべき利益と各官署の職務の遂行という公益を比較衡量して、通報するかどうかを個別に判断することも可能である。」としています。実際にも、DV被害者が相談に来た場合に福祉事務所等が通報を行うことは、ほとんど考えられません。

3　DV被害と在留資格

(1)　現に「日本人の配偶者等」として在留している場合

【最判平成14・10・17民集56巻8号1823頁】は、日本人との間の婚姻関係が法律上存続している外国人であっても、婚姻関係が社会生活上の実質

基礎を失っている場合には、その者の活動は日本人の配偶者としての活動とはいえないとして、「日本人の配偶者等」としての在留資格は認められないとしました。

しかしながら、実務上、DV被害者が夫と別居しながら離婚に向けての手続（調停、訴訟など）を行っている場合には、夫が身元保証人となっていなくても、在留期間の更新が認められる可能性があります。法務省入国管理局長は、「『配偶者からの暴力の防止及び被害者の保護に関する法律』及び『配偶者からの暴力の防止及び被害者の保護のための施策に関する基本的な方針』に係る在留審査及び退去強制手続に関する措置について」という通達を2008年発表しました（平成20・7・10法務省管総2323号）。その中で、配偶者からの暴力を受け、配偶者の協力を得ることが困難であるとして立証資料等の提出が不十分なまま在留期間更新許可申請又は在留資格変更許可申請があったときは、その旨を付記した上で本省に請訓するとしています。

また、日本人の夫との間の子を監護養育している場合や婚姻期間が相当長期に及んでいる場合には、離婚が成立する前であっても、「定住者」への在留資格変更が許可される可能性もあります。上記通達の趣旨から、DVの被害者であると立証できた場合には、婚姻期間が短い場合でも「定住者」の在留資格が認められることもあります。

更新申請であっても、変更申請であっても、現にシェルターなどに避難しており稼働できず生活保護を受給している場合であっても、それを理由に不許可となることはありません。

なお、2009年の入管法改正によって、「『日本人の配偶者』又は『永住者の配偶者』として在留資格を有する外国人が、配偶者の身分を有する者としての活動を継続して6か月以上行わないこと」が在留資格取消事由として追加されました（入管法22条の4第1項7号）。しかしながら、同号は、配偶者としての活動を行わないことにつき正当な理由がある場合を除外しているところ、DVを理由として一時的に避難又は保護を必要としているようなケースは、「正当な理由」があるものと解されています。また、中長期在留者が転居した場合には、90日以内に法務大臣に対し新しい住居地を届け出なければならず、これを行わない場合も取消制度の対象となります。しかしながら、DVを理由として避難又は保護を必要としている場合には、やはり

届出を行わないことに「正当な理由」があるものとされ、在留資格取消制度の対象とはなりません。

(2) **現在在留資格を有していない場合**

現に在留資格を有していない場合であっても、日本人の夫との間の子を監護養育しているなどの事情がある場合には、在留特別許可を取得できる可能性があります。

それ以外の場合は、最終的には退去強制になる可能性が高いといわざるを得ません。ただし、現に離婚の調停や訴訟が係属しているような場合には、逃亡のおそれがない限り、仮放免を許可され、離婚が成立した段階で退去強制（実務的には自費出国）となることが多いでしょう。

前記通達も、DV 被害者の場合は、原則として仮放免を許可した上で退去強制手続を進めるものとしています。

(3) **旅券の不所持**

在留期間の更新や資格の変更の申請を行う場合、本来であれば地方入国管理局に対し旅券の提示が必要となります。しかし、DV 被害者の場合、妻が出ていくことを防ぐため、夫が旅券を取り上げてしまっていることもよくあります。

ところで、前記通達は、「DV 被害者に対して在留期間更新又は在留資格変更の許可をするに際し、当該 DV 被害者が配偶者からの暴力に起因して旅券を所持していないときは、在留資格証明書を交付する。」としています。申請の際にも、DV が原因で旅券を所持していないことを説明する文書を提出すれば、旅券がないことは問題とならず、更新や変更の申請の受理票を交付されます。したがって、この申請受理票を所持していたほうがいいでしょう。形式上は在留期間を徒過していても、申請中であれば不法残留にはならないため、万一職務質問を受けた場合などは、受理票を示すことにより、申請中であることを明らかにすることができます。

（渡部　典子）

38 入店差別

Q 先日私が宝石店Xに入ってショーケースを眺めていたら、店員から出身国を尋ねられ、答えた途端に「外国人の立入りは禁止である」と告げられるなどして、店から追い出されました。こんなことが許されてよいのでしょうか。

A 質問のようなケースでは、人格的名誉が傷つけられたことを理由として、不法行為に基づく慰謝料を請求できる場合があります。

1 損害賠償請求

　Xの行為は、相談者が外国人であるという理由で相談者の入店を拒否するものであり、人種差別にあたります。

　憲法14条1項や国際人権規約等の条約は、人種によって差別されないという基本的人権を規定しています。憲法等の規定は、原則として国家権力との関係で人権を保障するもので私人間では直接適用されないと考えられているものの、民法709条（不法行為に基づく損害賠償請求）等私法の規定を解釈するにあたっての基準の1つになると考えられています【最大判昭和48・12・12民集27巻11号1536頁、最判昭和49・7・19民集28巻5号790頁】。

　Xは、自分の店をどのように営業するかについて自由に決定できるという意味で営業の自由を有しており、誰を入店させる、又はさせないという選択をする自由があるようにも思えます。しかし、そのような自由も、社会的に許容できる限度を超えて他人の基本的な自由や平等を侵害するものであってはならないでしょう。社会的に許容できる限度を超えた行為は、違法な行為として慰謝料等の損害賠償請求の対象となるべきです。

本問のモデルとなったケース【静岡地浜松支判平成 11・10・12 判タ 1045 号 216 頁】は、原告が店員から出身国を尋ねられ、国を答えた途端に「外国人の立入りは禁止である」と告げられ、理由を尋ねると「外国人入店お断り」というビラを見せられたり、警察を呼ばれたりしたといった事案でした。このような事実関係のもと、裁判所は、店側が外国人を異質なものとして邪険に扱い、犯罪予備軍的に取り扱ったのは妥当でなく、原告の人格的名誉を傷つけたとして、民法 709 条に基づき、店側に慰謝料及び弁護士費用を併せて 150 万円の損害賠償責任を認めました。

　裁判所の判断は、個別の事案についての判断であるため、入店を拒否されたからといって必ず損害賠償請求が認められるわけではありませんが、入店拒否の経緯や、店側の対応いかんによっては、社会的に許容される限度を超える違法な人種差別と判断される場合があるでしょう。

2　その他のケース

　本問のようなケースの他にも、外国人に対する差別が問題となった例として、❶中国から帰化した日本人が、飲食店において、外国人ないし外国生まれであることを理由に退店を求められ、また、入店を拒否されたことに対し、78 万円の損害賠償責任を認めた【東京高判平成 17・3・31 判例集未登載】、❷公衆浴場の経営者が外国人の入浴を一律に拒否するという方法で外国人や外国人に見える者の入浴を拒否したことが、人種差別にあたるとして損害賠償責任を認めた【札幌地判平成 14・11・11 判タ 1150 号 185 頁】などがあります。

3　国と地方自治体の責任

　2016 年 6 月 3 日施行のヘイトスピーチ解消法は、特定の民族や国籍の人々を排斥する差別的言動（ヘイトスピーチ）のない社会の実現のための基本理念を定める法律です。差別的言動の解消が国や地方公共団体の責務であるとしており、同法の趣旨は、入店差別について国等が積極的な施策をすることにも通じます。

　東京弁護士会は、ヘイトスピーチ解消法の施行を受けて、2018 年 6 月 7 日、地方公共団体に人種差別撤廃条例の制定を求め、人種差別撤廃モデル条

例案を提案することに関する意見書を発表しました（https://www.toben.or.jp/message/ikensyo/post-506.html）。今後、国や地方自治体が、入店差別を含む人種差別を撤廃するための施策を講じて行くことが強く求められています。

（金　秀玄）

39

街頭や公共施設でのヘイトスピーチ

Q 私の住んでいる街でヘイトスピーチのデモと集会が行われることが予告されています。これらを事前に阻止する方法はありますか。

A 裁判所により禁止の仮処分命令を得られる可能性があります。また、公共施設を利用する予定であれば、地方公共団体が利用不許可とできる可能性もあります。

1 ヘイトスピーチ・ヘイトクライムとは何か

　ヘイトスピーチとは、歴史的・構造的に差別されてきた人種、民族、社会的出身、国籍、性別、性的指向、障がいなどの属性に基づくマイノリティ集団・個人に対する、属性を理由とする、言動による差別、とりわけ差別の煽動を意味します。ヘイトクライムはこのような差別意識に基づく犯罪であり、物理的暴力を伴うことが多いのが特徴です。

　ヘイトスピーチはマイノリティに属する人々を平等な人間・社会の一員として認めないというメッセージ性を持つもので、被害者の心身を害し、平穏な日常生活を破壊するのみならず、被害者がヘイトスピーチを受けた場所に行けなくなる、外に出られなくなるなどの影響を与えます。また、被害者は被害を訴え反論することで新たな攻撃を誘引することを恐れるため、被害者を沈黙に追い込み社会から排除することになります。さらに、社会全体に対する害悪としては、マイノリティへの差別・暴力をはびこらせ、マイノリティ及び平等に関する言論を萎縮させることで民主主義を破壊し、ひいては社会をジェノサイド（虐殺）や戦争へと導くことがあります。

　ナチスによるユダヤ人等の虐殺はナチスによる反ユダヤ人キャンペーンから、ルワンダのツチ族虐殺は「ツチ族はゴキブリだ、たたき殺せ」などとい

うヘイトスピーチから始まりました。日本においても、関東大震災の直後、「朝鮮人が井戸に毒を投げた」等のデマとヘイトスピーチを引き金に、少なくとも数千人の朝鮮人・中国人が虐殺されています。このように暴力・ジェノサイドへ直結することからも、ヘイトスピーチが単なる「不快」「不適切」な表現ではないことは明らかです。

　表現の自由の重要性から、ヘイトスピーチについては法規制ではなく対抗言論で対処すべきという意見も多く聞かれます。しかし、ターゲットにされているマイノリティが人数において少数であること、マイノリティの発言する機会が法律上及び事実上少ないこと、並びに、反論することでなお一層ヘイトスピーチのターゲットとされることなどから、ヘイトスピーチを対抗言論で解決するのは現実的ではありません。

2　国際人権法及びヘイトスピーチ解消法

　国際人権法上、ヘイトスピーチは「差別、敵意又は暴力の扇動」（市民的及び政治的権利に関する国際規約 20 条 2 項）及び「差別の…扇動」（あらゆる形態の人種差別の撤廃に関する国際条約〈以下、「人種差別撤廃条約」という〉4 条本文）に該当し、国及び地方公共団体はそれを「禁止し、終了させる」義務を負っています（同条約 2 条 1 項(d)）。

　ヘイトスピーチ解消法が 2015 年 5 月 24 日に成立し、2016 年 6 月 3 日に公布・施行されました。これにより、国が初めてヘイトスピーチを差別と認め、その害悪の重大性を認めたことになりました。一方で、禁止規定や制裁規定がなく実効性が弱いこと、及びヘイトスピーチの定義の中に適法居住要件が含まれていることなど、課題も多く残っています。

3　ヘイトスピーチをめぐる裁判例

　裁判例では、特定の個人や団体を対象とする街頭でのヘイトスピーチについて民法上の不法行為と認める判決や、特定の団体の事務所周辺でのヘイトデモを差し止める仮処分命令が出されています。

　【京都地判平成 25・10・7 判時 2208 号 74 頁】は、京都の朝鮮学校（小学校及び幼稚園に相当）の前で、市民グループのメンバーが 3 回にわたり威圧的な態様で侮蔑的な発言を多く伴う示威活動を行い、その映像をインター

ネットで公開した事案で、これらの行為を学校法人に対する業務妨害及び名誉毀損による不法行為として損害賠償請求を認容した上、将来における同様の示威活動に対する差し止め請求も認容しました。この中で裁判所は、被告側の「在日朝鮮人に対する差別意識を世間に訴える意図」を認定し、示威活動が人種差別撤廃条約の規定する人種差別に該当すると認定しています。

【横浜地川崎支決平成 28・6・2 判時 2296 号 14 頁】は、在日コリアンが多数居住する地域において民族差別解消に取り組む社会福祉法人が、過去に同地域で差別的言動によるヘイトデモを主宰した者に対し、事務所周辺でヘイトデモの差し止めを求めた事案で、裁判所は人格権に基づく妨害排除請求権として差し止めを認める仮処分命令を出しました。この中で、裁判所は、ヘイトスピーチ解消法の定義するヘイトスピーチについて、人格権に対する違法な侵害行為にあたるものとして不法行為を構成すると判断し、ヘイトスピーチはその態様と合わせて考慮すると、憲法の定める集会や表現の自由の保障の範囲外であることは明らかであり私法上も権利の濫用であるとしています。

同様に、【大阪地決平成 28・12・20 判例集未搭載】も、ヘイトデモ差止仮処分命令を出しています。その後、債務者が仮処分に従わなかったため、【大阪地決平成 29・3・2 判例集未搭載】は、仮処分に違反した場合、1 日あたり 60 万円を支払うよう命じる決定も出しています。

4 地方公共団体による「公の施設」の使用許可

地方公共団体は、ヘイトスピーチの解消のための施策を講じる義務を負っています（人種差別撤廃条約 2 条 1 項(b)(d)、ヘイトスピーチ解消法 4 条 2 項）。そのため、ヘイトスピーチの行われるデモや集会のために公共施設の利用申請がされた場合には、地方公共団体は公共施設の管理権に基づき、利用を許可しないなどの適切な措置をとることが要請されます。これは地方公共団体の責務として行われるものですので、ヘイトスピーチの対象が特定の個人や団体である必要はありませんし、誰でも地方公共団体に対して適切な措置をとるように求めることができます。神奈川県川崎市では、ヘイトスピーチ解消法に基づく「『公の施設』利用許可に関するガイドライン」が施行されています。また、東京弁護士会は、2015 年に「地方公共団体に対し

て人種差別を目的とする公共施設の利用許可申請に対する適切な措置を講ずることを求める意見書」を出しています。

　一方で、道路におけるデモ自体については、法令上、道路の機能を著しく害するような態様で行われる場合でなければ、道路の使用を不許可とすることは困難です（道路交通法77条1項ないし3項）【最判昭和57・11・16刑集36巻11号908頁参照】。ただし、デモの多くは公園などの公共施設を集合場所・出発地点・終了地点とするため、2016年5月31日、川崎市長がヘイトスピーチを含むデモを主催してきた人物が申請した川崎区の2つの公園の使用を不許可としたように、公共施設の利用を不許可とすることでデモ自体の実行を事実上困難にすることは可能です。

（林　純子）

■参考文献
1　師岡康子『ヘイトスピーチとは何か』岩波新書（2013）
2　師岡康子監修・外国人人権法連絡会編著『Q&Aヘイトスピーチ解消法』現代人文社（2016）

40

インターネット上のヘイトスピーチ

Q インターネット上の掲示板に、私の名前と私が在日コリアンであることについての侮蔑的な表現が掲載されているのをみつけました。削除してもらうことはできますか。また、書き込みをしたのは誰かわかりませんが、その人に対して損害賠償請求をすることはできますか。

A 利用規約違反を理由に、又は特定電気通信役務提供者の損害賠償責任の制限及び発信者情報の開示に関する法律(以下、「プロバイダ責任制限法」という)に基づいて、プロバイダに対して削除要求ができます。書き込みの内容によっては損害賠償請求をすることもできます。

1　削除要求について

　インターネット上のヘイトスピーチについては、掲載されているページの作成者や管理者(レンタル掲示板運営者など)が削除依頼に対応していることも少なくありません。プロバイダの利用規約において人種差別的書き込みの規制についても規定されていることが通常ですので、利用規約違反を理由にプロバイダに対して削除要求をすることもできます。

　特に、インターネット上のヘイトスピーチのうち特定の個人や法人に対するものの場合は、プロバイダ責任制限法に基づき、プロバイダ等特定電気通信役務提供者に削除要求をすることができます(プロバイダ責任制限法ガイドライン等検討協議会「プロバイダ責任制限法名誉毀損・プライバシー関係ガイドライン」参照)。

2 刑事告発・損害賠償請求について

　インターネット上の記載内容によっては名誉毀損罪・侮辱罪・業務妨害罪等の刑法犯罪、及び民法上の不法行為に該当しますので、その場合には、刑事告発や損害賠償請求を行うことができます。

　書き込んだ人に対して損害賠償請求を行いたい場合には、誰が書き込んだのかを特定する必要がありますが、プロバイダ責任制限法に基づいて発信者情報開示の請求ができます。

　裁判所は、インターネット上のヘイトスピーチについても損害賠償請求を認める判決を出しています。

　【大阪地判平成29・11・16判時2372号59頁】は、インターネット上の投稿をまとめたブログ記事（いわゆる「まとめサイト」）を運営する者が、在日コリアンのフリーライターに関する投稿の内容をまとめた記事を掲載したという事案で、ブログ記事の内容が名誉毀損・侮辱・人種差別・女性差別にあたり、人格権を侵害するとして、不法行為に基づく損害賠償請求を認容しました。この中で裁判所は、ブログ記事の内容が人種差別撤廃条約及びヘイトスピーチ解消法の趣旨及び内容に反する人種差別にあたると認定し、そのことを名誉毀損等と並ぶ人格権侵害の根拠の1つとしています。この判断は、控訴審判決【大阪高判平成30・6・28判例集未搭載】でも維持されています。

（林　純子）

■参考文献
・師岡康子監修・外国人人権法連絡会編著『Q&A ヘイトスピーチ解消法』現代人文社（2016）

3章

労働関係

41

労働契約の国際裁判管轄と準拠法

Q 私はＡ国に本社のあるＸ社に入社し、企業内転勤で日本支社に転勤してきました。雇用契約書には、準拠法はＡ国法、管轄裁判所もＡ国首都の地方裁判所と定められています。日本の法律に基づいて日本の裁判所で残業代を請求できますか。

A 国際裁判管轄については契約書に別の定めがあっても、原則として日本の裁判所に裁判を起こすことができます。そして、残業代についての労働基準法の規定は、強行規定ですから、準拠法についての合意があっても、日本法に基づき残業代を請求できます。

1　国際裁判管轄についての規定の概要

　民訴法は、3条の2以下に、国際裁判管轄についての規定を置いています。そして、3条の4第2項において、労働者からの事業者に対する訴えは労務の提供の地が日本国内にあるときは、日本の裁判所に提起することができると定めています。

　もっとも、国際裁判管轄についても、一般的には、3条の7第1項において、合意管轄を認めています。しかし、労働者に一方的に不利な合意管轄が定められるおそれのある労働契約については、同条6項に特則が設けられており、将来において生ずる個別労働関係民事紛争を対象とする管轄合意は、労働契約の終了の時にされた合意であって、その時における労務の提供の地がある国の裁判所に訴えを提起することができる旨を定めたものであるときに限り効力を有すると定めています。なお、その国の裁判所にのみ訴えを提起することができるという、専属的合意管轄の定めについては、その国以外の国の裁判所にも訴えを提起することを妨げない旨の合意とみなすと規定さ

れており、結局、専属的合意管轄の定めは認められないということも定められています。ただし、労働者の側が当該合意管轄に従って裁判を起こしたり、当該合意管轄を援用したりした場合は別です。

　ここで「個別労働関係民事紛争」というのは、「労働契約の存否その他の労働関係に関する事項について個々の労働者と事業主との間に生じた民事に関する紛争」（民訴法3条の4第2項）と定義されており、解雇・雇止めや賃金・退職金に関する紛争はもとより、安全配慮義務違反の損害賠償、職場内のパワーハラスメント・セクシャルハラスメントなど労働関係に関するものはすべて含まれますが、労働組合等の労働者の団体が当事者となる労働紛争は含まれません。「将来において生ずる」（同法3条の7第6項）という限定が加えられているのは、既に起きた労働紛争について管轄を合意する場合には労使の力関係により事業主に一方的に有利な管轄が合意されるおそれが乏しいからです。労務の提供の地がある国の裁判所は、上記のように法が定めた国際裁判管轄ですから、結局のところ、それ以外の合意管轄は認めないということです。

　残業代請求は、労働契約の存否その他の労働関係に関する事項について個々の労働者と事業主との間に生じた民事に関する紛争であり、日本支社で勤務していたのであれば、労務の提供の地がある国は日本ですから、契約書にA国首都の地方裁判所という合意管轄の定めがあったとしても、日本の裁判所に残業代請求の裁判を起こすことができます。

2　法適用通則法の規定の概要

　法適用通則法は、まず一般的に、法律行為の成立及び効力は、当事者が当該法律行為の当時に選択した地の法によると定めているので（同法7条）、雇い入れの際の労働契約で準拠法を定めていれば、それによるということになります。

　しかし、労働契約については特則があり、契約で定めた準拠法が、最密接関係地法以外の法である場合であっても、労働者が最密接関係地法の中の特定の強行規定を適用すべき旨の意思を使用者に対し表示したときは、その強行規定をも適用すると定め、さらに、労務を提供すべき地の法（各国を飛び回っている場合のようにその労務を提供すべき地を特定することができない

場合にあっては、当該労働者を雇い入れた事業所の所在地の法）を最密接関係地法と推定すると定めています（同法12条）。

3 特定の強行規定

　時間外労働についての労働基準法（以下、「労基法」という）の定めは、労働者の生活と健康を保護し、労働者の家庭生活などの私的な時間を確保するために設けられた規定であり、もちろん強行法規です。

　もっとも、強行法規の中には、刑罰法規のように、法律自身が自らの一定範囲での適用を明確に定め、これに反する他の法規の存在を排除しているとみなし得る法規があります。そのような法規は、その法律の適用範囲にある法律関係に対して直接に適用され、労働者が当該強行規定を適用すべき旨の意思を使用者に対し表示しなくても、やはり適用されます。このような強行法規を絶対的強行法規と呼ぶことができます。

　法適用通則法12条は、労務を提供すべき地の法を最密接関係地法と推定すると定めていますが、この推定を覆す事情がある場合もあるでしょう。しかし、労基法中の絶対的強行法規とみるべき規定は、日本国内の事業である限り、最密接関係地法が日本法でなくとも適用があるということができます。

　何が当事者意思を完全に排斥して適用される絶対的強行法規で、何が当事者の選択を許す民事的強行法規なのかという区別は、個々の法規の政策目的・内容・法形式等を考慮して判断すべきものとされています。もっとも、絶対的強行法規といっても、これより労働者に有利な定めをすることを禁ずるものではありません。ですから、当事者が準拠法として定めた法の規定が労働契約の内容として黙示的に継受されているとみれば、日本の労基法の絶対的強行法規よりも労働者に有利な規定に基づいた請求ができることになります。ですから、本問の事例においては、日本の労基法32条、37条、「労働基準法第37条第1項の時間外及び休日の割増賃金に係る率の最低限度を定める政令」に基づいた残業代の請求をすることができ、また、A国法のほうが有利だと考えれば、A国法を適用した上での残業代の請求をすることもできます。

（田島　浩）

42

有期雇用契約における雇止め

Q 私（外国人）は英会話学校の講師をしています（在留資格「教育（語学教師）」）。雇用契約期間は1年ですが、これまで6回更新されていました。しかし、今回突然、「契約を更新しないので、来月から来なくていい」といわれました。このようなことが許されるのでしょうか。

A 合理的理由がなければ許されません。

1 「雇止め」とは

本問のようないわば期間を定めた労働契約の期間満了に際し、使用者が契約の更新拒絶をすることは「雇止め」と呼ばれています。

期間の定めのある場合に当然に契約が終了することをとらえ、継続して雇用したいときは「契約更新」、不要になったら「雇止め」というようなケースが見られるようになっています。とりわけ「雇止め」は、日本人のみならず、外国人の場合も問題となっており、景気悪化の際の調整弁として外国人が容易に「雇止め」の対象とされるケースが増えています。

2 有期雇用契約の期間

労働契約の期間を定める場合、その期間は原則として3年（例外として法定されているもので5年）を超えてはならないと定められています（労基法14条）。期間を定めた労働契約は、民法の原則に従えば期間が満了すれば終了します。例えば、臨時的・季節的な労働内容で、このことを前提に労働契約に期間を定めた場合には、労働契約は終了するということです。

3年を超えた期間を定めて契約しても、労基法13条、14条により前記の

期間（3年又は5年）を定めたものとされ、これを超えて労働関係が継続された場合には黙示の更新により期間の定めのない契約として継続すると解されています。したがって、3年（又は5年）を経過した後に労働契約を終了することは、法的には解雇と解されます。そのため、理由のない解雇には、解雇権濫用の法理（労働契約法16条）が直接適用されることとなります。

3　雇止めに対する制限

　それでは、3年以内の期間を定めて期間満了ごとに労働契約の更新を繰り返してきたような場合はどうでしょうか。

　契約期間を反復更新していた場合の雇止めが許されるかにつき、従前、判例上、いわゆる雇止め法理が確立していましたが【最判昭和49・7・22民集28巻5号927頁、最判昭和61・12・4労判486号6頁、最判平成21・12・18民集63巻10号2754頁など】、2012年の労働契約法改正により、明文化されるに至りました（同法19条）。同条は、㋐労働者が期間満了前に更新の申込みをしたか、又は、期間満了後遅滞なく契約締結の申込みをしたが、使用者がその申込みを拒絶したものの（柱書）、㋑①有期労働契約が過去に反復して更新されたことがあるものであって、その契約期間の満了時に当該有期労働契約を更新しないことにより当該有期労働契約を終了させることが、期間の定めのない労働契約を締結している労働者に解雇の意思表示をすることにより当該期間の定めのない労働契約を終了させることと社会通念上同視できると認められる（同条1号）か、②当該労働者において当該有期労働契約の契約期間の満了時に当該有期労働契約が更新されるものと期待することについて合理的な理由があるものであると認められる（2号）場合に、㋒雇止めが客観的に合理的な理由を欠き、社会通念上相当であると認められないとき（柱書）は、労働者からの上記更新・契約締結の申込みを、使用者が従前の有期契約と同一条件で承諾したものとみなす、と規定しています。

　本問の事例では、期間満了による当然の終了ではなく、労働契約法19条により、その雇止めの有効性が判断されることになるでしょう。

　なお、前記2012年の労働契約法改正では、有期労働契約が少なくとも1回以上更新され、通算の契約期間が5年を超えた場合に、労働者による無期労働契約締結の申込みと使用者のみなし承諾により、無期労働契約への転換

を認める規定が新設されました（同法18条）。したがって、本問の事例でも、同条の要件を満たす場合には、無期労働契約への転換を主張することが考えられます。

4 契約締結時の更新の基準の明示

使用者は、有期労働契約の締結に際し、契約を更新する場合の基準を書面で明示して労働者に交付しなければなりません（労基法15条1項、労基規則5条1項1号の2、2～4項）。加えて、労基法14条2項に基づいて厚生労働大臣が定める「有期労働契約の締結、更新及び雇止めに関する基準」では、契約が3回以上更新され、あるいは、1年を超えて継続雇用している場合には、期間満了30日前までに雇止めの予告をしなければならず（同基準1条）、労働者からの求めがあった場合に、更新しない理由について証明書を発行しなければならないとされています（同基準2条）。また、契約が1回以上更新され、かつ、1年を超えて継続雇用している場合には、契約の実態及び労働者の希望に応じて、契約期間をできる限り長くするよう努めなければならないとされています（同基準3条）。

5 関連する問題点

前記のような「雇止め」の効力について裁判による解決を求める場合、在留期間との関係が問題となります。相手方となる会社が争う場合などは長期化が避けられません。

その際、在留資格の更新が問題となってきます。しかし本問のような場合、就労状態にないことから、従来の「教育」資格のまま在留期間の更新を申請しても認められない可能性があります。その場合には裁判で争っていることがわかる疎明資料（訴状等）を提出して、入国管理局に対して「特定活動」へ変更することが考えられます。また、その上で長期化する場合には、「短期滞在」の更新申請で対処していくことになるでしょう。

したがって、本問のような場合、労働法規上の問題のみならず、在留資格の点についても併せて考える必要があります。

（枝川充志・岡田聡）

43

不法就労と解雇

Q 私（外国人）は「短期滞在」の在留資格で滞在し、食品会社のお弁当製造工場で働いていました。在留期間が切れてもそのまま就労を続けていたところ、同社から不法就労を理由に解雇されてしまいました。

A 日本の労働法規の適用に従って解雇の有効性が判断されます。紛争解決するまでの在留をどうするかについても、留意する必要があります。

1　不法就労者に対する労働法規の適用

　そもそも不法就労者（就労資格を有しない在留資格の外国人）であっても、使用者と労働者との間に労働契約が有効に成立している場合、それが在留資格との関係において不法就労であるか否かは、労働契約の効力に影響を与えません。また、労基法、最低賃金法、労働安全衛生法、労働者災害補償保険法などの労働保護法は、すべての労働者に適用されることから、不法就労者であってもこれら法律で定義する労働者にあたれば、原則として適用があると解されています。さらに、昭和63・1・26基発50号、職発31号においても、職業安定法、労働者派遣法、労基法などの労働法規は、日本国内における労働であれば、不法就労者にも適用があるとしています。加えて、労基法3条では、労働者の国籍を理由とする賃金、労働時間その他の労働条件について、差別的な取扱いを禁止しています。

　以上によれば、不法就労者との間の労働契約も有効であること、不法就労者に対しても日本の労働法規が原則として適用されることから、解雇権濫用の法理（労働契約法16条）に照らして、解雇の有効性が判断されることになります。

2　入管法違反との関係

(1)　在留資格を偽るなどしていた場合

　在留資格を偽るなどして雇用され、経歴の詐称が発覚したため解雇された場合、解雇権濫用の法理に従っても客観的に合理性があり、かつ社会的に相当との判断がなされる可能性があります。経歴を偽った点のみならず、入管法により使用者に3年以下の懲役若しくは300万円以下の罰金が科される又はこれらが併科される（入管法73条の2第1項1号）可能性があるため、使用者が労働者を解雇することに合理性相当性があると考えられるからです。

　ただし、このような不法就労が発覚した場合でも、解雇の手続に従わなければならないことから、本来であれば使用者は30日前に予告するか、それに変えて予告手当を支払うかしなければなりません（労基法20条1項）。しかし「労働者の責に帰すべき事由」に基づく解雇として、解雇予告手当は不要になると考えられます（労基法20条1項但書、3項「除外認定」）。

(2)　使用者が不法就労を把握していた場合

　使用者が不法就労を把握しながら、本問のように解雇した場合も同様に、解雇権濫用の法理に従って有効性が判断されることになりますが、一律に有効無効をいうことはできず、個別の事案に即して客観的合理性及び社会的相当の判断がなされることになると考えられます。

(3)　関連する問題点

　日本に在留したまま裁判で争う場合、在留をどうするかが問題となります。在留期間経過後も滞在を続けていたので、入管法24条により退去強制事由に該当し、退去強制手続が進められることになります。ですから、退去強制手続の中で在留できる方途を探っていくことになります。

　また裁判で争い、仮に解雇が無効と判断された場合、裁判所がどのように判断するかは難しいところです。裁判所が労働者の地位確認判決を出した場合には不法就労を助長する結果になりかねません。そこで学説上、裁判所は地位確認を認めず、賃金支払については判決時までの部分の支払いは可能だが、将来分については損害賠償（金銭補償）による解決のみ可能とするものがあります（早川智津子「外国人と労働法」ジュリスト1350号29頁）。

（枝川充志・岡田聡）

44

賃金切り下げ

Q 私は現在、精密機器の工場で部品の組み立ての仕事をしています。先月末、会社から景気が悪いので来月から賃金を切り下げるといわれました。このようなことは許されるのでしょうか。またこれまで1日しか有給休暇をとっていませんが、もう有給休暇はとれないでしょうか。また1日10時間働かされる日がありましたが、残業代は請求できるのでしょうか。

A 賃金の一方的な切り下げは許されません。また、有給休暇は取得でき、残業代も請求できます。

1 前提となる雇用条件の確認

　本問のような相談の場合、ずさんな雇用条件の下で外国人を就労させている可能性があります。そのため、まず労働条件がきちんと明示されていたか（労基法15条）、その内容として「労働期間」「就業場所」「従事すべき業務の内容」「始業・終業時間」「休憩」「所定労働時間」「所定休日」「休日労働や時間外労働」「賃金」「退職」等に関する事項が定められていたか（労基規則5条）を確認する必要があります。

2 労働条件の変更の際の原則

　労働契約は、労働者及び使用者が対等の立場における合意に基づいて締結し、又は変更すべきものとされ（労働契約法3条1項）、労働条件の変更も、労使の合意に基づいて行われることが原則とされています（同法8条）。
　したがって、労働者の同意を得ない労働条件の切り下げは無効です。この場合、労働者は、従来どおりの労働条件に基づく契約内容の履行を請求でき

ます。

3 年次有給休暇

　使用者は、その雇入れの日から起算して6か月間継続勤務し、全労働日の8割以上出勤した労働者に対し、継続し、又は分割した10労働日の有給休暇を与えなければなりません（労基法39条1項）。6か月継続勤務した場合の労働者は、以下の表のとおり、2年間は6か月を超える勤務年数1年につき1労働日を10日の休暇日数に加算していき、勤続2年6か月に達した日以降は、勤続1年ごとに2労働日を加算していくことになります。最大日数は20日になります（同2項）。そのため、以上のような規定に基づき有給休暇を申請すべきでしょう。

【図表2-2 年次有給休暇付与日数】

勤続年数	6か月	1年6か月	2年6か月	3年6か月	4年6か月	5年6か月	6年6か月以上
年次有給休暇付与日数	10日	11日	12日	14日	16日	18日	20日

　なお、年次有給休暇は次年度への繰越しが認められるものの、労基法上、2年間の時効に服する（115条）ので、注意が必要です。

4 残業代

　使用者が労働者を❶1日又は1週の法定労働時間を超えて働かせたとき（時間外労働）、❷法定休日に働かせたとき（休日労働）、❸午後10時から午前5時までの深夜に働かせたとき（深夜労働）には、政令で定められた割増率で計算した割増賃金を支払わなければなりません。時間外労働と休日労働の割増率は2割5分以上5割以下の範囲内（1か月につき60時間を超えた場合は5割以上）、深夜労働の割増率は2割5分以上（労基法37条1項・4項）となっています。他方で、残業代不払いは労基法24条違反であり、刑罰（30万円以下の罰金）をもって禁止されています（同法120条1号）。

　そのため、本問の事例でも、前記の基準に従って残業代を請求できます。

請求のためには残業代算定の裏付けとなるタイムカード等を確保しておくのが有効です。

　なお、使用者が労働者に時間外労働や休日労働を命じる場合には、使用者は原則として時間外労働・休日労働の協定を労働基準監督署に届け出ることが必要です（労基法36条〈いわゆる36協定〉）。36協定を締結していないのに時間外労働や休日労働をさせられれば、これも労基法違反であり（32条、35条）、刑罰が科されます（119条1号）。

　以上のように残業代については厳しい規制が課せられていますから、残業代が不払いの場合、使用者と交渉するか、労働基準監督署に違反を申告し、労働基準監督署から使用者に対して「指導」あるいは「是正勧告」がなされるよう働きかける方法が考えられます。これらの働きかけは、前記労基法の規定を踏まえれば、在留資格の有無にかかわらず可能と考えられます。

　ただし、被災労働者が不法就労者であっても、労働基準監督機関は、本人の労働基準関係法令上の救済に努め、原則として入管当局に対し通報を行わないこととされていますが、「不法就労者を放置することが労働基準行政としても問題がある場合」はその例外とされていますので、留意して対応にあたりましょう。

（枝川充志・岡田聡）

45

雇用保険

Q 外国人が失業した場合、失業給付を受けることはできないのでしょうか。雇用保険料が給料から引かれていた場合と引かれていない場合、在留資格がある場合とない場合とで違いがありますか。

A 会社が雇用保険を払っていなくても失業給付を受ける方法はありますが、失業時に働くことのできる在留資格がなければ、給付を受けることはできません。

1 求職者給付の基本手当

　雇用保険法はかつては失業保険法という名称でした。そして、この法律によって労働者は失業した場合に一定の給付金を受け取ることができます。もっとも、現在の雇用保険法に基づく給付は「失業等給付」といい、教育訓練給付や雇用継続給付のように就業状態で受け得る給付もあり、必ずしも失業した場合の給付に限られませんし、失業中の給付にも様々な種類のものがあります。世間一般において「失業保険をもらう」というときの「失業保険」とは、失業等給付のうちの求職者給付の基本手当のことを指しています。

2 雇用保険の被保険者

　原則として労働者は、みな、雇用保険の被保険者となります。例外は、短時間労働者、日雇労働者、季節労働者です（雇用保険法4条、6条。船員や一定の公務員も除外されていますが、それは他の保険があるため）。さらに、日雇労働者については、一定の要件を満たすことによって日雇労働被保険者になります（同法43条）。

かつては外国人については在留資格の有無を問わず、原則として被保険者とはしない扱いがなされていましたが、現在では雇用関係の終了と同時に帰国することが明らかな者を除き、在留資格のいかんを問わず原則として被保険者として取り扱われることになっています。

3　雇用保険に加入する義務があるのに加入していなかった場合

　前記の例外にあたらない限り、事業主は被保険者であることを届け出て、雇用保険に加入させなければなりません（ただし、農林、畜産、養蚕、水産業を営み従業員数が5人未満の個人事業だけは、任意加入で加入義務がありません。雇用保険法附則2条）。

　そして、事業主と被保険者（労働者）とが保険料を折半して負担することになります。そのため賃金から雇用保険料が徴収されることになるのです。このことは労働者の意向のいかんにかかわらず行われることであって、保険料を払いたくないから雇用保険に加入しないということは、事業主はもちろん、労働者もできないのです。

　ところが、現実には前記の例外にあたらないにもかかわらず、雇用保険に加入していないということが往々にしてあります。特に外国人の場合には相当の割合に及んでいるといわれています。

　その場合は失業後であっても、厚生労働大臣（実際には公共職業安定所〈ハローワーク〉）に確認の請求というものを行うことによって被保険者であったことを確認してもらい、最長2年間にさかのぼって雇用保険に加入することができます。さらに事業主が賃金から雇用保険料の被保険者負担分を天引きしていたにもかかわらず雇用保険には加入していなかった場合には、その天引きを書類で証明できれば、2年より前にさかのぼって加入することができます（雇用保険法14条2項2号、22条4項・5項）。会社が倒産してさかのぼって事業主側が保険料を納めることができなくても、失業給付を受けることの妨げにはなりません。

　もっとも、前記の求職者給付の基本手当は、被保険者であった期間や離職の理由に応じて支給される日数が細かく区分されています（同法22条、23条。ちなみに、23条にいう「特定受給資格者」というのは、倒産や解雇等による離職者（いわゆる会社都合の離職者））。そのため、実際には5年以上

(あるいは 10 年以上、さらには 20 年以上)、同一の事業主に雇用されていても、事業主が雇用保険に加入していなければ、さかのぼって加入しても原則として最長 2 年間となり、支給日数に大きな差があります。

このような場合、事業主が雇用保険加入手続を怠ったことによって生じた退職者の損害を賠償する責任があるという判例【東京地判平成 18・11・1 労判 926 号等】があります。

4　在留資格と雇用保険

前記のように外国人も在留資格のいかんを問わず原則として被保険者として取り扱われることになっており、賃金から雇用保険料が徴収されますが、離職の際に働くことができる在留資格を有していなければ失業等給付を受けることはできないというのが実務の扱いです。雇用保険法にいう「失業」とは、労働の意思及び能力を有するにもかかわらず職業に就くことができない状態にあることをいうと定義されているところ、働くことができる在留資格を有しなければ労働の能力があるとはいえないというのが実務の立場なのです。例えば、重い病気に罹患して仕事が続けられなくなり離職することになった場合と異なり、労働の事実上の能力はあるわけですが、実務では、「失業」にあたらないものとされています。

（田島　浩）

46

不法就労と労災保険

Q 私は、仕事中に機械の故障が原因で怪我を負いました。入院中なので働くことができず、家族は貯金を崩して生活しています。実は、私は在留資格がなく、いわゆる不法就労なのですが、何か援助を受けることはできませんか。

A 国籍や在留資格の有無にかかわらず、労働災害により傷病にかかれば、労災保険の給付を受けることができます。

1 労災保険はすべての労働者に適用される

　労働者災害補償（労災）保険は、政府が管掌する社会保険制度により、労働災害に対し保険給付という形で補償を行うものです。

　国の直営事業や官公署の事業のほか、一部の個人経営の農林水産業（暫定任意適用事業）を除いては、労働者を使用するすべての事業者に加入の義務があります。

　労災法の「労働者」は、労基法9条の労働者と一致した概念であるとされています。国籍及び在留資格の有無を問いませんが（昭和63・1・26基発第50号）、就労が認められていない研修生には原則として適用がありません。一方、雇用関係の下にある技能実習生には適用があり、暫定任意適用事業であっても、技能実習生を受け入れる場合には労災保険への加入が義務付けられます。なお、被災労働者が不法就労者であっても、労働基準監督機関は、本人の労働基準関係法令上の権利の救済に努め、原則として入管当局に対し通報は行わないこととされていますが、「不法就労者を放置することが労働基準行政としても問題がある場合」はその例外とされていますので、注意が必要です。

2 「業務上」の災害であること

　労災保険は、労働者が「業務上」の災害により負傷し又は疾病にかかった場合、これが治っても障害が残存した場合や死亡した場合を補償ないし保険給付の対象としています。そこで、給付の請求には当該災害が「業務上」の災害といえるかどうかが問題となります。

　まず、業務上の災害とは、業務に起因した災害をいいます。業務に起因した災害とは、行政解釈では、「業務又は業務行為を含めて『労働者が労働契約に基づき事業主の支配下にあること』に伴う危険が現実化したものと経験則上認められること」とされています。業務起因性の有無を判断するにあたっては、災害が事業主の支配・管理下において発生したかどうかという業務遂行性が第一次的な判断基準とされているのです。

3 業務上の疾病について

　業務上の疾病については、労働基準法施行規則35条、同施行規則別表第1の2で網羅的に定められています。

4 給付の内容について

　業務災害に関する保険給付には、①療養補償給付、②休業補償給付、③障害補償給付、④遺族補償給付、⑤葬祭料、⑥傷病補償年金、⑦介護補償給付があります（労災法12条の8第1項）。通勤災害の給付内容については、労災法21条が定めています。

5 給付の手続について

　保険給付は、被災労働者又はその遺族等の請求に基づき、労働基準監督署長が支給又は不支給の決定を行います。この決定に不服があれば、審査請求、再審査請求を行うことができ（行政不服審査法2条、6条）、取消訴訟は、裁決の下された後に行うことができるのが原則です。

6 時効について

　療養補償給付、休業補償給付、葬祭料、介護補償給付等を受ける権利は2

年を経過したとき、障害補償給付、遺族補償給付等を受ける権利は5年を経過したとき時効によって消滅します（労災法42条）。民法（債権関係）の2017年6月改正に伴う労災法の改正により、時効の起算点が客観的起算点であることが明示されることとなり、起算点は「行使することができる時から」と改められますが（2020年4月1日施行）、施行日前に生じた時効の中断事由（同改正法施行後、「時効の完成猶予及び更新」となる）の効力や請求権が生じた場合は、従前のとおりです。時効は、被災労働者が外国に滞在していても進行します。

（丹羽　聡子）

47

労災保険の補償額

Q 車で通勤中に追突されました。事故が原因で後遺症が残り、働くことができなくなったのですが、何か公的な補償は受けられますか。私の母国は日本とはかなり物価が違うのですが、補償額に影響はありますか。

A 通勤災害による後遺症は労災保険の対象となります。補償の内容やその金額が被災労働者の国籍によって異なることはありません。

1　通勤災害について

　通勤災害とは、労働者の通勤による負傷、疾病、障害又は死亡をいいます（労災法7条1項2号）。

　給付の対象は、通勤と相当因果関係にある「通勤に通常伴う危険の具体化」した災害です（昭和48・11・22基発第644号）。そこで、給付の請求をするには、当該災害が「通勤」に伴う災害といえるかどうかが問題となります。

　通勤とは、労働者が就業に関し、❶住居と就業の場所との間の往復、❷就業の場所から他の就業の場所への移動、❸❶に掲げる往復に先行し、又は後続する住居間の移動を、合理的な経路及び方法により行うことをいいます（同2項）。ただし、移動自体が業務性を有する場合、その過程が事業主の支払いにあるような場合は、通勤災害ではなく、業務災害として扱われることもあります。

　労働者が❶から❸の移動経路を逸脱又は移動を中断した場合には、経路をはずれた間、中断の間及びその後の移動は「通勤」にはあたらないとされます。しかし、経路から逸脱又は中断していても、それが「日常生活上必要な

行為であって厚生労働省令で定めるものをやむを得ない事由により行うための最小限度のものである場合」はその逸脱又は中断の間を除いて、「通勤」と認められ得る場合があります（同3項、同規則8条）。

　合理的な経路及び方法とは、移動を行う場合に、一般に労働者が用いるものと認められる経路及び手段をいいます（前記昭和48・11・22基発第644号）。通常用いている経路及び方法に限定されず、合理的な代替経路及び手段も入るとされています。

2　保険給付内容について

　通勤災害に関する保険給付には、❶療養給付、❷休業給付、❸障害給付、❹遺族給付、❺葬祭給付、❻傷病年金、❼介護給付があります（労災法21条）。

3　保険給付額について

　労災保険は、一律に定められた基準に従って給付されます。その金額は被災労働者の国籍によって異なるものではありません。

　療養給付は現物支給が原則ですが（労災法13条2項）、出身国での治療等、日本国外での治療を受けた場合、診療の内容が妥当なものと認められた場合は支給の対象とされ、治療に要した費用が支給されます（同3項）。日本国外から労災保険を請求した場合、支給額は支給決定日における売りレートで換算した邦貨額となります（厚生労働省労働基準局労災補償部補償課編『海外派遣者労災補償制度の解説』労働行政〈2003〉150頁）。なお、アフターケア、義肢等補装具費の支給（車イスなど一部支給可能な場合もあり）、外科後処置、労災就学等援護費等の支援は日本国内に限られますので注意が必要です。

（丹羽　聡子）

48

労災による損害賠償

Q 仕事中に怪我を負いました。労災保険の給付を受けましたが、会社は何の補償もしてくれません。私と会社は、労災給付を受けた場合は会社への賠償請求を認めていない私の母国法で雇用契約を締結したのですが、会社に対して賠償を請求できますか。

A 日本で労働していれば、原則として日本の労働法規が適用されます。したがって、労災保険の給付を受けていても、会社に対し、これを超える部分について損害賠償を請求できます。

1 労災法と民法上の損害賠償請求の関係について

　労働者が業務上負傷し、又は疾病にかかったような場合、使用者は補償の義務を負いますが（労基法77条以下）、労災法に基づく労災保険給付がなされた場合、使用者は労基法に基づく補償の責任を免れます（同法84条1項）。そして、使用者は、労基法の定める労災補償を履行すれば、当該労災事故については、補償額の限度で民法上の損害賠償の責任を免れます（同法84条2項）。

　しかし、労基法や労災法で定める労災補償、労災保険給付には精神的損害は含まれていませんし、障害補償や休業補償も一定の基準により給付されるため、労災保険によって損害の全額が補填されるとは限りません。そこで、実際の損害が補償された金額を上回る場合には、使用者はこの超過部分について民法上の損害賠償責任を負うものとされますので、被災労働者やその遺族等は、使用者に対し、民法上の損害賠償請求訴訟（いわゆる労災民訴）を提起することができます。

　このように、日本では労働法規上の補償制度と、民法上の損害賠償制度が

併存していますが（併存主義）、併存主義をとらない国も多くあります。

2　訴訟の法的構成

　債務不履行（民法415条）、不法行為（同法709条）を主張することが考えられます。

　なお逸失利益を算定するにあたっては、日本における就労可能期間が問題になる可能性があります【最判平成9・1・28判時1598号78頁】。

3　併存主義を採用しない国の法制度との関係

　労働法規上の補償を受ける場合には、民法上の損害賠償請求を許容しない国や、労働者に対し労働法規上の補償と民法上の損害賠償のいずれかを選択させる方法を採用している国もあります。

　しかし、日本においては併存主義が採用されていますので、労働法規上の補償によって補塡されない損害については、被災労働者は、使用者に対し、民法上の損害賠償責任を追及できます。日本で働くすべての労働者に対しては、日本の労働法規が適用されるのが原則ですから、仮に、労働者の出身国では併存主義が採用されていなかったとしても、日本で就労中に労働災害により損害を受ければ、労災補償のほか、民法上の損害賠償も請求することができます［⇨41］。

　使用者が外国籍で、その国が併存主義を採用していない場合であっても、日本で事業を行う使用者に対しては、日本の労働法規が適用されるため、被災労働者は民法上の損害賠償責任を追及できると考えられます。

　他方、外国に本来の就業場所があり、一時的に日本に来て業務を行っているような場合は、国籍にかかわらず、就業の実態から考えて「日本において就労しているとはいえない」と判断される可能性があります。その場合は就業場所の法制度に従うことになると考えられます。

〔丹羽　聡子〕

49

職場内における差別

Q 私は日本に留学した後、日本国内企業に就職した中国人です。私は日本語について特に不自由なことはなく、入社するときも他の社員の方と同じ職務に就くという説明を受けて入社しました。しかし、実際には、簡単で単純な作業ばかりの勤務で、責任のある仕事をさせてもらえません。このままでは仕事を覚えることもできませんし、昇給や昇進もできないのではないかと思います。どうすればよいのでしょうか。

A 相談者だけが正当な理由なく単純作業をさせられるのは、不合理な差別であると考えられます。会社は労働条件や労働契約の内容について理解を促進するよう努める義務があります。また、あなたが予定された通常の勤務に就けるように職場環境を改善する義務があります。

1 差別的取扱禁止の原則

　労基法3条は、労働者の国籍、信条又は社会的身分を理由として、賃金、労働時間その他の労働条件について、差別的取扱いをすることを禁止しています。労働条件とは、広く労働者の待遇の条件のすべてを含むと解されています。したがって、外国人であるからという理由だけで、勤務内容や勤務条件に差異を設けることは原則として許されないのです。
　ただし、合理的理由がある場合には、労働条件に差異を設けることは許容されます。例えば、言語能力の点から可能な勤務内容が限定されてしまう場合に、他の労働者と異なる内容の勤務を行う場合などが考えられます。
　もっとも、本問の場合には、言語能力に問題はなく、かつ他の社員と同じ勤務内容を行うことを条件に入社しているわけですから、単純作業のみさせ

られているのであれば、労働条件において差別的な取扱いを受けており、雇い元は労基法に違反していることになります。一方、会社には広範な配転命令権や業務命令権がありますが、差別といった不当な目的があれば、業務命令権の濫用になる可能性があります。会社には労働条件や労働契約の内容について労働者の理解を深める努力義務があります（労働契約法4条）。なぜ自分だけが単純労働なのか会社に説明を求めることができます。

2 どこに相談すればよいか

　労働条件で差別を受けている場合などの相談先は、勤務先内の人事部、労務部、法務部、直接の上司など、外部では、労働組合、労働基準監督署、労働局、労働問題に詳しい弁護士などが考えられます。

　まず、上司などに、他の方と同じ職務を行う条件で入社したことを確認して、通常の勤務に就けてもらうことを話し合ってみます。勤務先が一定の規模を有していて、人事部・労務部・法務部などが存在する場合、それらの部署に待遇改善を相談することも考えられます。

　また、労働組合に相談することが考えられます。労働組合法5条2項4号は、人種などにより、組合員たる資格を奪われないことを規定しており、外国人である場合も日本人同様に、勤務先に組合があれば、これに加入して、会社に対して組合が団体交渉などを行い、改善を図ることが可能になります。会社内の組合が熱心に活動してくれなかったり、組合が会社になかったりする場合であっても、特定の企業の労働者だけで構成されていない外部の労働組合に誰でも1人で加盟することができます。そして、その組合を通じて同様に団体交渉などを行うことができます。

　さらに、労働基準監督署、労働局などに相談することが考えられます。相談を受けたこれらの機関は、その申立てに理由があれば、差別的取扱の是正命令を出すことができますので、有効な解決手段として機能します。

　相談のケースの場合、現に差別的待遇が長引き、昇給や昇進に実際に差が生じている場合であれば、被害が具体化しており、労働基準監督署等の行政機関に相談すべき場合であるといえます。

　行政機関でなお解決が図られない場合、労働問題に詳しい弁護士などの法律家に相談して、交渉を行ったり、裁判所を利用して労働審判や訴訟により

解決を図ることもできます。

　差別的待遇はあるが、いまだ被害が具体化していない場合には、被害認定が難しいことから、行政の介入や裁判所の労働審判・訴訟等による解決は、困難なことが予想されます。そのような場合には、組合への相談や、法律家への相談を通じて、交渉による解決を図ることが適当であると考えられます。

　職場における差別には、様々なものがあり、顕在化しにくいものも多いと思われます。しかし、初めに述べたように、誰であれ労働条件は平等でなければならず、外国人であることを理由とする差別は許されないため、以上に述べたいずれかの方法で早期に解決を図るべきです。

（木下徹・板倉由実）

50

児童労働

Q 近所に住む中学生くらいの子ども（外国人）が、学校に行かず働いているようです。私には詳しい事情は分かりませんが、外国人の子どもは、日本人の子どもとは違って、学校に行かないで働くことができるのでしょうか。

A 国籍にかかわらず、児童の労働は例外的な場合を除いて禁止されています。外国籍の児童であっても、これを労働させれば、雇用主、仲介者は処罰されます。

1 児童労働の禁止の原則

まず、憲法は児童の酷使を禁じています（憲法 27 条 3 項）。

そして、労基法 56 条 1 項は、使用者は、満 15 歳に達した日以後の最初の 3 月 31 日が終了するまで、児童を使用してはならないと定めており、例外的に特定の職業についてのみ、行政官庁の許可を受けて児童を修学時間外に使用できるとしています（労基法 56 条 2 項）。

これは、ILO 第 138 号条約「就業が認められるための最低年齢に関する条約」に従って、義務教育の標準的な終了時点までは児童を労働者として使用できないことを原則として定めたものです。

労基法は、国籍や在留資格を問わず、日本で就労しているすべての労働者と使用者との間の労使関係に適用されるものです。したがって、外国籍の児童も当然に同法に定める「児童」に該当すると解され、使用者・児童の国籍にかかわらず、児童を使用することは原則として禁止されているのです。これに反し、違法に児童を労働させた使用者は、1 年以下の懲役又は 50 万円以下の罰金を科せられます（同法 118 条 1 項）。

このように、国籍にかかわらず、児童を労働させることは原則として禁止

されているのですが、児童が労働災害によって死亡するという痛ましい事件が日本でも起きており、注意が必要です。

なお、雇用契約が違法・無効であったとしても、児童が実際に労働したのであれば、児童の賃金請求権は失われません。

2 外国籍児童特有の問題について

外国籍の児童の場合、保護者が厳しい労働環境にあり、不安定な生活状況にあることも少なくありません。また、経済的な問題、言葉や習慣の問題から就学していない児童も多いものの、この問題に対して関係機関が対応しきれておらず、日本国籍の児童に比較すると、その所在や生活関係、就学状況等を把握できていないのが実情です。また、外国籍の児童については、児童かどうか一見して判断することが難しいという事情もあります。

このような事情を背景に、外国籍の子どもを雇用する事業主が少なからず存在しています。

児童は、身体的にも精神的にも発達途上にあるため、修学が最優先されなければなりませんし、成人と同じように就労することは成長段階にある身体に悪影響を及ぼす可能性が高くあります。特に、外国籍の児童の場合、児童本人だけでなく、その保護者らも日本の法制度について学ぶ知識が限られている可能性もあり、その保護は重要な課題です。

児童労働に気付いたら、援助・保護を行うため、労働基準監督署や市役所等関係諸機関への連絡が必要です。

（丹羽　聡子）

51

技能実習生

Q 「技能実習」の在留資格で、外国人実習生として働いているのですが、手当の一部を帰国時まで預かると会社にいわれて全額受け取れない上に、いくら残業しても手当が増えず、暮らしに困っています。また、仕事中に怪我をした場合などには、どういう手続をとればよいのでしょうか。

A 技能実習生には労働法規の適用があり、賃金・残業代は通常どおり支払われなければなりません。勤務中の事故については労働災害として雇用主による療養・休業補償や労災保険金の支給対象となる可能性があります。

1 「技能実習生」とは

　外国人技能実習制度は、国際貢献のため、開発途上国等の外国人を日本で一定期間（最長5年間）に限り受け入れ、OJT（現任訓練）を通じて技能を移転する制度です。しかし、実際には、低賃金労働者として酷使されている実態がありました。

　そのため、2009年入管法改正（施行は2010年7月1日）で「技能実習」の在留資格が創設され、労働者としての地位が認められることになりました。さらに2017年11月1日、外国人技能実習の適正な実施と技能実習生の保護を図ることを目的として「外国人の技能実習の適正な実施及び技能実習生の保護に関する法律」（以下、「技能実習法」という）が施行されました。技能実習法により外国人技能実習機構による監理団体や実習実施者に対する監督体制が強化され、監理団体や実習実施者による人権侵害行為に対する罰則規定も設けられました（暴行、脅迫、監禁その他精神又は身体の自由を不当に拘束する手段によって技能実習を強制する行為については1年以上10

年以下の懲役又は20万円以上300万円以下の罰金〈技能実習法46条、108条〉。違約金を定める行為〈同法47条1項〉、貯蓄金を管理する契約を締結する行為〈同法47条2項〉、旅券等を保管する行為〈同法48条1項〉、私生活の自由を不当に制限する行為〈同法48条2項〉、実習実施者等の法令違反事実を主務大臣に申告したことを理由とする技能実習生に対する不利益取扱〈同法49条2項〉については、6か月以下の懲役又は30万円以下の罰金の対象となる。同法111条4号～7号）。

また技能実習生に対しては、外国人技能実習機構に母国語相談窓口が設けられるといった通報・申告窓口の整備・充実が図られました（http://www.otit.go.jp/）。

2 賃金の未払いについて

技能実習生は、企業と雇用契約を結び、労働法規や最低賃金制も適用されます。

厚生労働省労働基準局長「技能実習生の労働条件の確保について」（平成22・2・8基発0208第2号）では、直接技能実習生に、賃金の全額を毎月1回以上、一定期日に支払わなければならないこととされ、賃金の控除については、法令の定めがある場合や事理明白なものについて法定の労使協定を締結した場合のみ、認められるとされました。

したがって、本問のケースでは、労基法24条により、会社は賃金を全額支払わなければなりませんし、残業代も通常の労働者と全く同様に請求できます。

なお、監理団体が実習技能機関に対し、監理団体名義の銀行口座や監理団体が監理する技能実習生名義の口座に賃金を振り込ませてこれを不当に利得することも、労基法6条が禁止する中間搾取に該当します。また技能実習法の罰則の対象となります。

3 技能実習生が勤務中に怪我などをした場合

技能実習生には、労働法規の適用がありますので、労災申請を行い、労災保険金を受け取るしくみになっています。

仕事が原因で、病気や怪我をした場合、労災保険給付手続の申請を管轄の

労働基準監督署に対して行うことができます。通常は、事業主が労働基準監督署に請求書の提出を代行しますが、まれに、事業主が労災を隠すために、これを認めようとしない場合もあります。この場合は、被災労働者が労働基準監督署で請求手続をすることができるので、直接、労働基準監督署に相談ができます。

4 在留資格との関係

　入国1年目の在留資格は「技能実習1号イ、ロ」となり、講習（原則2か月。雇用関係なし）及び実習（実習実施者で実施。雇用関係あり）を行います。所定の技能評価試験（技能検定基礎級相当）の学科試験及び実技試験に合格した者については、入国2～3年目は「技能実習2号イ、ロ」の在留資格への変更又は取得の上、技能実習を継続することができます。さらに所定の技能評価試験（技能検定3級相当）の実技試験に合格した者については4～5年目は「技能実習3号イ、ロ」の在留資格に変更又は取得の上、技能実習を継続することができます。

　在留資格との関係で注意すべきなのは、3か月以上技能実習としての活動ができなくなると、在留資格が取り消されるおそれがあることです。そのため、活動ができない「正当な理由」、つまり病気や怪我で一時的に働けないだけであり、治癒すれば活動可能となるなどの事情があることを示して、在留資格が維持できるようにする必要があります。このような事情もあるため、労災申請や保険金の請求は、できるだけ早く行うことが必要ですが、それらの手続に時間が必要な場合、たとえ「技能実習」の在留資格がなくなったとしても、短期滞在か特定活動の在留資格などを得てさらに滞在できることもあります。そのため、労災を隠そうとして会社が即刻帰国することを要求しても、在留資格が直ちに失われるわけではないため、すぐに帰国する必要はありません。

　なお実習実施者において技能実習の継続が困難になった場合で、かつ実習生が技能実習の継続を希望する場合には実習先の変更が可能です。また実習先の変更にあたり、実習実施困難時に監理団体及び実習実施者が新たな実習先を確保する努力を尽くしてもなお確保できない場合には、外国人技能実習機構から新たな受入先となり得る監理団体の情報を提供するなどの支援を受

けることができます。

5 技能実習についての相談先

　いずれにせよ、本人だけでこれらの手続を行うことは困難ですので、職場の労働組合や、法律家に相談することが必要になると考えられます。具体的には、「外国人技能実習生権利ネットワーク」という支援団体があり、法律家の団体としては「外国人技能実習生問題弁護士連絡会」「外国人労働者弁護団」という団体があります。また東京弁護士会の公設事務所である東京パブリック法律事務所には外国人・国際部門があります。以下に連絡先を紹介します。

外国人技能実習機構　http://www.otit.go.jp/
外国人技能実習生権利ネットワーク　http://k-kenri.net/
外国人技能実習生問題弁護士連絡会
　http://kenbenren.www.k-chuolaw.com/
外国人労働者弁護団　https://grb2012.wordpress.com/
弁護士法人 東京パブリック法律事務所外国人・国際部門
　http://www.t-pblo.jp/fiss/j/

（木下徹・板倉由実）

52 偽装請負

Q 私は日系ブラジル人です。自動車会社の下請会社に雇用されているのですが、実際には元請の自動車会社の工場の生産ラインで、その工場の主任等の指示に従い、工場の他の社員とともに長年働いています。私は請負会社に雇用されている形になっているので、周りの社員と全く同じ仕事をしていても、私の給料は一向に上がりません。私の待遇を改善してもらうにはどうすればよいのでしょうか。

A 相談者は、おそらく実際には派遣労働者として働いているのですが、契約上は請負の形式で働かされていると考えられます。一定の条件を満たせば、自動車工場に直接雇用することを請求できますので、組合や法律家に相談するべきです。

1 偽装請負とは

　派遣元が労働者を派遣する場合には、労働者派遣事業の適正な運営の確保及び派遣労働者の保護等に関する法律（以下、「労働者派遣法」という）に従う必要があり、その場合には期間制限があったり、一定の条件を満たした場合に派遣先に直接雇用義務が発生する可能性があります。

　そのような規制を免れるために、派遣先と派遣元が共謀して、実際には労働者を派遣しているのに、派遣元が仕事を請け負った形の契約を結び、派遣元の社員が派遣先の現場で派遣元が請け負った業務を行うという契約形式をとることがあります。こうすれば、契約としては、派遣元が派遣先から請け負った業務を自分の社員に遂行させる形になるので、労働者派遣法の規制を受けずに労働者を勤務させることができます。

　しかし、実際には労働者は業務を請け負ったはずの派遣元から勤務内容に

ついて何ら指示を受けておらず、派遣先の指示に従って勤務するのですから、実態は派遣労働なのです。このようにして、実態は派遣であるにもかかわらず請負の形をとって、労働者派遣法の規制の潜脱を図るのが、いわゆる「偽装請負」です。

2　直接雇用の請求

　労働者派遣法によれば、3年を超えて派遣労働者を継続して使用しようとする場合には、直接雇用を希望する労働者に対しては、雇用契約の申込みを行う義務があります（労働者派遣法40条の5）。

　したがって、3年を超えて同一の派遣先で勤務している場合には、派遣先に対して直接雇用を請求できます。

3　裁判例

　偽装請負を行ってきた企業に対しては、現在多数の裁判が起こされており、【大阪高判平成20・4・25判時2010号141頁】は、偽装請負を行っていた松下プラズマディスプレイ（松下PDP）に対して、偽装請負の形で勤務していた労働者が、松下PDPの雇用する社員であることを確認し、賃金支払を命ずる判決を下しました。

　もっとも、この事件は2009年12月18日に最高裁判決が下されており【判タ1316号121頁】、最高裁判所は、被告が偽装請負を行っており、原告が実際には派遣労働者の地位にあったことは認めたものの、原告と被告の間の直接雇用契約を認めた大阪高裁判決を破棄し、この判断が確定しました。

　したがって、現在のところ、雇用形態が偽装請負であった場合に直ちに直接雇用が認められるとはいえません。

　ただし、本判決は、偽装請負を告発した原告に対して、被告が行った配置転換や雇止めといった一連の行為は原告への報復行為にあたるとして、被告に損害賠償を命じました。

　このように、本判決は、偽装請負を行っていた被告に対して、それが偽装請負であることを認定し、さらに損害賠償を認めさせて、偽装請負を行っていた企業に一定の社会的責任を認めさせた判決であるといえます。

4　労働現場での違法行為についての相談先

　このような偽装請負に限らず、派遣労働の現場では、不利な条件で勤務させられていたり、契約終了後に雇用保険などの受けられるべき給付を受けられないでいたりするケースが少なくありません。特に、外国人の労働者の場合には、言語や労働習慣の相違などから、日本人の場合よりもさらに劣悪な労働条件にさらされている危険性は高いといえます。いずれにせよ、複雑な契約関係などを本人だけで理解し、問題を解決することは困難であると考えられるため、勤務先に組合があれば、そちらにまず相談してみることです。また、労働問題に詳しい労働組合や法律家に相談することも解決の端緒になると思われます。

（木下徹・板倉由実）

4章

家事事件
──結婚・離婚・相続

53 外国人と日本人との間の婚姻手続

Q 私（日本人）は、日本で知り合った外国人男性と結婚したいと考えています。私たちは日本で結婚することができるでしょうか。また、その際の手続はどのようにすればよいのでしょうか。結婚した後の夫の在留資格や私の氏、戸籍、国籍についても教えてください。

A 日本で日本法の方式により婚姻することになります。配偶者の婚姻後の在留資格は、「日本人の配偶者等」となります。

1 婚姻の成立要件について

　婚姻が有効に成立するためには、婚姻の実質的成立要件と形式的成立要件を備える必要があります。

　まず、婚姻が有効に成立するための実質的成立要件の準拠法については、法適用通則法24条1項に定められており、婚姻の成立は、各当事者の本国法によるとされています（属人法主義）。つまり、各当事者はそれぞれの本国法に規定された婚姻の成立要件を備えればよく、相手の本国法の要求する成立要件を満たす必要はありません（配分的適用主義）。

　ただし、婚姻の実質的成立要件の中には、当事者の一方の本国法の要件であっても、相手に対しても要件の充足を求める「双方的要件」があり、これについては相手の本国法にも留意する必要があります。双方的要件の例としては、近親婚、重婚の禁止、再婚禁止期間などが挙げられます。

2 婚姻の方式について

　次に、婚姻の手続（形式的成立要件）についてですが、法適用通則法24条2項、3項では、婚姻の方式は、婚姻挙行地の法又は当事者一方の本国法

による。ただし、婚姻挙行地が日本で当事者一方が日本人の場合には日本法を適用するとしています。本問の場合は、これにあたるので、日本法により手続を行います。

　日本の方式による婚姻手続は、婚姻届を市町村長に届け出るというものです（民法739条、戸籍法1条、25条、74条）。

　市町村長は、届出を受理するにあたって、婚姻の成立に必要な要件が具備されているかどうかを審査します。そこで、当事者の本国法が定めている婚姻の成立要件（実質的成立要件）を満たしていることを証明するため、日本人については戸籍謄本を、外国人については婚姻要件具備証明書を提出することになります。婚姻要件具備証明書は、婚姻をしようとする外国人の本国の大使・公使・領事など権限を持っている者が本国法上その婚姻に必要な要件を備えていることを証明する書面です。

　なお、国によっては、これらの証明書を発行していないところもあります。この場合には、これに代わる書面を提出することになります。例えば、外国人が、本国の領事の面前で、本国の法律によって婚姻障害事由がないことを宣誓し、領事が署名した宣誓書は、婚姻要件具備証明書に代わるものとされています。また、婚姻の事実を在日大使館等が証明した婚姻証明書（各国で名称が異なる場合もあります）も、婚姻要件具備証明書に代わるものとされます。

　婚姻要件具備証明書も、これに代わる証明書も提出できない場合には、婚姻要件の具備を証明するため、当該外国人の本国の法律の抜粋、国籍及び身分に関する証明書（旅券〈パスポート〉、国籍証明書等の身分証明書、身分登録簿の写し、出生証明書等）、婚姻要件具備証明書が得られない旨及び婚姻要件を具備している旨を申述した書面等を提出します。

③　婚姻後の在留資格について

　結婚相手の外国人には、「日本人の配偶者等」の在留資格が認められます。この場合の在留期間は5年、3年、1年又は6月となります（入管法2条の2、別表第2）。入国管理局の在留資格一覧表に、在留期間の掲載があります。

　この在留資格を取得する場合には、今までの在留資格から変更する手続が

必要となります。在留資格変更手続の詳細については、[⇨**6**]。

4　相手が在留資格を有しない場合

　仮に、結婚する相手の外国人男性の在留期間が過ぎていた場合など、在留資格を有しない場合であっても、外国人の在留資格の有無は、婚姻の実質的成立要件とは関係ないため、婚姻要件具備証明書等の上記必要書類がそろえば、婚姻は可能です。

　在留資格を有しない場合でも、外国人配偶者が婚姻後、合法的に日本に在留する方法として、退去強制手続の中で、法務大臣の在留特別許可を得て、「日本人の配偶者等」の在留資格を得るという手続があります[⇨**21**]。

5　婚姻後の氏等

　外国人との婚姻の場合には民法 750 条の適用がなく、夫婦の氏を定める必要がないので、原則として、結婚後も、相談者の氏は変わりません。外国人配偶者の氏を名乗りたい場合は、婚姻後 6 か月以内であれば、市町村長に「氏の変更届」を提出することで氏を変更することができます（戸籍法 107 条 2 項）。6 か月を経過した後でも、やむを得ない事由があれば、家庭裁判所の許可を得て氏の変更ができます（同条 1 項）。

　これに対し、外国人配偶者の氏が変わるかどうかは、その配偶者の本国法に従うことになります【京都家審昭和 55・2・28 家月 33 巻 5 号 90 頁】。

　婚姻後の戸籍、国籍については、[⇨**69**]。

（門川典子・角有利）

54

外国人同士の婚姻手続

Q 私たち（女性A国籍、男性B国籍）は、ともに外国人ですが、現在日本に住んでおり、日本で結婚したいと考えています。私たちは日本で結婚することができるでしょうか。また、その際の手続はどのようになるのでしょうか。

A 日本で結婚することができます。手続は日本法の方式で行っても、当事者の本国法により認められている方式で行ってもよいとされています。

1 日本法の方式で行う場合

　婚姻の実質的成立要件は各当事者の本国法によるとされ（法適用通則法24条1項）、方式（形式的成立要件）については、婚姻挙行地の法によるとされています（2項）。

　したがって、日本に住んでいる外国人が結婚する場合には、婚姻挙行地である日本法の方式、すなわち地方自治体の戸籍届出窓口に婚姻届を提出する方法によります。市町村長に両当事者に婚姻の要件が備わっていると認められ、受理されれば、婚姻は有効に成立します。

　外国人同士が婚姻する場合の婚姻届の提出先は、戸籍法25条2項に「外国人に関する届出は、届出人の所在地でこれをしなければならない。」と規定がありますので、どちらか一方の外国人の所在地の地方自治体の戸籍係になります。「届出人の所在地」とは、一時の滞在地も含みます（明治32・11・15民刑第1986号回答）。

　婚姻成立のためには、外国人が、その人の本国の法律が定めている婚姻の成立要件（実質的成立要件）を満たしていることが必要ですから、市町村では、婚姻届を受理するにあたって、この点を審査します。その証明のため、

外国人については婚姻要件具備証明書を提出しなければなりません。婚姻要件具備証明書及び代わる書面についての説明は［⇨**53**］。

なお、婚姻要件具備証明書など、外国語で書かれた書類を提出する際にはすべてに日本語の訳文を付けなければなりません。翻訳者は本人でも構いませんが、翻訳者の氏名の記入は必要です。

婚姻届には、届出人の署名押印欄がありますが、外国人で印鑑を持っていない場合には、署名のみで足ります。

婚姻届が受理されると、日本人のように戸籍に記載はされませんが、届出書は50年間、受理市町村に保管されます。

婚姻に関する証明書が必要な場合には、婚姻届受理証明書、又は届出書に基づく記載事項証明書の発行を請求することができます。

2　当事者の本国法の方式で行う場合

法適用通則法は、婚姻の方式について、当事者の一方の本国法に適合する方式でも有効としていますので（法適用通則法24条3項本文）、当事者の本国法により認められている方式（儀式婚、宗教婚等）に則って、日本で行われた婚姻も有効に成立します。

3　日本での婚姻を本国で有効とするための方法

日本で有効に成立した婚姻が当事者の本国で有効とされるかどうかは、その本国の定めにより決まります。したがって、日本にある本国の大使館等の公的な機関に、本国で有効な結婚と認められるための要件や手続が満たされているかどうかを確かめることが必要です。

（門川典子・角有利）

55 認 知

Q 私（フィリピン国籍）は、日本人男性との間に子（フィリピン国籍）をもうけましたが、結婚はしていません。子どもはフィリピンで生まれ、子の出生証明書には父親として男性の氏名が記載され、認知宣誓供述書にも父親の署名があります。これらの証明書があれば日本でも父子関係があると認められるでしょうか。

A 日本でも父子関係があると認められるためには、日本での認知手続が必要となります。

1 認知制度（事実主義と認知主義）

　フィリピン家族法では、親子関係は出生により生じます。これを出生の事実により親子関係が生じるという意味で事実主義と言います。つまり、フィリピンには認知制度がありません。これに対し、日本法における父子関係は、認知という父の意思表示により生じますので、認知主義といいます。
　日本の認知には、父が自らの意思で認知届をする任意認知と子又は子の法定代理人である母の方から認知の調停や裁判を提起することで認知が生じる審判又は裁判による認知（強制認知）があります。

2 親子関係に関する準拠法

　本問の場合、フィリピンでは出生の事実により父子関係が成立していますが、日本での父子関係については法適用通則法29条1項前段により子の出生の当時の父の本国法である日本民法（認知主義）が適用されますので、日本で父子関係を成立させるためには日本法による認知が必要です。また子の本国法によりその子又は第三者の承諾又は同意が認知の要件と定められてい

る場合には、その要件を備えることも必要ですが、前記のとおり、本問では子の本国法であるフィリピン法には認知制度がないことから、このような要件はありません。

3 日本での認知手続

　日本人父の協力が得られる場合には、認知届を市町村長に届け出ることで父子関係が成立します。日本人父がフィリピンの方式で子を認知したとする報告的届出は認められず、認知届によって初めて父子関係が創設されます。

　日本人父の協力が得られない場合には、日本人父の住所地を管轄する家庭裁判所に認知を求める調停を申し立てます。調停で、日本人父が子を自分の子であると認め、家庭裁判所がこれを正当と認める場合には、合意に相当する審判がなされます（家事事件手続法277条）。日本人父が調停期日に出頭しなかったり、父子関係を争ったりする場合には、調停は不成立となり、認知を求める訴えを提起することになります。

　任意認知は、調停や裁判による認知よりも簡易ですが、認知後に子の日本国籍取得の届け出を予定している場合には、調停又は裁判による認知の場合よりも法務大臣に提出する書類が多くなり、国籍取得の届け出についても日本人父の協力が必要となります。そのため日本人父が父子関係を認めている場合でも、国籍取得についての協力を得ることが困難な事情があるときには、調停を申し立てることを検討したほうがよい事案もあります。

（角　有利）

56 養子縁組と子の呼び寄せ

Q 私（外国人）は、今度日本人男性と結婚することになりましたが、前夫との間に子ども（A国籍）がいます。子どもをこの日本人男性の養子とすることができるでしょうか。また、子どもがまだA国にいる場合、日本に呼び寄せて一緒に住むことができるでしょうか。

A 日本法に基づいて養子縁組をすることができます。ただし、A国法の定めについても留意する必要があります。呼び寄せる場合は、「定住者」の在留資格あるいは「日本人の配偶者等」の在留資格で入国することができます。

1　国際養子縁組の準拠法

　異なる国籍の者同士で養子縁組をする場合の準拠法については、養子縁組当時における養親となるべき者の本国法によるとされています（法適用通則法31条1項前段）。

　ただし、養子となるべき者の本国法が、養子縁組の成立について、養子若しくは第三者の承諾若しくは同意又は公的機関の許可その他の処分があることを要件とするときは、その要件も備えることが必要です（同条1項後段）。この要件は、講学上、「保護要件」と呼ばれています。

　そして、養子縁組の方式については、養子縁組行為の成立について適用すべき法、つまり、養親の本国法によることとし、ただし、養子縁組が行われた場所の法に適合する方法でも有効としています（法適用通則法34条）。

2 養子縁組の手続

(1) 一般的手続

　日本で養子縁組を行う場合には、養子縁組届に必要事項を記載し、養親と養子及び成年の証人2名が署名押印して、市町村長に届け出ます（民法799条、739条、戸籍法66条、25条）。

　市町村の役所窓口は、届出の際に養子縁組の要件が備わっているかを審査しますので、❶養親の身分関係の証明として、養親の戸籍謄本又は戸籍抄本、❷養子の身分関係の証明として、養子の年齢等を証明する旅券（パスポート）、出生証明書、身分証明書等、❸養子の本国法に保護要件がある場合には、この要件の具備を証明する書面等の提出が求められます。

　保護要件として、養子となる者の本国の裁判所の許可や決定が必要であると定められている場合、養子の本国の裁判所の決定を得て、その決定書の謄本を提出することになりますが、困難を伴いますので、養親又は養子の住所地を管轄する家庭裁判所の養子縁組許可（家事事件手続法161条、別表第1）の審判をもって養子の本国の官憲の許可又は決定に代える取扱いがなされています【盛岡家審平成2・8・6家月43巻3号98頁】。養親の本国法に保護要件がある場合も同様です。

(2) 未成年の養子の場合

　未成年者を養子にする場合は、本問のような他方の配偶者の嫡出子を養子とする場合を除き、夫婦で共同して縁組し（民法795条）、家庭裁判所の許可を得る必要があります（同法798条）。

　養子となるべき子が15歳未満の場合、その法定代理人である親権者の承諾及び他に監護者がいる場合は監護者の同意が必要です（同法797条1項・2項）。監護者の同意は、同意書を作成するか、養親縁組届の「その他」欄に同意する者が同意する旨を記載し署名押印します。

　養子と実親との関係を終了させる特別養子縁組の場合は、家庭裁判所の審判によって成立します（同法817条の2第1項）。原則として養子となるべき子の年齢が申請のときに6歳未満（同法817条の5本文）、養親となるべき者が配偶者のいる25歳以上の者でなければならず（同法817条の4本文）、夫婦は共同して養親とならなければなりません（同法817条の3）。

3 子どもを呼び寄せる場合の在留資格について

　特別養子の場合は、「日本人の配偶者等」（入管法2条の2第2項、別表第2）の在留資格が認められます。

　日本人、永住者等の扶養を受けて生活する6歳未満の普通養子である場合には、「定住者」の在留資格が認められます（定住者告示7）。

　6歳以上の普通養子である場合でも、「日本人、永住者の在留資格をもって在留する者、特別永住者又は1年以上の在留期間を指定されている定住者の在留資格をもって在留する者の配偶者で日本人の配偶者等又は永住者の配偶者等の在留資格をもって在留するものの扶養を受けて生活するこれらの者の未成年で未婚の実子」という要件に該当する場合は、「定住者」の在留資格が認められます（定住者告示6ニ）。

（門川典子・角有利）

57

日本人と外国人の離婚①（総論）

Q 私はA国籍ですが、数年前に日本人の男性と結婚し、子どもも生まれ、現在日本に住んでいます。ところが1年前から関係が悪化して現在別居しています。仮に離婚するとした場合、日本で離婚することはできるでしょうか。また、私は離婚後も日本で暮らすことを希望しています。在留資格は認められるでしょうか。

A 日本で離婚することができます。在留資格については、離婚協議中や離婚係争中は何らかの在留資格が認められる可能性が高いと考えられます。これに対し、離婚成立後は一定の条件を満たした場合に、在留資格が認められることになります。

1 離婚の準拠法

　日本人と結婚した外国人が離婚する場合、まずどの国の法律が適用されるかが問題となります（離婚の準拠法の問題）。

　離婚の準拠法を定めている法適用通則法27条ただし書は、「夫婦の一方が日本に常居所を有する日本人であるときは、離婚は、日本法による。」として、日本に住んでいる日本人と外国人の夫婦の場合には日本の法律が適用されるとしています。

　したがって、本問では離婚に関する日本の法律、すなわち日本の民法が適用されることになります。

2 離婚の方式・原因

　離婚の方法は国によって様々ですが、本問では日本法が適用されることから、日本の民法によることになります。

本問の場合、双方が離婚することに合意している場合には、原則として協議離婚によることになりますが、離婚自体や離婚条件につき争いがある場合には、家庭裁判所による調停や離婚判決によることになります。

次に離婚の原因についてですが、本問ではこれについても日本の民法が適用されるので、夫婦の一方が離婚に同意しないとき（判決離婚の場合）には離婚原因が必要になってきます（民法770条1項1号〜5号）。

ここで特に注意すべき点は、当事者の合意があるとしても、安易に協議離婚を選択しないことです。

夫婦相互の合意によって協議離婚をできる場合であっても、当該離婚の効力が他方の外国人の本国で有効な離婚として認められるかどうかは別問題となるからです。

3 協議離婚による場合

(1) 協議離婚の手続

協議離婚による場合、離婚届に署名をして市町村長に提出するという方法になります。添付書類としては、日本における常居所を証明するための住民票の写し、本籍地以外で届出をする場合には戸籍謄本を提出します（外国人配偶者については、氏名や国籍に変更があった場合を除いて書類は不要）。

近年、日本人配偶者が外国人配偶者に無断で離婚届を役所に提出する、あるいは、外国人配偶者が日本人配偶者の求めに応じ、離婚届と分からないまま署名をしてしまい市町村長に提出されてしまうというケースが生じています。こうした事態を予防するための制度として、「離婚届不受理申出制度」があります。これは、相手方配偶者から離婚届が役所に提出されてもこれを受理しないよう役所に事前に求めるものです。本問でも、日本人配偶者が勝手に離婚届を役所に提出してしまうのではないかと相談者が心配している場合には、離婚届不受理申出書の提出を検討したほうがよいかもしれません。万一、日本人配偶者が外国人配偶者に無断で離婚届を提出して受理されてしまった場合には、勝手に出された離婚届であることを理由に、協議離婚無効確認調停や訴訟を提起することができます。

4章　家事事件

(2) 協議離婚の国際的効力

　夫婦相互の合意によって協議離婚をした場合であっても、当該離婚が他方の外国人の本国でも有効な離婚があったと認められるかどうかは別問題です。協議による離婚の制度を認めていない国では、たとえ日本において協議離婚が有効に成立した場合でも、当該外国においては有効な離婚があったとは認められないとされる場合があります。したがって、日本での協議離婚が当該外国で有効な離婚と認められない懸念がある場合、たとえ当事者が離婚に合意している場合であっても、裁判所の関与がある調停による離婚を選択するとよいでしょう。調停では、「本調停は、日本国家家事事件手続法第268条第1項により確定判決と同一の効力を有する。」という条項を入れておくことが多いです。

　また、場合によっては調停離婚も有効な離婚として認められない懸念がある国もあるため、その場合には、調停を申し立てた上で審判（調停に代わる審判〈家事事件手続法284条1項〉）を求めたり、離婚判決を得るべく訴訟を提起したりすることになります。

4　離婚自体や離婚条件につき争いがある場合

　離婚自体や離婚条件につき争いがある場合には、家庭裁判所による調停や離婚判決によることになるのですが、日本の民法では原則として調停前置主義を採用しているため、まずは家庭裁判所に調停の申立てをすることになります。ただし、客観的に調停が不能な状態であると認められる場合には、例外的に調停の前置が不要となります。

　離婚調停の管轄は原則として相手方の住所地を管轄する家庭裁判所になります。なお、その前提として日本の裁判所に国際裁判管轄が認められるかという問題も生じますが、相手方が日本に住所を有する場合には問題なく日本に国際裁判管轄が認められます。調停や離婚判決手続の場合、日本人夫婦の場合に必要な書類のほか、外国人当事者の住民票、必要に応じて旅券（パスポート）の写しなどが必要となってきます（本問の場合）。

　調停での話し合いがまとまらない場合には、次に離婚訴訟を提起することになります。

　その後、裁判において離婚を認める判決が確定すれば、離婚が認められる

ことになります。

5　在留資格について

(1)　離婚前・離婚係争中の在留資格

　日本の入管法上、外国人が日本に在留するためには何らかの在留資格が必要になります。

　この点、永住者や技術・人文知識・国際業務等の日本における業務内容に着目した在留資格を有する方の場合には、離婚の問題が生じたとしても、在留資格に影響することはありません。

　問題となるのは、「日本人の配偶者等」あるいは「永住者の配偶者等」の在留資格の方の場合です。日本人配偶者と結婚した外国人の場合、「日本人の配偶者等」の資格により、1年から5年の期間、日本に在留することが認められているのが一般的で、期間満了までに更新を申請すれば、原則として在留期間の更新が認められます。

　そして、在留期間中に別居期間が6か月を経過した場合であっても、①配偶者からの暴力（DV）を理由に一時的に避難又は保護を必要としている場合、②離婚調停又は離婚訴訟中の場合等には、入管法22条の4第1項7号にいう「正当な理由」があるとされ、「日本人の配偶者等」の在留資格の取消しは行わないとしています（平成24・7、法務省入国管理局発表）。さらに、現在の実務上、離婚係争中は、少なくとも離婚について協議をしていたり調停・裁判をしていたりするなど、何らかの活動をしている間は、日本人配偶者の協力がなくても「日本人の配偶者等」の資格の在留期間の更新又は「特定活動」等の何らかの在留資格を認めています。2012年に「日本人配偶者等」の在留期間6月が新設されて以降は、「日本人配偶者等」の6月の更新を認めるケースが多いようですが、事案によっては1年の更新を認めるケースもあるようです。更新の回数については、個々の事案に応じて複数回の更新が認められることもあります。なお、「入国・在留審査要領」では、「日本人配偶者等」の在留期間6月を認めるケースとして、①離婚調停又は離婚訴訟が行われているもの（夫婦双方が婚姻継続の意思を有しておらず、今後、配偶者としての活動が見込まれない場合を除く）、②夫婦の一方が離婚の意思を明確にしているものなどを具体的事由として挙げています。

下級審裁判例では、夫婦が別居中の場合につき、法務大臣による「日本人の配偶者等」としての在留期間更新を認めなかった処分を取り消した判決が複数出されています【東京地判平成6・4・28判時1501号90頁等】。
　また、日本人配偶者と別居中の外国人について、「日本人の配偶者等」から「短期滞在」への資格変更許可がされた後の在留期間の更新不許可処分について、当該資格変更の経緯を考慮していない点で違法とした判例も出ています【最判平成8・7・2判時1578号51頁】。
　別居中の場合の「日本人の配偶者等」の在留資格該当性について、判例は、❶日本人との間に婚姻関係が法律上存続している外国人であっても、❷その婚姻関係が社会生活上の実質的基礎を失っている場合には、その者の活動は日本人の配偶者の身分を有する者としての活動に該当することはできないとしています【最判平成14・10・17民集56巻8号1823頁】。しかしながら、上記判例を前提としつつ、現在の入国管理局の実務は、別居の事実のみをもって在留資格更新を不許可とするわけではなく、別居の経緯・期間、関係修復の意思や可能性、生活費の支給の有無等を総合して判断するとしています。
　したがって、本問相談者の在留資格が「日本人の配偶者等」である場合、在留期間の更新申請や、「定住者」あるいは「特定活動」などへの在留資格の変更申請を行えば、協議の間や離婚係争中は何らかの在留資格が認められるでしょう。ただし、入国管理局は同居実態がない場合には、在留期間の更新をなかなか認めませんので、更新を認めさせるには粘り強い交渉が必要でしょう。

(2) 離婚成立後の在留資格

　前記のとおり、永住者や技術・人文知識・国際業務等の日本における業務内容に着目した在留資格を有する方の場合には、離婚が成立したとしても、在留資格に影響することはありません。
　これに対し、「日本人の配偶者等」あるいは「永住者の配偶者等」の在留資格を有する方が日本人配偶者との離婚が有効に成立した場合、まず、離婚成立時から14日内に法務大臣（具体的には地方入国管理局）にその旨届け出なければなりません（入管法19条の16第3号）。そして、離婚時から6か月が経過した場合、「正当な理由」がない限り、在留資格の取消し対象と

なります（入管法22条の4第1項7号）。そのため、他の資格への変更が認められない限り、現在残っている在留期間を超えて在留することはできないことになります。

　他の在留資格への変更が認められる例としては、❶婚姻期間や日本での滞在期間が長期にわたる場合（「永住者」「定住者」の資格）、❷いわゆる日系人である場合（「定住者」の資格）、❸日本人の子の親権者や監護者になった場合（「定住者」の資格）、❹入管法別表第1の2の資格（「教育」「技術・人文知識・国際業務」等の在留資格）に該当する活動をしている場合等が挙げられます。なお、❸については、[⇨61]。

　「定住者」への変更が認められる基準としては、配偶者として日本で同居してから3年間（死別の場合は1年）の経過及び将来の生活状況・安定性が判断基準となります。

　本問でも、❶～❹のいずれかにあてはまる場合には、他の在留資格への変更が認められ、離婚後も在留資格を引き続き有する可能性が高いといえます。

　なお、法務省入国管理局は、『「日本人の配偶者等」又は「永住者の配偶者等」から「定住者」への在留資格変更許可が認められた事例及び認められなかった事例について』（平成24年7月法務省入国管理局　http://www.moj.go.jp/content/000099555.pdf）と題する資料を公開しており、具体的事例が挙げられていますので、参考にしてください。

（全　東周）

4章　家事事件

58 日本人と外国人の離婚②（行方不明の場合）

Q 私（日本人）はA国籍の男性と結婚していますが、夫は数年前に本国に帰国し、以後連絡がとれない状態が続いています。夫とは離婚したいと考えているのですが、どのような手続をとればよいのでしょうか。

A 本問相談者の住所地を管轄する日本の家庭裁判所に離婚訴訟を提起することになります。なお、平成30年4月18日に人事訴訟法等の一部を改正する法律（平成30年法律第20号）が成立し、国際裁判管轄に関する規律が明文化されました（同年4月25日公布。公布の日から1年6月以内に施行予定）。上記改正により、本問相談者の住所地を管轄する日本の家庭裁判所に離婚訴訟を提起することができる根拠が明文化されました。

1 離婚の準拠法

夫婦の一方が日本に常居所を有する日本人である場合、離婚の準拠法は日本の民法になります［⇨**57**］。

本問では、夫が数年前に本国に帰国し、以後連絡がとれない状態が続いていることからして、民法770条1項2号（悪意の遺棄）、3号（3年以上生死不明）、5号（婚姻を継続し難い重大な事由）のいずれかにあたる可能性が高いといえます。

そして、夫が本国に帰国して以後連絡がとれないことから、協議や調停での離婚は困難であり、この場合には、調停を前置する必要はなく（家事事件手続法257条2項ただし書参照）、離婚判決（離婚訴訟）によることとなります。

2　離婚裁判の場合の管轄（国際裁判管轄）

　本問では、日本の民法が準拠法になるとしても、相手方である外国人の夫は本国に帰国してしまっています。このような場合、日本の裁判所において当該離婚事件の審理・裁判が認められるでしょうか。いわゆる国際裁判管轄が問題になります。

　この点、夫婦の一方又は双方が外国籍を有する夫婦間において提起された離婚訴訟事件等の国際裁判管轄に関する規律については、明文の規定がありませんでしたが、平成30年4月18日に人事訴訟法等の一部を改正する法律（平成30年法律第20号。以下、「改正法」という）が成立し、国際裁判管轄に関する規律が明文化されました（同年4月25日公布。公布の日から1年6月以内に施行予定）。この改正により、国際裁判管轄に関する規律について明文化されましたので、改正法施行日以降は、改正法が定めた各要件に該当するかどうかを検討することになります。

(1)　改正法施行日前の場合

　外国人同士の離婚訴訟に関して、【最大判昭和39・3・25民集18巻3号486頁】は、日本に離婚の国際裁判管轄を認めるためには、訴訟手続上の正義の要求に合致し、跛行婚（一方の国での離婚が他方の国で認められず、他方の国では婚姻したままとなること）の発生を避けることにもなるから、被告の住所が日本にあることを原則とすべきであるが、原告が遺棄された場合、被告が行方不明である場合、その他これに準ずる場合には、被告の住所が日本になければ、原告が日本に住所を有していても、日本に国際裁判管轄が認められないとすることは、日本に住所を有する外国人で、日本の法律によっても離婚の請求権を有すべき者の身分関係に十分な保護を与えないことになり（法適用通則法27条ただし書参照）、国際私法生活における正義公平の理念にもとる結果を招来することになる旨判示しています。

　また、ドイツに居住するドイツ人Bが日本に居住する日本人Aに対し既にドイツで離婚訴訟等を提起し、公示送達によりB勝訴が確定したところ、Aも同時期に日本でBを相手取り離婚訴訟等を提起したという事案において、【最判平成8・6・24民集50巻7号1451頁】は、国際的な夫婦の離婚事件の国際裁判管轄の判断においては、当事者間の公平や裁判の適正・迅

速の理念により条理に従い決定するのが相当であり、被告の住所地の存する国に国際裁判管轄を肯定するのが当然ではあるが、原告が被告の住所地である外国で離婚の訴えを提起することについての法律上、事実上の障害の有無とその程度を考慮し、原告の権利保護に欠けることのないよう留意すべきであるとした上で、ドイツにおいては離婚の効力が生じているが、日本では民訴法 118 条（旧 200 条 2 号）の要件を欠くため、婚姻がいまだ終了していない状況の下では、日本に国際裁判管轄を肯定することが条理にかなうというべきであると判示しています。

　上記 2 つの判例に沿って考えた場合、本問相談者は日本において A 国籍の男性と結婚をして実際に結婚生活が行われていたことからして、離婚原因の立証手段が日本にあることが多いと考えられるのに対し、相談者が A 国で離婚訴訟を提起するという負担を負わせるのは障害が多いと思われること、相手方の A 国籍の男性と連絡がとれず行方不明であることからすれば、日本の国際裁判管轄を肯定すること（この場合、国内の管轄は本問相談者の住所地を管轄する裁判所となる）が正義公平の理念に資するし条理にもかなうといえます。

　したがって、本問では、日本の裁判所において当該離婚事件の審理・裁判が認められると思われます。

　よって、本問相談者は、自己の住所地を管轄する家庭裁判所に離婚訴訟を提起することになります。

(2)　改正法施行日以降の場合

　改正法では、本問のように、相手方である外国人の夫は本国に帰国してしまっているケースについて、❶その夫婦の最後の共通の住所が日本国内にあり、かつ、原告の住所が日本国内にあるとき（人事訴訟法 3 条の 2 第 6 号）、あるいは、❷原告の住所が日本国内にあり、かつ、被告が行方不明であるときなど、日本の裁判所が審理及び裁判をすることが当事者間の衡平を図り、又は適正かつ迅速な審理の実現を確保することとなる特別な事情があるとき（人事訴訟法 3 条の 2 第 7 号）には、日本の裁判所において当該離婚事件の審理・裁判が認められるとしています。

　そのため、本問において、当該夫婦の最後の共通の住所が日本国内にある場合はもちろん、最後の共通の住所が日本国内でなかったとしても、前記の

とおり、本問相談者は日本においてA国籍の男性と結婚をして実際に結婚生活が行われていたことからして、離婚原因の立証手段が日本にあることが多いと考えられるのに対し、相談者にA国で離婚訴訟を提起するという負担を負わせるのは障害が多いと思われることからすれば、結論としては、(1)と同様、日本の裁判所において当該離婚事件の審理・裁判が認められ、本問相談者は、自己の住所地を管轄する家庭裁判所に離婚訴訟を提起することになります。

(3) **国際裁判管轄には要注意**

　日本に国際裁判管轄がなければ、原則として訴えは却下されてしまうため、管轄がどこの国にあるかは非常に大事な問題となります。国際的な家族に関する相談業務においては、仮に事前に見通しをしっかりと説明せずに日本に管轄がないと判断されてしまった場合には、相談者とトラブルになるおそれがあります。

　したがって、国際裁判管轄については安易に相談者に説明することは避けて、事前に慎重な調査が必要となることに加えて、結果として国際裁判管轄が認められない場合もあるといった見通しをしっかり説明するのが妥当といえます。

3　離婚訴訟の場合の具体的手続

(1) **国際裁判管轄を有することの主張・立証手続**

　改正法施行日前の場合、相談者がA国にいる夫を被告として、日本の裁判所に離婚訴訟を提起した場合、まずは前記した判例に照らし、本問の国際裁判管轄が日本にあることを主張・立証する必要があります。

　具体的には、日本においてA国籍の男性と結婚をして実際に結婚生活が行われていたこと、原告にA国で離婚訴訟を提起するという負担を負わせるのは障害が多いこと、夫の住所が不明であることの主張・立証が必要になります。なお、たとえ外国にいる夫とSNS等で連絡がとれている場合であっても、住所がわからない場合には行方不明にあたることもあります。証拠としては、婚姻から夫が帰国するまでの経緯が書かれた相談者の陳述書、夫の出入国記録や外国人登録原票・住民票の調査結果の報告書、夫に郵便や手紙を送っても届かず電話もつながらないことを証明する資料や手紙のやり

とりの状況等を記した陳述書等を提出することが考えられます。

　なお、改正法施行日以降の場合には、外国人登録原票や住民票等により当該夫婦の最後の共通の住所が日本国内にあることを主張・立証するか、日本においてA国籍の男性と結婚をして実際に結婚生活が行われていたこと、A国で離婚訴訟を提起するという負担を負わせるのは障害が多いこと、夫の住所が不明であることの主張・立証をすることになります。

(2) 外国での送達の際の注意点

　次に、外国にいる相手方に対して訴訟を提起する場合、訴訟提起後に、送達する訴状や期日呼出状等は被告住所地のある外国で送達されることになるので、日本国内での送達の場合には生じない特別な問題が生じてきます。外国における送達という性質上、送達する書面の翻訳が必要になり、また、送達に相当の時間を要することが多くなることから、これらの点には注意をしておく必要があります。

(3) 外国での具体的送達方法

　まず、訴状や期日呼出状等（送達の回数を少なくするため、通常の訴訟とは異なり、その他甲号証、人証申請書、戸籍謄本等できる限りの書類を一度に送達する運用になっています）の翻訳文を添付する必要があります。なお、後記する公示送達の場合には書類の翻訳は必要ありません。

　このとき、依頼者に対する説明としては翻訳費用が別途かかることを予めきちんと説明する必要があります。その際、依頼者の費用を最小限に抑えるために、翻訳ソフトを使用したり、文書全体の文章量を短くしたりするなどの工夫も考えられます。

　次に、外国における送達については、民訴法はわずか1か条を設けているにすぎず（108条）、特に詳細な手続を定めた規定はありません。

　そのため、裁判文書等を外国で送達する場合、送達に関する当該外国との合意の有無、取決めの有無、条約の有無を調査・検討する必要があり、それによって送達の嘱託手続の方法が変わってきます。

　具体的な送達の嘱託手続は、❶民事訴訟手続に関する条約（以下、「民訴条約」という）の締結国の間、❷民事又は商事に関する裁判上及び裁判外の文書の外国における送達及び告知に関する条約（以下、「送達条約」という）の締結国の間、❸2国間協定を結んだ国の間で、それぞれ異なります

(相手国が❶❷双方の条約の締結国である場合には、送達条約が民訴条約に優先して適用されます。送達条約22条)。送達について何らの取決めや条約がない場合には、外交上のルートによる個別の応諾によるほかはないことになります。ある国が民訴条約若しくは送達条約の締結国であるか否かは、ハーグ国際私法会議のホームページ（http://www.hcch.net/index_en.php）で調べることができます。

　❶❷いずれかの条約の加盟国との間では、各条約に従い、外国の管轄官庁に対する嘱託による送達を行うことができます。

　また、日本が2国間協定を結んでいる国としてはアメリカ、イギリス、ブラジル、オーストラリアなどがあります。

　各国ごとの具体的な送達の嘱託手続については、最高裁事務総局民事局監修『国際民事事件手続ハンドブック』（法曹会、2013年)、最高裁事務総局民事局監修『民事事件に関する国際私法共助手続マニュアル』（法曹会、1999年）を参照してください。

　外国における送達の手続は一般にかなり長い期間を要するのが実情です。一般に、早くて3、4か月、遅いときは1年以上かかる場合もあるといわれています。そのため、裁判所の期日指定もかなり先の日を指定されることが多いです。

⑷　送達手続後の対応

　訴状や期日呼出状等が被告住所地のある外国で送達され、被告が出頭したり、被告が日本において代理人を選任したりした場合、その後の訴訟の流れは通常の訴訟の場合と同様です。

　これに対し、本問のように外国にいる相手方と連絡がとれない状態になっているような場合には、送達が不能となることが多いと思われます（A国にいることは明らかになっているが、住所が判明しない場合等も含む）ので、公示送達を利用することになります（民訴法107条、110条1項）。

　なお、外国における送達が不能である場合だけでなく、外国における送達を嘱託した後6か月を経過しても、送達を証する書面が送付されてこない場合にも公示送達が認められます（同法110条1項3号・4号）。

　そして、外国においてなすべき送達について公示送達が実施された場合、文書の掲示を始めた日から6週間が経過することによって送達は効力を生じ

ます（同法112条2項）。外国における送達に比べて、格段に早いのが特徴ですが、送達の効力が生じる期間が通常の事件の場合（2週間）（同1項）より長くなります。また、(5)で述べるとおり、公示送達にはデメリットもありますので、注意が必要です。

公示送達がなされた場合であっても、離婚訴訟は人事訴訟であるため、離婚原因の有無を判断すべく原則として本人尋問が行われることになりますが、近時は尋問がなされない場合もあるようです。

(5) 判決後の送達手続

その後、審理の結果、裁判所によって離婚原因があると判断される場合には、離婚判決がなされることになります。

ただし、外国における訴状等の送達と同様、当該判決が相手方に送達されるまでには時間がかかります。おおよその目安としては相手方に判決文が届くまでには1年ぐらいかかるといわれています。

これに対し、訴状等が公示送達された場合には、判決の送達も公示送達によってなされることになります（民訴法112条2項）ので、結果としては、外国における送達の場合よりは、早期に判決が送達されることになります。ただし、公示送達により日本において離婚判決が認められても、当該離婚判決を承認していない国が多いことには注意が必要です。

いずれにしても、通常の離婚訴訟に比べて、判決確定まで相当の時間を要することを理解しておく必要があります。弁護士など、相談を受ける業務についている方においては、通常の国内の離婚訴訟の感覚で相談者に説明をしてしまうと、トラブルのもとになります。渉外離婚事件において、外国における送達を要する場合には、全体的に時間がかかることをきちんと説明する必要があります。

（全　東周）

59 外国人同士の離婚手続

Q 私（A国籍）と夫（B国籍）は、ともに外国人ですが、外国で結婚をした後、夫婦で来日し、以降10年近く日本に住み続けてきました。私たちには、子ども（A国籍）が1人います。ところが、現在、夫婦関係が悪化し、お互い離婚を考えています。仮に、離婚するとした場合、日本で離婚手続をすることはできるでしょうか。子どもの親権などはどのように決めるのでしょうか。

A 日本で離婚手続をすることができます。親権については、親権者の指定に関する準拠法により、A国の法律によって決めることになります。

1 離婚の準拠法

　外国人夫婦が日本で離婚する場合も、まずどの国の法律が適用されるかが問題となります（離婚の準拠法の問題）。

　離婚の準拠法を定めている法適用通則法27条本文は、婚姻に関する25条を準用しており、「夫婦の本国法が同一であるときはその法により、その法がない場合において夫婦の常居所地法が同一であるときはその法により、そのいずれの法もないときは夫婦に最も密接な関係がある地の法による」としています。

　本問では、夫婦の本国法は同一ではなく、一方、夫婦で来日し以降10年近く日本に住み続けていますので、夫婦の常居所地法がともに日本で同一であるといえ、日本の民法が適用されることになります。そのため、離婚の方式・原因については、日本の民法によることとなります〔⇨**54**〕。

2　国際裁判管轄

　離婚自体や離婚条件に争いがある場合等に、調停手続や訴訟を日本で行うことができるか、国際裁判管轄が問題となりますが、外国人同士の離婚の場合であっても、被告が日本で生活している場合には、問題なく日本の裁判所に国際裁判管轄が認められます。

3　親権者指定の準拠法

　親権については、後記［⇨61］のとおり、親子間の法律関係の準拠法について規定した法適用通則法32条により、子の本国法が父親又は母親の本国法と同じであれば、その国の法律が準拠法となり、その国の実体法に従って親権者の指定がなされることになります。

　本問では、子の本国法（A国）が母親の本国法（A国）と同じなので、A国の法律が準拠法になります。

　なお、養育費・財産分与・慰謝料に関する準拠法については、［⇨65］。

4　各国の法律の調べ方

　準拠法がA国法のような外国法の場合、当該国の法律をどのように調べればよいのでしょうか。この点については、例えば、外務省ハーグ条約についてのホームページには親権・監護権に関する主要条約締約国の法令情報が掲載されています。あるいは、大使館等に直接問い合わせるなど、いろいろな調べ方があるとは思いますが、『全訂新版　渉外戸籍のための各国法律と要件』（全6巻、日本加除出版、2017年11月）に、各国ごとの身分法等に関する諸規定が明らかになっていますので、参考になると思います。

（全　東周）

60 婚姻無効

Q 私（X国籍）は5年前、日本人男性と結婚しました。夫とは結婚前にX国で1回会っただけですが、運命だと思って結婚して来日し、「日本人の配偶者等」の在留資格で在留しています。夫と同居したのは、来日直後の最初の1か月だけでしたが、その後も私の在留期間の更新には夫も協力をしてくれていました。ところが、突然、夫から婚姻無効確認調停を申し立てられました。この後、私はどうなるでしょうか。

A 調停での夫との話合いで合意が成立しなかった場合には、夫は婚姻無効確認の訴えを提起することができます。裁判により婚姻無効判決が確定した場合には、「日本人の配偶者等」の在留資格は取り消される可能性が高いです。

1 婚姻の無効の確認

　婚姻が有効であるかどうかは、婚姻の実質的成立要件の問題なので、各当事者の本国法によります（法適用通則法24条1項）。本件では、相談者についてはX法が、夫については日本法が適用されますが、一方の本国法で婚姻が無効とされる場合には、婚姻は無効とされます。ここでは、夫の本国法である日本法での婚姻の成立について検討します。

　日本法では、婚姻には、婚姻意思が必要とされます。そのため、婚姻届により法律上形式的には婚姻関係が成立していたとしても、人違いなどの理由によって、真の婚姻意思に基づくものではない場合には、婚姻は無効とされます（民法742条柱書及び1号）。調停で、当事者双方が婚姻意思がなかったことを認めている場合には、合意に相当する審判がされます（家事事件手続法277条）。今回のように、一方当事者が婚姻の意思があったと主張する

場合には、婚姻無効についての合意が成立せず、調停は不成立となり、終了します。夫が引き続き婚姻の無効を求める場合には、婚姻無効確認の訴え（人事訴訟法2条1号、4条1項）を提起することができます。

　判例では、「婚姻の届出自体について当事者間に意思の合意があっても、それが、単に他の目的を達するための便法として仮託されたものにすぎないものであって、前述のように真に夫婦関係の設定を欲する効果意思がなかつた場合には、婚姻はその効力を生じない」としており【最判昭和44・10・31民集23巻10号1894頁】、いわゆる「偽装結婚」については、婚姻は無効であると判断されます。もし、相談者が在留資格を得ることを目的に婚姻をしていたとすれば、婚姻を無効とする判決が出ることになります。

　婚姻が無効となると、当初から婚姻関係がなかったことになります。この点は、離婚や婚姻取消では、その時までは婚姻関係が存続していたと扱われる（民法743条、748条1項）ことと異なります。もし、この夫婦に子がいた場合、子は嫡出子として、日本国籍を取得しています。しかし、婚姻が無効となれば、子の嫡出性は否定され、子の日本国籍は出生時にさかのぼってなくなるので、子の在留資格を取得する必要が生じます。もし、子の血縁上の父が、相談者の夫ではなく、別の日本人男性であれば、子の父に対し、認知を求め、父子関係が成立した後に、日本国籍を取得できる場合もあります。

　なお、婚姻無効の審判又は判決が確定してから1か月以内に判決等の謄本を添付し、戸籍の訂正を申請しなければなりません（戸籍法116条）。当事者が申請をしない場合でも、職権で訂正されることもよくあるようです（戸籍法24条）。

2　刑事手続の可能性

　本問が在留資格の取得を目的とした偽装結婚であったと判断された場合には、公正証書原本不実記載罪、もしくは電磁的公正証書原本不実記録罪・同行使供用罪（刑法157条、158条）で起訴され、処罰される可能性もあります。

3　在留資格の問題

　在留資格取得を目的とした偽装結婚のために、婚姻が無効とされた場合には、仮に刑事処分を受けなかったとしても、相談者の在留資格への影響は免れません。在留資格の取得や在留期間の更新の際に、日本人の婚姻の意思や婚姻の実態に関し虚偽の事実を申告していたということになることから、偽りその他不正の手段で在留資格を得ていたことになり、在留資格取消事由（入管法22条の4第1項2号）に該当します。

　このため、相談者の「日本人の配偶者等」の在留資格が取消される可能性が非常に高いです。

（石部　尚）

61

離婚後の親権者の指定と在留資格

Q 数年前に日本人と結婚して子どもをもうけましたが、現在離婚に向けて話し合い中です。外国人である私は、子ども（日本国籍）の親権者となることができるでしょうか。また、その場合、私の在留資格に何らかの影響があるでしょうか。

A 親権者となることができるかどうかについては、親権者の指定に関する準拠法に拠ります。親権者となることができる場合には、離婚後「日本人の配偶者等」の在留資格から、「定住者」への在留資格変更が許可される可能性があります。

1 親権者指定に関する準拠法

　親権者の指定に関する準拠法は、親子間の法律関係の準拠法について規定した法適用通則法32条によって決定するというのが裁判例です（【東京地判平成2・11・28判時1384号71頁】）。

　同法32条は、「親子間の法律関係は、子の本国法が父又は母の本国法（父母の一方が死亡し、又は知れない場合にあっては、他の一方の本国法）と同一である場合には子の本国法により、その他の場合には子の常居所地法による」と規定しているので、まずは子と父母のそれぞれの本国法を特定します。

　「本国法」については、同法38条が規定しています。当事者が重国籍である場合には常居所がある国の法、常居所地がないときは最密接関係がある国の法を本国法としますが、日本国籍がある場合には、日本法が本国法となります。また地域によって異なる法制を有している国の法となる場合には、その国の規則に従い指定される法、そのような規則がない場合には、最密接関係地域の法が本国法となります。

それぞれの本国法を確定した上で、子の本国法が父親又は母親の本国法と同一であれば、その国の法律が準拠法となり、その国の実体法に従って親権者の指定がなされることになります。同一本国法がない場合には、子の常居所地法が準拠法となります。本件では、子の本国法が日本法であり、父親の本国法も日本法なので、日本法が準拠法となります。

2　離婚後の在留資格

　外国人が日本人と結婚すると、その外国人は「日本人の配偶者等」としての在留資格を得ることができます（入管法別表第2）。

　では、離婚した場合、在留資格はどうなるのでしょうか。離婚をすると、「日本人の配偶者等」という在留資格の基礎となっていた身分がなくなることになりますが、離婚後、直ちに在留資格がなくなるというわけではありません。

　しかしながら、継続して6か月以上、配偶者の身分を有する者としての活動を行わない場合には、法務大臣は、当該在留資格を取り消すことができると規定されています（入管法22条の4第1項7号）。離婚すると「日本人の配偶者等」は6か月後に必ず取り消されるという意味ではありませんが、留意する必要があります。

3　730通達について

　離婚後の在留資格に関しては、平成8・7・30法務省入国管理局長通達（通称「730通達」といわれている）という通達に従った運用がなされています。

　この730通達によれば、❶未成年かつ未婚の日本人の実子の親権者であり、❷現実にその子を相当期間監護養育している場合には、「日本人の配偶者等」の在留資格から「定住者」の在留資格への変更を許可してよいとされています。

　❶の要件にある「日本人の実子」とは、子が生まれた時点において、父親か母親が日本国籍を有しているものをいいます。子が日本国籍を有しているかどうかは問題になりません。ただし、子が生まれた時点において、両親が婚姻関係にない場合には、日本人父から認知されていることが必要となりま

す。

　❷の要件にある「監護養育」とは、子を監督して保護することをいいます。民法820条にいう「親権を行う者は、子の利益のために子の監護及び教育をする権利を有し、義務を負う」と同じ意味です。外国人の親に経済力がなく、生活保護等を受けている場合であっても、実際に監護養育している事実があればよいとされています。

　この730通達の要件を満たしている場合には、日本人配偶者と離婚した外国人については、「定住者」への在留資格の変更を認めてよいという扱いになっています。これは、日本人の実子としての身分関係を有する未成年者が、日本で安定した生活を送ることができるように、という考えに基づくものです。

　したがって、日本人と結婚した後に子どもをもうけている本問において、外国人親に親権が認められ、実際に監護養育する場合には、730通達によって、「定住者」への在留資格の変更が許可される可能性が高いということになります。

（屋敷里絵・石部尚）

62 離婚後の在留資格（親権がない場合）

Q 私は、日本人の夫との離婚が決まり、親権は夫とすることになりました。私には月に二度の宿泊を伴う面会交流が認められています。ただ、在留資格がなければ、実際には子どもに会うことができなくなってしまいます。離婚後、私の在留資格はどうなるのでしょうか。

A 親権を有しない場合であっても、「定住者」への在留資格変更が認められる場合があります。

1　離婚後の在留資格

　離婚後は、「日本人の配偶者等」の在留資格該当性がなくなりますから、離婚後あらためて日本人と婚姻しない限り、在留期間更新はできません。

　また、730通達［⇒61］によれば、「日本人の実子」の親権を有し、現に監護・養育している外国人であれば「定住者」への変更を許可するとされているところ、本件の相談者のように、親権を有していなければ730通達の射程外となりますから、原則として同通達に基づく「定住者」への変更申請も認められません。

2　「定住者」への在留資格変更の可能性

　ただし、実際の運用としては、直接的には730通達の射程外であっても、それまでの在留期間が長期に渡り、生活が安定していて、子どもとの面会交流が認められているというような場合には、それらの事情を総合的に考慮して、「定住者」への在留資格の変更が認められる場合があります。

　外国人女性に親権はあるものの監護養育権がなく、730通達の射程外といえる事案において、離婚後の「定住者」への在留資格変更の不許可処分が争

われた裁判例として、【東京地判平成14・4・26判例集未登載】があります。

事案は、日本人男性と婚姻して2人の子どもをもうけ、適法に日本に在留していた女性が、監護・養育権者を父親、親権者を母親とする合意のもと離婚し、離婚後に、「定住者」への変更許可申請を行ったところ、これが不許可とされたため、不許可処分取消訴訟を提起したというものです。

この事案において、東京地裁は、❶監護・養育権者は父親であるが、母親は親権者であること、❷母親は子どもたちに愛情を持っており、子どもたちも母親を必要としていること、❸子どもたちは日本で生まれ育っていて、離婚時には小学校低学年及び未就学児童であること、❹母親は自ら監護・養育することを望んでいたが、子どもたちの将来を考えて経済力のある父親を監護・養育権者としたものであること、❺母親は面会交流を欠かさずに行っていること、❻母親は、父親が監護・養育を放棄するようなことがあれば、直ちに子どもたちを引き取るつもりであること、❼父親による監護・養育の不足部分を母親との面会交流で補う必要があること、などの具体的事情を認定した上で、730通達の趣旨が、日本人の実子が安定した生活を営めるようにすることにあり、幼い子どもとその親との関係は、人道上、十分な配慮を要するものであることを指摘し、本件は、実子の健全な生育にとっては、外国人親との愛情に基づく交流が必要不可欠であるという点において、730通達が定める事由と同視すべきものであると述べ、当該母親に対しては、日本への居住を認めるに足りる特別な理由を肯定するのが相当であると判示しました。

この裁判例によれば、730通達の射程外であっても、その趣旨に鑑みて、730通達が想定している状況と同視できるような事情がある場合には、「定住者」への在留資格変更を認めるべきであるという判断がなされることもあるということになります。

なお、「日本人の配偶者等」から「定住者」への在留資格の変更が認められる場合として、婚姻期間に関しては、実質的な婚姻期間が3年程度あることが必要だといわれていますが（2009・7・7参議院法務委員会答弁参照）、明確な基準があるわけではありません。それまでの生活状況や、子どもとのかかわり方（外国人親との面会交流等のかかわりが、子どもにとって重要で

あるという具体的な事情など)、子どもの年齢、本人の経済的状況、日本における身元保証人に関する資料などプラスに働く資料を積極的に提出して「定住者」への在留資格の変更申請をすることが重要です。

(屋敷里絵・石部尚)

# 63 子の奪取に関するハーグ条約

Q 私は、日本人女性です。アメリカ留学中に知り合ったアメリカ人の男性と5年前に結婚し、3年前に長男が生まれました。長男は日本とアメリカの二重国籍です。結婚以来、ずっとアメリカに住んでいますが、現在、里帰りのため、息子と2人で日本に帰国しています。夫との関係はうまくいっておらず、最近は夫が私に暴力をふるうこともあります。このまま日本に残りたいと思いますが、大丈夫でしょうか。

A アメリカに住んでいた子を配偶者の同意を得ることなく日本に住ませた場合には、「国際的な子の奪取の民事上の側面に関する条約」(以下、「ハーグ条約」という)に基づき、子の常居所地国であるアメリカに子の返還を命じられる場合があります。

1 ハーグ条約(国際的な子の奪取の民事上の側面に関する条約)とは

　日本では、2014年4月1日にハーグ条約が発効しました。北米、欧州、中南米諸国等の98か国がハーグ条約の締約国となっています(2018年8月現在)。
　ハーグ条約には、2つの目的があります。1つ目は、国境を越えた不法な連れ去りや留置があった場合に、子どもを迅速に常居所地国に返還することです。留置とは、休暇等の一時的な渡航については他方の監護者が同意していたものの、目的や期限の後も子を常居所地国に戻さず、外国に留め置くことを指します。連れ去りと留置を合わせて、「連れ去り等」といいます。他の締約国に住んでいた子が不法な連れ去り等により日本に連れてこられた場合を「インカミング・ケース」、日本に住んでいた子が不法な連れ去り等に

より他の締約国に連れていかれた場合を「アウトゴーイング・ケース」といいます。ハーグ条約の2つ目の目的は、国境を越えた面会交流の機会を確保することです。

　子の返還や国境を越えた面会交流を求める当事者は、締約国や日本にある中央当局に援助を求めることができます。日本の中央当局は外務大臣と指定されており（国際的な子の奪取の民事上の側面に関する条約の実施に関する法律〈以下、「実施法」という〉3条）、援助決定がなされると、子の返還や子との面会交流に関し、裁判外紛争解決手続（ADR）機関の紹介、弁護士の紹介を含めた日本で裁判手続を行うための支援、面会交流支援機関の紹介など、様々な支援が受けられます。援助申請の方法や援助の内容については、外務省のハーグ条約に関するホームページ（http://www.mofa.go.jp/mofaj/gaiko/hague/index.html）に詳しく説明されています。

　子の返還命令等の司法手続については、実施法に定められています。

2　外国から日本に子が連れ去り等された場合（インカミング・ケース）

(1)　子の常居所地国への返還

①原則は子の常居所地国への返還

　任意の子の返還の話し合いができない場合などには、子の常居所地国に残された親（以下、Left Behind Parent, "LBP"という）は、連れ去った親（以下、Taking Parent, "TP"という）に対し、日本の家庭裁判所で子の返還を申し立てることができます。返還申立については、管轄は子の住所地により定められ、東京家庭裁判所と大阪家庭裁判所のいずれかとなります（実施法32条）。

　監護権の侵害を伴う国境を越えた子の連れ去り等は子の利益に反し、どちらの親が子を監護すべきかという判断は、子の常居所地国で行われるべきであるとして、子が16歳未満の場合で、現に日本にいる場合には、原則として子の常居所地国に返還をすることが命じられます（実施法27条）。当事者の国籍は関係なく、日本人夫婦の場合でも国境を越えた不法な連れ去り等が起こった場合には子の常居所地である締約国への返還が命じられます。当事者の一方が外国籍者であったとしても、日本国内での連れ去り案件にはハー

グ条約は適用されません。

　②子の返還拒否事由

　❶子の返還の申立てが連れ去り等から1年以上後に行われ、かつ、子が新たな環境に適応している、❷LBPが監護の権利を行使していなかった、❸LBPの同意又は承諾があった、❹返還によって子の心身に害悪を及ぼすなど子を耐えがたい状況に置くこととなる重大な危険がある、❺子の異議がある場合等は、子の返還を拒否する事由となります（実施法28条1項）。「重大な危険」については、過去のLBPからTPに対する暴力の強度や頻度、常居所地国で暴力からの保護を受けるための制度等についても考慮される可能性があり、過去に暴力を振るわれたことがあるとしても、必ずしも返還拒否事由が認められるとはいえません。

　本問では、子が3歳で、生まれてからずっとアメリカに住んでいることから、子の常居所地国はアメリカと考えられます。里帰りのために子を日本に連れてくることについて子の父の同意はあるようですが、子が日本に住むことの同意まではないようですので、このまま子が日本に住み続ければ、留置となります。アメリカはハーグ条約の締約国なので、子の父から返還申立がなされれば、返還拒否事由が認められない限り、原則として子はアメリカに返還を命じられることになります。

(2) **面会交流**

　子が日本におり、面会交流を求める親が他の締約国にいる場合には、連れ去り等がなくても、日本の中央当局である外務大臣の援助の対象となります。

　他の締約国に住む親は、子の住所地を管轄する家庭裁判所だけではなく、東京家庭裁判所又は大阪家庭裁判所にも面会交流の調停又は審判の申立てを行うことができます（実施法148条）が、具体的な面会交流調停や審判の手続は、通常の国内事件と同様です。

3　日本から他の締約国に子が連れ去り等された場合（アウトゴーイング・ケース）

　連れ去られた子が16歳未満で、他の締約国にいる場合には、日本の中央

当局である外務大臣に対し、外国に連れていかれた子の返還の援助の申請を求めることができます（実施法21条）。

　連れ去られた先で、どのような手続が行われるかは、国によって大きく異なりますので、日本の中央当局に確認する必要があります。

（橘高真佐美）

64

外国判決の効力

Q 私（日本人）は、A国籍の男性と結婚し、A国で暮らしていましたが、数年前から夫婦関係が悪化したため、子どもを連れて日本に帰国しました。日本で親権の問題を含め、離婚の手続を進めたいと思っているのですが、相手方は、A国で既に離婚と子の引渡しを求める訴訟を起こしたというのです。
❶私は、日本で離婚の手続を進めることができるのでしょうか。
❷仮に、A国で離婚を認容する判決が出た場合、この判決は日本でも効力があるのでしょうか。
❸A国の判決と日本の判決が競合した場合、どちらの判決が優先されるのでしょうか。

A 相手方がA国で既に離婚訴訟を起こした場合でも、❶できる場合があります、❷どちらの可能性もあります、❸日本の判決が優先します。

1 国際訴訟競合

　日本で離婚手続を進めるためには、まず国際裁判管轄が認められる必要がありますが［⇨57］、これが認められた場合、国際訴訟競合という問題が生じます。

　国際訴訟競合とは、同一の当事者間で、同じ訴訟原因に基づく訴えが複数の国において提起されることをいいます。係る事態を放置すれば、同一事件について複数の判決が出され、内外判決の抵触が生じるおそれがあります。そこで、このような事態にいかに対処すべきかが問題となります。

　この点、二重起訴の禁止を定める民訴法142条の「裁判所」に、外国裁判

所は含まれないことから、日本での反対訴訟が却下されることはないとも考えられます。

しかし、裁判例の中には、内外判決の抵触の問題を考慮して、外国判決が日本で承認される可能性を検討し、先行する外国判決について本案判決がされてそれが確定に至ることが相当の確実性をもって予測され、かつ、その判決が日本において承認される可能性があるときには、二重起訴の禁止の法理を類推して、日本における後訴を規制する立場（承認予測説。【東京地中間判平成元・5・30判時1348号91頁】）、又は、訴訟の係属する外国と日本のいずれがより適切な法廷地であるかという観点から日本の管轄権を判断する立場（利益衡量説。【東京地判平成3・1・29判時1390号98頁】）に立つものもあります（江泉芳信「国際訴訟競合」『別冊ジュリスト』185号204頁、『別冊ジュリスト』210号234頁）ので、注意する必要があります。

2 外国離婚判決の承認

外国離婚判決の承認については、法適用通則法やその他の法律にも明文がありませんが、近時の判例・通説は、外国判決の承認について定めた民訴法118条が全面的に適用されると解しています。

したがって、外国離婚裁判の確定判決は、民訴法118条各号の要件を具備する場合には、自動的に日本においても承認されることになります。すなわち、外国離婚裁判の確定判決は、❶法令又は条約により外国裁判所の裁判権が認められること（1号）、❷敗訴の被告が訴訟の開始に必要な呼出し若しくは命令の送達（公示送達その他これに類する送達を除く）を受けたこと又はこれを受けなかったが応訴したこと（2号）、❸判決の内容及び訴訟手続が日本における公の秩序又は善良の風俗に反しないこと（3号）、❹相互の保証があること（4号）の要件を具備する場合に限り、日本においても効力を有することになります。

外国離婚判決の効力を否定したい場合には、日本の裁判所に外国離婚判決の無効確認の訴えを提起し【東京地判昭和63・11・11判時1315号96頁】、当該訴訟において、外国判決が民訴法118条各号の要件を具備していないことを主張していく必要があります。

(1) 管轄（1号）

　民訴法118条1号の「法令又は条約により外国裁判所の裁判権が認められること」とは、日本の国際民訴法の原則から見て、判決国が当該事件について国際裁判管轄（間接管轄）を有することを意味します。間接管轄の有無は、これを直接的に規定した法令がなく、よるべき条約や明確な国際法上の原則もいまだ確立されていないことから、当事者間の公平、裁判の適正・迅速を期するという理念により、条理によって決定されるのが相当であると考えられています。

　具体的には、基本的に日本の民訴法の定める土地管轄に関する基準に準拠しつつ、個々の事案における具体的事情に即して、当該外国判決を日本が承認するのが適当か否かという観点から、条理に照らして判断されます【最判平成10・4・28民集52巻3号853頁】。

(2) 送達（2号）

　送達の方法は、判決国と日本との間で締結されている司法共助に関する条約の定める方法を遵守することを要します【最判平成10・4・28民集52巻3号853頁】。

　なお、翻訳文を添付しない訴状の直接郵便送達によって得られたアメリカの判決は、同号の要件を満たしません【東京地判平成2・3・26金判857号39頁】。

(3) 公序良俗（3号）

　外国判決の内容が公序に反するか否か（実体的公序）を判断するにあたっては、当該外国判決の主文のみならず、それが導かれる基礎となった認定事実をも考慮することができます。

　他方、訴訟手続に関する公序（手続的公序）に反する場合としては、裁判機関が中立性を欠く場合、詐欺によって得られた判決、被告の防御権が保障されなかった場合などが考えられます。

(4) 相互の保証（4号）

　「相互の保証」とは、日本の裁判所がした同種類の判決が、判決国において、民訴法118条各号所定の条件と重要な点で異ならない条件のもとに効力を有するものとされていることをいいます【最判昭和58・6・7民集37巻5号611頁】。

3 判決の競合

　外国判決の承認時に、既に日本の裁判所の確定判決がある場合に、それと同一当事者間で、同一事実について矛盾抵触する外国判決を承認することは、日本裁判法の秩序に反し、民訴法200条に反すると解されています【大阪地判昭和52・12・22判タ361号127頁】。

（吉里かおり）

65

養育費・面会交流・財産分与・慰謝料

Q 私（日本人）は、Ａ国籍の夫から離婚調停を申し立てられました。離婚自体や子ども（日本とＡ国の二重国籍）の親権者を私にすることでほぼ合意できそうです。私としては、養育費、財産分与、慰謝料についても話し合いたいのですが、どのようにすればよいのでしょうか。また、夫は、子どもとの面会交流を希望しています。

A 養育費、財産分与、慰謝料、面会交流についても、離婚調停の手続内で話し合うことができます。その場合、養育費に関する準拠法は、扶養義務の準拠法に関する法律によって定まり、財産分与に関する準拠法は、離婚の準拠法に従い、慰謝料に関する準拠法は、離婚の準拠法又は不法行為の準拠法に従います。面会交流に関する準拠法は、親権者の決定についての準拠法と同じです。

1 養育費に関する準拠法

　養育費に関する準拠法は、扶養義務の準拠法に関する法律2条により定まります。すなわち、❶扶養権利者の常居所地法（同条1項本文）、❷上記常居所地法では扶養を受けることができないときは、当事者の共通本国法（1項ただし書）、❸上記によっては扶養を受けることができないときは、日本法（2項）によります。

　なお、実務上は、扶養義務者が離婚後に外国に帰国する場合には、養育費の一括払いも検討すべきこと、扶養権利者が離婚後に日本よりも物価の低い外国で生活することが予定されている場合には、日本の裁判所の通常の基準よりも養育費の額が低く算定され得ることを考慮しておく必要があります。

2　財産分与請求に関する準拠法

　離婚に伴う財産分与請求の準拠法は、財産分与が離婚の財産的効果であることから、離婚の準拠法によるべきと解されています（離婚の準拠法について［⇨**57**］）。

　もっとも、準拠法となるべき外国法が財産分与請求を認めないか、又は低額の財産的給付しか認めていない場合には、公序条項（法適用通則法42条）の適用が問題となります。

　また、財産分与にあたっては、一般に、税金の負担を考慮する必要がありますが、特に、財産分与の対象として、外国にある不動産の譲渡が含まれる場合には、登記等の手続方法についても予め調査しておく必要があります。

　なお、離婚後の扶養の問題は、離婚について適用された法によって定まります（扶養義務の準拠法に関する法律4条1項）。

3　慰謝料請求に関する準拠法

　慰謝料請求の準拠法は、離婚に至るまでの個々の行為を原因とする慰謝料請求に関しては、一般不法行為の問題として、不法行為の準拠法（法適用通則法17条）により、離婚そのものを原因とする慰謝料請求に関しては、その実体がいわゆる離婚給付の一端を担うものとして離婚の準拠法（同法27条本文、25条）によるとするのが判例・多数説です【神戸地判平成6・2・22判タ851号282頁】。

　もっとも、実務上は、離婚に至るまでの個々の行為を原因とする慰謝料請求及び離婚そのものを原因とする慰謝料請求において、両者の管轄が異なる場合の不都合性の回避や相手方配偶者保護の見地から、両者を一括し、離婚そのものを原因とする慰謝料請求として請求することもよく行われています。離婚に至らしめた原因行為に基づく慰謝料請求も夫婦の一方から他方に対して離婚時に請求されるものである限り、離婚そのものに基づく慰謝料請求と不可分の関係にあるといえますので、両者を一括して請求し、ともに離婚の準拠法によるべきとする上記実務上の取扱いは妥当なものと考えられます（松岡博『現代国際私法講義』207頁、法律文化社、2008年）。

4　面会交流に関する準拠法

　面会交流に関する準拠法は、面会交流が子の監護に関する処分であり、親子間の法律関係の問題であることから、法適用通則法 32 条により定まります。すなわち、子の本国法が父又は母の本国法と同一である場合には子の本国法、その他の場合には子の常居所地法となります。本件では、子は父母のいずれとも同一の国籍を持っていますが、子の本国法が日本法なので（法適用通則法 38 条 1 項ただし書）、民法が適用されます。

　また、日本は児童権利条約の締約国です。面会交流については、父母双方から、面会交流の頻度や時間をはじめ、様々な条件が出されますが、児童権利条約 9 条 3 項において、「締約国は、児童の最善の利益に反する場合を除くほか、父母の一方又は双方から分離されている児童が定期的に父母のいずれとも人的な関係及び直接の接触を維持する権利を尊重する」と定めているように、面会交流の条件を定めるにあたっては、子の利益を最も優先して考慮しなければなりません（民法 766 条 1 項参照）。

　渉外事案においては、面会交流の頻度や時間だけではなく、面会交流時の子の旅券（パスポート）の扱い、外国での面会交流の実施、渡航費や宿泊費の負担、面会交流時の使用言語、子と非監護親が国境を越えて生活をしている場合のインターネットを利用した間接交流などが問題となることがあるほか、文化の差異についての理解や配慮も必要となります。

（吉里かおり）

66 外国人が当事者の相続

Q 被相続人が外国籍である相続事件の相談を受けました。どのような問題を、どのような順番で検討すればよいのでしょうか。

A 被相続人の国籍・家族関係や遺産の内容・所在を確認の上、❶日本に国際裁判管轄が認められるか、❷どこの国の法律が準拠法となるかを検討し、当該準拠法に基づき相続関係の検討を進めます。

1 相続財産の確認

相続人が誰か、遺産としてどこに何が存在するか、及び遺言書の有無を確認するのは、日本人間の相続事件と同様です。この点、相談者が日本に住んでいる相続人である場合、特に海外にある財産の存在を知らない場合に当該財産を探し出すというのは一般的に非常に困難です。まずは、相談者が把握している範囲で、検討を進めるということになるでしょう。

2 国際裁判管轄

国際裁判管轄とは、渉外事件を裁判することができるか、裁判すべきかに関する国家の権限を意味し、原則として各国が独自に規律し得る問題です〔⇨57〕。そして、後に述べる準拠法は、仮に裁判で解決するとすれば裁判が行われる地の国際私法によって決定されます。したがって、日本で相談を受けた場合には、裁判で解決するか裁判外で解決するかにかかわらず、まず、国際裁判管轄が日本にあるかどうかを日本法により検討することになります。

この点、民訴法3条の3第12号が「相続権若しくは遺留分に関する訴え又は遺贈その他死亡によって効力を生ずべき行為に関する訴え」について、

また、2018年4月18日に成立した「人事訴訟法等の一部を改正する法律」（公布は同月25日。施行は公布の日から1年6月以内）により加えられる家事事件手続法3条の11第1項が「相続に関する審判事件」について、それぞれ❶相続開始時における被相続人の住所が日本国内にあるとき、❷住所がない場合又は住所が知れない場合には相続開始の時における被相続人の居所が日本国内にあるとき、❸居所がない場合又は居所が知れない場合には被相続人が相続開始の前に日本国内に住所を有していたとき（ただし、日本国内に住所を有していた後に外国に住所を有していたときは除かれる）に、日本の裁判所に国際裁判管轄が認められると定めています。加えて、相続財産の管理人の選任や相続財産管理に関する処分の審判事件については、相続財産が日本国内にある時に国際裁判管轄を認め（家事事件手続法3条の11第3項）、また、遺産分割に関する審判事件については当事者の合意による管轄を認めています（同4項）。

　日本に国際裁判管轄が認められそうにない場合には、関連しそうな他国に国際裁判管轄が生じるかを検討の上、国際裁判管轄の認められる国の国際私法に基づき準拠法を決定することとなりますが、これらの検討については、通常は当該他国の法律専門家の協力を得る必要があるでしょう。以下では、日本に国際裁判管轄が認められる場合を想定して説明します。

3　準拠法

　次に、日本の国際私法上、どの国の法律を適用して相談事案を検討すべきかを考えます。すなわち準拠法の決定です。法適用通則法36条は、「相続」は、「被相続人の本国法による」と定めています。この条文の「相続」に含まれる概念として、相続開始の原因、相続人の範囲・順序や相続分、相続財産の構成・管理や移転等、相続開始から遺産の分配までに生ずるすべての事項がカバーされると解されています。また、「遺言の成立及び効力」については「その成立の当時」の遺言者の本国法、「遺言の取消し」については「その当時」の遺言者の本国法によると定められています（法適用通則法37条1項・2項）。ただし、遺言の形式的成立要件（方式）については、法適用通則法43条2項本文により、特別法である「遺言の方式の準拠法に関する法律」が適用されます。

ところで、比較法的に見ると、相続の準拠法の決定方法には、「相続分割主義」と「相続統一主義」があります。相続分割主義とは、相続を不動産の相続と動産の相続とに分割し、不動産の相続問題は不動産の所在地法により、不動産以外の財産（動産や預貯金など）の相続問題は被相続人の属人法（住所地法又は本国法）によるとするものです。イギリス、アメリカを始めとする英米法系諸国、フランス、ベルギー、中国（以上動産相続は住所地法主義）、ルーマニア（以上動産相続は本国法主義）等がこの主義を採用しています。他方、相続統一主義とは、遺産の種類が不動産かそれ以外かを区別せずに、被相続人の属人法（本国法若しくは住所地法）を相続準拠法とするものです。法適用通則法36条は、相続統一主義を採用し、相続財産の所在地がいずれの国であるかにかかわらず、専ら被相続人の本国法を準拠法とするものです。日本の他、ドイツ、イタリア、スペイン、トルコ、韓国、台湾（以上、本国法主義）、スイス、デンマーク、ブラジル、オーストリア、ポルトガル（以上、住所地法主義）等がこの主義を採用しています。

　相続の準拠法の決定において、被相続人の本国法が、日本法のように本国法による相続統一主義を採用している場合、準拠法についてそれ以上の問題は生じません。他方、被相続人の本国法が相続分割主義を採用している場合や、相続統一主義でも被相続人の住所地法によるとしている場合には、さらに「反致」（法適用通則法41条）の可能性を考える必要があります。「反致」とは、日本の国際私法上当事者の本国法が準拠法とされている場合でも、その本国の国際私法によれば日本法が準拠法とされている場合には、結局日本法を準拠法とするということです。したがって、被相続人の本国たる外国の国際私法上、相続分割主義が採られている場合に、例えば、相続財産たる不動産が日本にあれば、当該不動産の相続については、日本法が準拠法となるため、反致が成立し、結局日本法が準拠法となります。被相続人の住所地が日本である場合には、動産についても同様に反致が成立し、日本法が準拠法となります。

4　留意点

(1)　適応問題

　日本に国際裁判管轄が認められるが、準拠法は外国法という場合、準拠法

＊4章　家事事件

たる外国の実体法が前提とする手続が、日本には存在しないという場合があります。例えば、一般的に、英米法系の国の相続法は、死者が生前に有していた財産上の権利義務を死者の人格代表者である遺産管理人又は遺言執行者に帰属させた上で、遺産管理人が財産を管理・清算した後、その残余財産が相続人に分配されるという法制度（「清算主義」）を採っています。しかし特定承継主義ではなく、相続人が、死者に属していた一切の権利義務を包括的に承継する法制度（「包括承継主義」）を採る日本には、遺産管理人を選任する制度は存在しません。このような場合に、日本にある類似の制度（例えば、財産管理人の選任手続）を修正して、日本の裁判所が当該外国実体法の求める手続（例えば、遺産管理人の選任）をとれるか、という問題があります。これを適応問題と呼びます。渉外相続事件の相談を受けた場合には、この適応問題の観点から、在外財産の所在国における手続をとる必要がないかについても検討する必要があります。

(2) **相続財産が外国にある場合**

日本に国際裁判管轄が認められ、日本で遺産分割調停や審判をしたが、相続財産が外国にあるという場合、当該外国において、当該日本の裁判所における調停や審判が承認・執行されなければ、実際に当該財産を相続人に移転することができないという問題が生じます。渉外相続事件の相談を受けた場合には、最終的に在外財産を相続人に移転するためにどのような手続が必要となるのかを検討し、場合によっては、日本に国際裁判管轄が認められる場合であっても、最初から当該財産の存在する国における相続手続をとることも考えたほうがよい場合があります。

（大江修子・久保田まち子）

67 在外財産と遺言

Q 先日、私のアメリカ人の夫が亡くなったのですが、夫は、長年私とともに住んでいた日本に預金と不動産を有しているほか、出身地であるニューヨーク州にも預金と不動産を持っていたようです。これらの財産については、どのように取り扱えばよいのでしょうか。

A 日本にある預金と不動産及びニューヨーク州にある預金については日本の法律により、ニューヨーク州にある不動産はニューヨーク州の法律に基づいて処理します。

1 国際裁判管轄

　本問では、相続開始時における、被相続人である相談者の夫の住所が日本にあることから、日本の国際裁判管轄が認められます。

2 準拠法

　本問の「これらの財産をどのように取り扱えばよいか」に回答するためには、❶これらの財産が「相続財産」か、❷相続人として相続を受けるべきなのは誰か、❸各相続人は何をどのくらい分配されるべきか、といった点の検討が必要ですが、これらはいずれも法適用通則法上の「相続」の問題と考えられます。すなわち、同法36条により、被相続人の本国法が準拠法とされます。本問において、被相続人はアメリカ国籍の方です。今日、1つの国家内には全国的に1つの私法が施行されているのが一般的ですが、アメリカ、カナダ、オーストラリア、スイス連邦等においては、地域により異なった法が施行されているため、こうした不統一法国籍者については、その国内のいずれの法が「本国法」となるのかが問題となります。

法適用通則法は、このような不統一法国に属する者について、38条3項で、❶その国の規則に従って指定される法、❷その規則がないときは、当事者にもっとも密接な関係がある地域の法を、当事者の本国法とすると定めています。アメリカには、38条3項にいう「規則」がないので、もっとも密接な関係がある地域の法律によることとなりますが【横浜地判平成3・10・31家月44巻12号105頁】、本問において、被相続人の常居所地はアメリカになく、過去においても長年日本に居住していたとのことですので、その本源住所のある地であるニューヨーク州の法律が、密接関連地法として、「本国法」となるものと考えられます。
　次に、「反致」（法適用通則法41条）を検討すると、ニューヨーク州では、相続の準拠法について相続分割主義が採用されており、不動産については、その不動産の所在地の法が適用され、不動産以外の財産については、被相続人の死亡時の住所地の法が適用されることになります。したがって、反致により、日本にある預金とニューヨーク州にある預金については、被相続人の最後の住所地の法として、また、日本にある不動産については、所在地法として、それぞれ、日本の相続法が準拠法となります（部分反致）。他方、ニューヨーク州にある不動産については、反致は生じず、ニューヨーク州の相続法が準拠法として適用されることになります。

3　在外財産の相続手続の実際

　前記のとおり、ニューヨーク州にある預金についても、日本の国際裁判管轄が認められ、かつ日本法が準拠法となりますので、日本で日本法に基づき遺産分割手続を進められます。しかし、当該遺産分割に基づきニューヨーク州にある預金の分配をするにあたっては、日本で行った遺産分割調停や審判のニューヨーク州における承認・執行の可否が問題となります。といっても、実務的には、当該預金口座を管理する銀行が、当該遺産分割調停調書や審判書を提出することで預金の払戻しを認めてくれれば問題のないところですので、日本で遺産分割手続を進める前に、当該銀行に確認・交渉をしておくのがよいでしょう。
　これに対し、ニューヨーク州にある不動産については、日本の国際裁判管轄が認められるものの、準拠法であるニューヨーク州法に基づき相続手続を

進める必要があります。ニューヨーク州法では相続について清算主義がとられており、当該不動産は相続開始後、遺産財団（Estate）に移転しています。

したがって、相続人が遺産分割の申立てをすることはできず、遺産財団の人格代表者としての「遺産管理人」を選任し、「プロベイト（probate）」という裁判所監督下の手続をもって遺産の管理・清算・分配を行うことになります。日本にない制度ですので、適応問題が生じますが、「遺産管理人」については日本の相続財産管理人の手続を修正・調整して選任することができるとするのが多数説です。他方日本において「プロベイト」に類似し代わりとしうる手続はないと考えられます。はたして遺産のうちの不動産についてだけ「管理・清算」できるのかという問題もありますし、またプロベイトを経ない管理・清算・分配については、ニューヨーク州での執行上、すなわち実際の不動産の登記や登録において問題を生じる可能性が高いと思われます。

したがって、基本的には、在外不動産については日本での遺産分割手続から除いて、ニューヨーク州の裁判所でプロベイト手続を進めることを検討すべきでしょう。

4　本問で、夫の遺言書が見つかった場合

前記の準拠法に基づく分配とは別途、この遺言書に基づいて相続財産の分配をできるかどうかが問題となりますが、当該遺言書に基づく相続財産の分配を可能とするためには、❶当該遺言書が有効に成立していること、❷当該遺言書の内容が執行可能であることが必要となります。さらに、❷については、(i)遺言書の内容が適法か、(ii)遺言内容の執行手続（日本で行えるか）の2つの側面からの検討が必要となります。

❶については、[⇨**68**]。❷(i)については、各遺言の内容である行為について準拠法を検討することになります。例えば、相続分の指定等は、「相続」として、法適用通則法36条に定める相続の準拠法を、認知については「嫡出でない子の親子関係の成立」の問題として法適用通則法29条に定める準拠法を検討することになります。本問の場合、相続の準拠法は、前記のとおり、対象財産によって、日本法又はニューヨーク州法となります。この点、

ニューヨーク州法上、遺言執行の場合も、遺言執行者により、前記の裁判所での「プロベイト」手続のもとで行われることが必要です。Probate は「検認」と訳されることもありますが、英米法系諸国における「プロベイト」は、遺言の内容の真否や有効性判断に及ぶものであって、日本の検認手続とはその性質が異なります。そのため、適応問題の限界を超えるものであり、日本で検認手続をとることによってニューヨーク州法に基づく「プロベイト」に代えることはできない（すなわち、ニューヨーク州法準拠の財産の分配については、ニューヨーク州においてプロベイトをしなければならない）ものと思われます。

（大江　修子）

68 遺言書の作成

Q 私は日本在住のフランス人です。フランスと日本に財産があり、これらの財産について遺言書を作成したいと思っています。ただ私は、日本語を話すことはできますが、書くことはできません。どのような方法で遺言書を作成すればよいでしょうか。

A フランス所在の財産についてはフランス法弁護士のアドバイスのもと、フランス法に基づいて、日本所在の財産については日本法に基づいてそれぞれ遺言書を作成するのがよいでしょう。日本法上の自筆証書遺言は、フランス語で本文及び日付を手書きした上で、署名押印することにより作成できますが、より確実には、通訳を介して、公正証書遺言として作成することが考えられます。

1 手続法

　遺言の方式については、遺言の方式の準拠法に関する法律が適用されます。同法は、2条において、その遺言が次のいずれかの1つに適合するときには、方式に関し有効とするものと定めています。
① 行為地法
② 遺言者が遺言の成立又は死亡の当時国籍を有した国の法
③ 遺言者が遺言の成立又は死亡の当時住所を有した地の法
④ 遺言者が遺言の成立又は死亡の当時常居所を有した地の法
⑤ 不動産に関する遺言について、その不動産の所在地法

　本問において、相談者はフランス国籍を有する日本に住所を有する方であるため、フランスの方式でも日本の方式でも遺言を作成することができま

す。さらに、不動産を有する場合で、その不動産に関して遺言を作成するときは、その不動産の所在地法の方式で遺言を作成することもできます。つまり、フランス法がどうあれ、少なくとも、日本法上の、自筆証書遺言（民法968条）、又は公正証書遺言（同法969条）の要件を満たして作成すれば、有効な遺言となります。

2 方 式

まず、自筆証書遺言については、遺言者が、その全文、日付及び氏名を自書し、これに押印することが必要とされていますが、使用言語については特段の定めはないので、外国語で遺言することも可能と考えられます（【神戸地判昭和47・9・4民集28巻10号2155頁】。控訴審、上告審ともに一審支持）も、英文で記載された自筆証書遺言の有効性を認めています。

これに対し、公正証書遺言は日本語で作成しなければなりませんが（公証人法27条）、遺言者が日本語を解さない場合には、通事（通訳）を立ち合わせることとなっています（同法29条）。そこで、フランス語の通訳を公証役場に同行し、当該通訳を介して遺言したい内容を公証人に伝え、それを書いてもらう形で、公正証書遺言を作成することができます。

3 フランス所在の財産について

日本もフランスも、1961年ハーグ「遺言の方式に関する法律の抵触に関する条約」の締約国ですので、理論上、日本で日本法に基づき作成した遺言書は、フランスでも有効な遺言と認められ、フランス所在の財産について遺言執行できるはずです。しかし実際には、当該遺言書を執行するに際し、現地の法律に基づいた遺言書でないが故に、有効性や内容の解釈について余計な争いが生じ、実務上スムーズに進まなかったりすることもあり得ます。

そのような事態を避けるためには、日本所在の財産は日本法に基づいて、海外所在の財産は当該外国法に基づいて、それぞれ遺言書を作成するということが考えられます。この場合、複数の遺言書がそれぞれの効力を否定することにならないよう、当該遺言の対象範囲について明確に記載しておく必要があります。

（大江修子・久保田まち子）

5章

国　籍

69

国籍・戸籍

Q 私は外国人女性ですが、昨年、日本で、日本人男性と結婚し、子どもを産みました。先日、市役所で、夫の戸籍謄本をとったところ、自分の名前が妻の欄に載っていませんでした。外国人だと、戸籍の妻の欄に載らないのでしょうか。また、私の子どもはどうなりますか。

A 外国人には戸籍はなく、日本人男性の戸籍の身分事項欄に、あなたの氏名等が婚姻事項として記載されています。あなたの子どもは、父親である日本人男性の戸籍に編入されています。

1 国際結婚と国籍

日本の国籍法には、婚姻による国籍の取得及び喪失を認めるような規定はありません。外国人が日本国籍を取得するには、帰化によらなければなりません（国籍法4条1項）。

したがって、外国人と日本人が結婚しても、帰化が認められない限り、外国人が日本国籍を取得することはありません。

2 国際結婚と戸籍

戸籍は、日本国民の親族的身分関係を登録し、これを公示・公証する公文書です。戸籍により、日本国民の日本国籍と、身分関係の変動が証明されます。したがって、日本国籍がなければ、戸籍が編成されることはありません。

日本人同士が結婚する場合には、夫婦で新しい戸籍を編成することとされていますが、日本人と外国人が結婚する場合には、その日本人が既に戸籍の筆頭者であるときを除き、日本人の性別にかかわらず、その日本人について

新戸籍が編成されます（戸籍法16条3項）。

　日本人と結婚した外国人は、この新戸籍に入籍することはなく、新戸籍の身分事項欄に、婚姻届出の年月日、外国人配偶者の国籍、氏名、生年月日が記載され、この記載によって夫婦の婚姻関係が証明されます。

　なお、2012年7月9日から「住民基本台帳法の一部を改正する法律」が施行され、外国人住民についても日本人と同様に、住民基本台帳法の適用対象となり、住民票が作成されることになりました。2013年7月8日からは、住民基本台帳ネットワーク（住基ネット）及び住民基本台帳カード（住基カード）についても運用が開始されています。

　日本の国籍を有しない者のうち、❶中長期在留者（在留カード交付対象者）、❷特別永住者、❸一時庇護許可者又は仮滞在許可者、❹出生による経過滞在者又は国籍喪失による経過滞在者のいずれかで、市町村の区域内に住所を有するものが対象者となります。

3　子の戸籍

　日本国籍を取得した子は、日本人の親の戸籍に編入することになります。

　婚姻関係にある日本人父若しくは母と外国人父若しくは母との間に生まれた子は、出生により日本国籍を取得するので、日本人である父若しくは母について編成された戸籍に編入されます。婚姻関係にない外国人父と日本人母との間に生まれた子も、出生により日本国籍を取得するので、日本人母の戸籍に編入されます。

　ただし、父の認知により日本国籍を取得した子については、父母に出生時点で婚姻関係がなければ、胎児認知を受け出生により日本国籍を取得する場合でも、出生後認知を受け届出により日本国籍を取得する場合でも、日本人父の戸籍に編入することはできません。したがって、戸籍法22条により、子について新戸籍が編成されることになります。

4　子の氏

　日本人の親の戸籍に編入されている子は、原則として、日本人の親の氏を名乗ることになります。

　子に外国人の親の氏を名乗らせるためには、❶日本人の親が、婚姻から6

か月以内に、外国人の親の氏に変更しておく方法（戸籍法107条2項）、❷戸籍の筆頭者である日本人の親が、外国人の親の氏に変更する旨の許可を家庭裁判所に申し立て、許可を得てその届出をする方法（戸籍法107条1項）、❸子が、氏変更の許可を家庭裁判所に申し立て、許可を得てその届出をする方法（戸籍法107条1項・4項）があります。

　❶の方法は家庭裁判所の許可はいらず、届出のみでできる簡便な手続です。❷❸の方法には、「やむを得ない事由」の要件が必要ですが、外国人の親の氏に変更するのであれば、この要件は比較的認められやすいと思われます。❷の方法の場合、届出時に既に子が生まれていたとしても、日本人の親の氏の変更により、子と親の氏が異なることになるので、子は単なる届出だけで、日本人の親の氏を称することができます（民法791条2項、戸籍法98条）。

　❸の方法により、子のみ外国人の親の氏に変更した場合には、氏変更の届出により、子は日本人の親の戸籍から除籍され、子について新戸籍が編成されます（戸籍法20条の2第2項）。

（竹内　明美）

70 子の国籍

Q 私（A）は1995年に、私の兄（B）は1983年に、アメリカにおいて、アメリカ人父と日本人母との間に生まれました。私Aと兄Bは、出生した時点でアメリカの国籍のほかに日本の国籍も取得しているのでしょうか。

A 外国人父と日本人母の間に生まれた子は、出生日が1985年1月1日以後であれば、出生地にかかわらず、出生により日本国籍を取得できます。

1　日本国籍の取得原因

　日本の国籍法は、国籍取得原因として、❶出生による国籍取得（国籍法2条）、❷生後認知による国籍取得（3条）、❸帰化による国籍取得（4条）を定めています。
　本問では、これらのうち、❶出生による国籍取得について取り上げます。❷生後認知による国籍取得について［⇨71］、❸帰化による国籍取得について［⇨72］。

2　日本の国籍法における扱い

　日本の国籍法は、従前は「出生の時に父が日本国民であるとき」に子は日本国籍を取得すると規定して、父系血統主義（父がその国の国籍を有する場合に限り、その国の国籍を子にも付与するという主義）を採用していました。
　しかし、女子差別撤廃条約の批准に先立ち、国内法を同条約に整合させる必要があったことなどから、1984年の国籍法改正（以下、「1984年改正」という）により父母両系血統主義（父又は母のいずれかがその国の国籍を有し

ていれば、その国の国籍を子にも付与するという主義）が採用され、「出生の時に父又は母が日本国民であるとき」に子は日本国籍を取得すると改められました（国籍法2条1号）。前記1984年改正は1985年1月1日から施行されています。

国籍法2条1号の「出生の時に父又は母が日本国民であるとき」とは、子と日本国民である父又は母との間に法律上の親子関係があることを意味しています。

もっとも、分娩の事実によって法律上の母子関係は成立するとされているので、日本人女性から生まれた子については、当然に「出生の時に母が日本国民であるとき」にあたり、日本国籍を取得します。

これに対して、法律上の父子関係は、❶子が父の嫡出子である場合か、❷父から胎児認知されている場合でなければ成立しません。

嫡出子とは、婚姻中の夫婦から生まれた子のことをいいます。婚姻成立の日から200日を経過した後、又は、婚姻の解消若しくは取消しの日から300日以内に生まれた子であれば、夫の嫡出子と推定され、嫡出子の身分を取得します（民法772条）。また、婚姻成立後200日以内に生まれた子についても、民法772条による嫡出推定は受けませんが、出生と同時に嫡出子の身分を取得するとされています【大連判昭和15・1・23大審院民集19巻54頁】。これらの場合には、子は父の嫡出子となり、法律上の父子関係が成立します。

また、胎児認知とは、母の胎内にある子を、母の承諾を得て認知することをいいます（民法783条）。

なお、国籍法2条2号は「出生前に死亡した父が死亡の時に日本国民であつたとき」にも、子は日本国籍を取得すると規定しています。これは、子の出生後に日本人父が死亡したか、子の出生前に死亡したかによって異なる扱いをすべきでないことを考慮して設けられた規定です。

3　本問の事例について

父系血統主義から父母両系血統主義への国籍法改正（1984年改正）は1985年1月1日から施行されていますので、1985年1月1日以後に出生した子には父母両系血統主義が適用されます。したがって、1995年に出生した本

問のAには父母両系血統主義が適用されるところ、Aはアメリカ人父と日本人母の間に生まれており、「出生の時に母が日本国民であるとき」にあたるため、出生により日本国籍を取得することになります。同時にAは、生地主義を採るアメリカで生まれているため、出生によりアメリカ合衆国の国籍も取得することになります。

ただし、出生により外国の国籍を取得した日本国民で、日本国外で生まれた者は、一定期間内に日本国籍を留保する意思を表示しなければ、その出生のときにさかのぼって日本国籍を失うとされています（国籍法12条）。

重国籍に関する問題の詳細については、[⇨**73**]。

これに対して、1984年12月31日以前に出生した子には、前記1984年改正は原則として適用されませんので、改正前の父系血統主義が適用されます。したがって、1983年に出生した本問のBには父系血統主義が適用されるところ、Bの父は日本人ではないので、Bは出生により日本国籍を取得することはできません。生地主義に基づいて、出生によりアメリカ合衆国の国籍のみを取得することになります。

もっとも、Bは、改正法施行時20歳未満でしたので、施行日から3年以内であれば特例措置により国籍を取得できる可能性がありました（附則〈昭和59・5・25法45〉5条）。

しかし、Bが前記期間内に特例措置による国籍取得手続を行っていなかった場合には、帰化による国籍取得等を検討することになります。

帰化の手続については、[⇨**72**]。

（堤　世浩）

71

生後認知による国籍取得

Q 私は外国人の女性ですが、1983年1月2日に、日本国内で、日本人男性Aとの間に子Bを生みました。Bの出生後、AはBを認知してくれましたが、私と結婚するつもりはないようです。Bは日本国籍を取得できるのでしょうか。

A 父母が婚姻していない場合でも、日本人父Aの生後認知により、Bは日本国籍を取得できる可能性があります。

1 生後認知による国籍取得（国籍法3条1項の改正）

　生後認知による国籍取得は、2008年12月12日の国籍法改正（2009年1月1日施行）によって明文化された国籍取得原因です。

　改正前国籍法3条1項は、父母の婚姻前に出生した20歳未満の子について、父母の婚姻、及び、日本人親による生後認知を要件として、その子に日本国籍を付与していました（準正による国籍取得）。

　しかし、改正前国籍法3条1項は、後記のとおり、【最大判平成20・6・4民集62巻6号1367頁】（以下、「2008年判決」という）により違憲と判断されたため、2008年12月に改正されました。

2 2008年判決の概要

　上記の事件は、婚姻していない日本人父とフィリピン人母との間に日本国内において生まれた子が、日本人父から生後認知を受けたことを理由として国籍取得届を提出したところ、父母が婚姻していないため、国籍取得の要件を備えておらず、日本国籍を取得していないと判断されたため、日本国籍を有することの確認を求めて提訴されたものです。

　日本人父に生後認知された子について、父母が婚姻している場合であれば

日本国籍を取得できるが、父母が婚姻していない場合には日本国籍を取得できないとする改正前国籍法3条1項の扱いについて、2008年判決は「日本国民である父から出生後に認知されたにとどまる非嫡出子のみが、日本国籍の取得について著しい差別的取扱いを受けているものといわざるを得ない」とし、改正前国籍法3条1項が「父母の婚姻」を国籍取得要件としていることは憲法14条1項に違反すると判断しました。

3　改正後国籍法3条1項の内容

　前記判決を受けて、2008年12月12日、国籍法3条1項は「父又は母が認知した子で20歳未満のもの（父母国民であつた者を除く。）は、認知をした父又は母が子の出生の時に日本国民であつた場合において、その父又は母が現に日本国民であるとき、又はその死亡の時に日本国民であつたときは、法務大臣に届け出ることによつて、日本の国籍を取得することができる。」と改正されました（2009年1月1日施行）。

　前記改正により、父母の婚姻の要件は削除され、下記要件を満たせば改正後国籍法3条により日本国籍を取得できることになりました。
(1)　日本国籍を取得しようとする者が、
　①　父又は母に認知されていること
　②　（後記(3)の届出時において）20歳未満であること
　③　日本国民であったことがないこと
　④　出生したときに、認知をした父又は母が日本国民であったこと
　なお、認知は、「嫡出でない子」のみが対象です（民法779条）。例えば、婚姻中の外国人母が夫以外の日本人男性との間で懐胎した子については、夫の嫡出子と推定されるので、その日本人男性は認知ができない可能性があります。その場合には、認知に先立って、親子関係不存在確認の訴えを起こし、嫡出推定を排除しておく必要があります。
(2)　認知をした父又は母が、現に（死亡している場合には死亡したときに）日本国民であること
(3)　法務大臣に対する届出
　この届出は、本人（15歳未満のときは法定代理人）が届出先機関（本人が日本に住所を有する場合には住所地を管轄する法務局・地方法務局、本人

が海外に住所を有する場合には日本の大使館又は領事館）に対して書面によって行う必要があります。

　認知だけではなく、届出時においても20歳未満であることが必要なので、年齢が切迫している場合などには注意が必要です。

　なお、2018年6月に民法上の成人年齢が18際に引き下げられたことに伴い、国籍法3条1項も20歳から18歳に引き下げられました（2022年4月1日施行、ただし経過措置あり）。

4　認知調停の活用

　国籍法3条1項の改正を受け、子どもに日本国籍を取得させるために虚偽の認知届等を提出する「偽装認知」が社会問題となり、行政機関は認知偽装の有無に関して慎重に審査しています。そのため、審査を円滑に進めるべく、任意認知（父による自発的な認知）ではなく「認知調停」を活用することも考えられるところです。

　認知調停とは、子などから父を相手として認知を求めて申し立てる家庭裁判所の調停手続です。この調停において、当事者間で子どもが父の子であるという合意ができ、家庭裁判所がDNA鑑定等の必要な事実の調査を行った上でその合意が正当であると認められれば、合意に従った審判がなされます。認知の正当性を裁判所に認めてもらうことにより、行政機関の審査も円滑に進むことが期待できます。

（堤　世浩）

72

帰 化

Q 私たちは外国人同士の夫婦です。夫婦で15年前に来日し、それ以来、夫婦ともに日本の会社で働いています。3年前には子どもが1人生まれました。今後も家族3人で日本に住み続けたいと思っているのですが、家族3人が一緒に日本国籍を取得することはできるのでしょうか。

A 帰化条件を満たした上で帰化申請を行い、法務大臣の許可を受けることができた場合には、日本国籍を取得することができます。

1 帰化制度の概要（普通帰化）

　帰化とは、その国の国籍を有しない者（外国人）からの国籍の取得を希望する旨の意思表示に対して、国家が許可を与えることによって、その国の国籍を与える制度です（国籍法4条）。

2 帰化の一般的条件

　帰化の一般的条件は、次のとおりです（国籍法5条）。もっとも、これらの条件を満たしていても、必ずしも帰化が許可されるとは限らず、これらの条件は日本に帰化するための必要最低条件といえます。その他事実上の要件として、小学校2年生程度の漢字の読み書き能力が必要とされ、帰化の動機書は自署のものを要求されます。

　① 帰化申請時までに引き続き5年以上、日本に住所（生活の本拠）を有していること（住所条件、国籍法5条1項1号）。

　ここで、「引き続き」とありますが、再入国許可を得ての出入国をした場合でも、「引き続き」という要件は充足します。ただ、海外の居住期間のほ

うが長いときには「住所」を有すると認められない場合があります。
② 20歳以上であり、かつ帰化申請者の本国法上も能力者（成人）であること（能力条件、同条項2号。なお、2018年6月の国籍法改正により、2022年4月1日からは18歳以上）。
③ 素行が善良であること（素行条件、同条項3号）。

素行が善良であるかどうかは、犯罪歴の有無や態様、納税状況や社会への迷惑の有無等を総合的に考慮して、通常人を基準として、社会通念によって判断されます。
④ 生活に困るようなことがなく日本で暮らしていけること（生計条件、同条項4号）。

この条件は、生計を一つにする親族単位で判断されますので、申請者自身に収入がなくても、配偶者やその他の親族の資産又は技能によって安定した生活を送ることができれば、この条件を満たすこととなります。
⑤ 帰化しようとする者が、無国籍であるか、原則として帰化によってそれまでの国籍を喪失すること（重国籍防止条件、同条項5号）。
⑥ 日本の政府を暴力で破壊することを企てたり、主張するような者、あるいはそのような団体を結成したり、加入しているような者でないこと（憲法遵守条件、同条項6号）。

3 帰化条件の緩和（簡易帰化）

日本と特別な関係を有する外国人については、次のとおり、帰化条件が緩和されています（国籍法6～8条）。

(1) 日本で生まれた外国人で引き続き3年以上日本に住所若しくは居所を有する外国人や、継続して10年以上日本に居所を有する外国人などは、現に日本に住所を有していれば、住居条件（同法5条1項1号）を備えない場合でも帰化が許可される場合があります（同法6条）。

なお、住所と居所は異なる概念です。住所は、生活の本拠を意味する法律概念であり、正当な在留資格を有していなければ認められません。これに対して、居所は、現実の生活の場所を意味する事実概念であり、住所に比して容易に認定されるものですが、やはり、適法な在留資格を有していることは前提となります。

(2)　日本国民の配偶者たる外国人で引き続き3年以上日本に住所又は居所を有し、かつ、現に日本に住所を有する外国人や、日本国民の配偶者たる外国人で婚姻の日から3年を経過し、かつ、引き続き1年以上日本に住所を有する外国人は、住居条件及び能力条件（同法5条1項1号・2号）を備えない場合でも帰化が許可される場合があります（同法7条）。

(3)　日本国民の子（養子を除く）で日本に住所を有する外国人や、日本の国籍を失った外国人で日本に住所を有する外国人などは、住居条件、能力条件及び生計条件（同法5条1項1号・2号・4号）を備えない場合でも帰化が許可される場合があります（同法8条）。

4　帰化申請の手続

　帰化を希望する場合、通常は、まず法務局にて帰化相談を行い、必要書類に関する指示を受け、必要書類がそろった段階で、帰化申請が受理（受付）されることになります。なお、実務上、家族単位で帰化申請を行うこと（家族帰化）が原則とされていますが、日本人を配偶者に持つ外国人などが個人単位で帰化申請を行うこと（単独帰化）も認められています。

　帰化申請が受理されると、面接調査、追加提出書類の取寄せ、法務大臣による審査等の手続を経て、許可・不許可の最終処分が行われることになります。

　初回の帰化相談から帰化申請受理までの期間は、半年以内、あるいは半年から1年以内という例が多いようです。また、帰化申請受理から最終処分までの期間は半年から1年という例が多いようですが、遅くとも帰化申請受理からおおむね2年以内には最終処分が行われているようです。

5　帰化の効果

　帰化が許可された場合、官報にその旨が公示され、その告示の日から帰化の効力が生じます（国籍法10条）。なお、帰化後の氏名や本籍は、原則として帰化者本人が自由に定めることができます。

6　本問の事例について

　父母については、「引き続き10年以上日本に居所を有する者」に該当する

5章　国籍

ので、国籍法6条3号により、住居条件（国籍法5条1項1号）を備えない場合でも、帰化が許可される場合があります。

　子については、未成年の子が実親とともに帰化を申請している場合、実親の帰化が許可されれば、実務上、その子は国籍法8条1号「日本国民の子」と扱われるので、現に日本に住所を有していれば、同号により、住居条件、能力条件及び生計条件（国籍法5条1項1号・2号・4号）を備えない場合でも、帰化が許可される場合があります。

（堤　世浩）

73

重国籍・国籍喪失

Q 私は日本人女性ですが、エジプト人男性と結婚しました。エジプトの法律では、エジプト人男性と結婚した後に届出をすると、エジプト国籍を取得できるそうです。その場合、私の日本国籍はどうなりますか。また、もしエジプト国籍を取得したとき、離婚した後はどうなるのでしょうか。

A エジプト国籍を取得すれば、あなたは日本国籍を失うことになります。あなたが、その後エジプト人男性と離婚しても、日本国籍は復活しません。日本国籍を取得するためには帰化をする必要があります。

1　国際結婚と国籍

　日本の国籍法には、婚姻による国籍の取得及び喪失を認めるような規定はありません。

　しかし、日本人が外国人と結婚した場合に、日本人が、外国人の本国の国籍法の規定により、外国人の本国の国籍を取得することがあります。

　その場合、日本人の国籍がどうなるかは、外国籍配偶者の本国の国籍法の規定により異なります。

(1)　**日本人が自己の意思で外国籍配偶者の本国の国籍を取得した場合**

　国籍法上、日本国民は、自己の志望によって外国の国籍を取得したときは、日本の国籍を失うと規定されています（国籍法11条）。

　したがって、日本人が、外国籍配偶者の本国の国籍法の規定に従い、自らの意思で配偶者の本国の国籍を取得した場合、その日本人は当然に日本の国籍を失うことになります（なお、「自己の志望」の解釈、裁判例については、[⇨**74**]）。

その場合、当該日本人は、国籍喪失の届出をしなくてはなりません。国籍喪失の届出は、届出事件の本人、配偶者又は4親等内の親族が、国籍喪失の事実を知った日から原則1か月以内にしなければなりません（戸籍法103条1項）。国籍喪失届により、その日本人の戸籍は除籍されます。

本問の場合は、日本人女性が届出によりエジプト国籍を取得するので、日本人女性が自己の意思で夫の本国の国籍を取得した場合にあたります。

(2) 日本人が外国籍配偶者の本国の国籍を当然取得する場合

外国籍配偶者の本国の国籍法上、日本人が当然に夫の本国の国籍を取得する場合がありますが、この場合は「自己の志望」によって国籍を取得したわけではないので、当然に日本国籍を失うことにはなりません。その結果、その日本人は、日本国籍と外国籍配偶者の本国の国籍の二重国籍となります。あまり例はないですが、イランが、婚姻により当然に国籍の取得を認めています。

① 法務大臣の催告の規定

国籍法は、20歳になる前に重国籍者となった場合は22歳までに、20歳に達した後に重国籍者となった場合は重国籍者となったときから2年以内に、いずれかの国籍を選択しなければならないと規定しています（国籍法14条1項。なお、2018年6月の国籍法改正により、2022年4月1日からは18歳になる前に重国籍となった場合は20歳までに、18歳に達した後に重国籍となった場合は2年以内となる）。

さらに、日本人が、この期間を超えて選択をなさないと、法務大臣から国籍選択の催告を受け、この催告を受けた後1か月以内に日本国籍を選択しなければ、その期間が経過したときに日本国籍を失うと規定されています（国籍法15条）。

ただし、この催告により日本国籍を失っても、日本の国籍を失ったことを知ったときから1年以内（天災その他その者の責めに帰することができない事由によってその期間内に届け出ることができないときは、届出ができるようになって1か月以内）に法務大臣に届け出ることにより、日本の国籍を再取得することができます（国籍法17条2項）。

② 重国籍の解消

日本人が、重国籍を解消し、日本国籍を維持するためには、❶外国籍配偶

者の本国の国籍から離脱する方法か、❷日本の国籍を選択し、かつ外国の国籍を放棄する旨の宣言（選択の宣言）をする方法（国籍法14条2項）をとることができます。

❶の方法は、外国籍配偶者の本国の国籍法に従ってなさなければなりません。そして、外国籍配偶者の本国の国籍を離脱した場合には、1か月以内に、日本において外国国籍喪失届を提出する必要があります（戸籍法106条1項）。外国国籍喪失届には、喪失の原因及び年月日の記載と、喪失を証すべき書面を添付する必要があります（戸籍法106条2項）。これにより、日本人の戸籍に外国国籍喪失の記載がなされます。

❷の方法は、日本において国籍選択届を提出することによって行います。この国籍選択届には、「国籍選択宣言」欄があり、ここには「日本の国籍を選択し、外国の国籍を放棄します」と記載しなければなりません。国籍選択届は、市区町村役場又は外国にある日本の大使館・領事館に提出します。

しかし、前記のように、外国籍の離脱は、その国の国籍法に従ってなさなければなりません。日本国籍の選択宣言をすることにより、国籍法14条1項の国籍選択義務は履行したことになりますが、この選択宣言により外国の国籍を当然に喪失するかについては、当該外国の制度により異なります。国籍選択届を提出しても、当然に日本人の外国籍は失われないため、日本人が手続をしなければ、事実上、重国籍状態が継続することになります。

そのため、国籍法は、「選択の宣言をした日本国民は、外国の国籍の離脱に努めなければならない」という努力規定を設けています（国籍法16条1項）。特に罰則等は設けられていません。

2　離婚した場合

日本人が、外国籍配偶者の本国の国籍を取得し、日本国籍を失ってしまえば、その後、外国籍配偶者と離婚をしたからといって、日本国籍が当然に復活することはありません。

日本人が、日本国籍を取得するためには、日本に住所を置き、帰化をする必要があります（国籍法4条）。

この場合、日本国籍を失った日本人には、帰化の要件が緩和されています（同法8条3号）。

すなわち、❶引き続き5年以上日本に住所を有すること、❷20歳以上で本国法によって行為能力を有すること（2018年6月の国籍法改正により、2022年4月1日からは18歳以上）、❸自己又は生計を一つにする配偶者その他の親族の資産又は技能によって生計を営むことができることといった条件を備えなくても、帰化を許可できると規定されています。

したがって、本問において、エジプト国籍を選択した日本人女性が、離婚して日本国籍に戻りたいという場合には、帰化の手続をとることになります。

3 在留資格

日本国籍を喪失した場合であっても、日本国籍を離脱した日から60日以内であれば、引き続き、在留資格を有することなく、日本に在留することができます（入管法22条の2第1項）。

この期間を超えて、日本に在留する場合は、日本の国籍を離脱した日から30日以内に、在留資格の取得を申請する必要があります（同2項）。

また、日本国籍を喪失し、外国籍配偶者と本国で暮らしていた日本人が、離婚により日本に帰国しようという場合には、日本人の子として出生した者であれば、「日本人の配偶者等」の在留資格で日本に入国することができます（入管法別表第2）。

したがって、本問において、日本人女性が、エジプト国籍を取得し、エジプトで夫と生活をしていたが、離婚して日本に戻りたいという場合には、「日本人の配偶者等」の在留資格で日本に入国することができます。

（竹内　明美）

74 国籍喪失・就籍

Q 私は、1970年に中国で、中国残留日本孤児の父母（いずれも日本国籍）の間に生まれました。現在、中国で生活し、2000年に中国人男性と結婚した際に、申請により中国国籍を取得し、2001年に長男を出産しました。私は日本国籍を取得していますか。私の長男はどうですか。

A 相談者は出生により日本国籍を取得しています。その後の中国国籍の取得が中国での生活を維持していく上での重大な支障を避けるためにやむなくされたものであれば、日本国籍を喪失していません。相談者の長男は、相談者が日本国民であっても既に国籍を喪失していますが、20歳になるまで（2022年4月1日以降は18歳になるまで）は、日本に住所を取得すれば国籍を再取得できます。

1 相談者について（国籍の喪失）

　相談者は日本人の父の子ですから、国籍法2条1号（1970年当時は父系血統主義）に基づき、日本国籍を取得しています。

　もっとも、相談者が現在でも日本国籍を有しているといえるためには、国籍喪失事由がないかも検討する必要があります。国籍法は、国籍喪失事由として、❶自己の志望での外国国籍の取得（国籍法11条1項）、❷重国籍の日本国民の外国国籍の選択（同条2項）、❸国外出生の場合の国籍不留保（国籍法12条）、❹法務大臣への届出による国籍離脱（13条）を定めています。本問の相談者の場合には、❸国籍法12条、❶国籍法11条1項による国籍喪失が発生していないかを検討する必要があります。

(1) **国籍法12条による国籍喪失**

「出生により外国の国籍を取得した日本国民で国外で生まれたもの」（1984年改正前は「外国で生まれたことによってその国の国籍を取得した国民」）は、原則、出生後3か月以内に、出生届とともに国籍留保の意思表示をしなければ、出生にさかのぼって国籍を失うことになります（国籍法12条、旧国籍法9条、戸籍法104条）。

国籍法12条（旧国籍法9条）は、1984年改正前は、出生地主義を採用した国の国籍法により、その国の国籍を取得した日本国民のみを適用対象としていましたが、1984年改正で、広く海外で出生し外国の国籍を取得した日本国民に対象範囲が広げられました。

相談者は日本国外で1970年に出生しているので旧国籍法9条の適用について検討が必要です。中国は血統主義を採用し、出生地主義を採用していないので、相談者は旧国籍法9条の適用対象にはなりません。したがって、旧国籍法9条によっては、日本国籍を喪失しません。

(2) **国籍法11条による国籍喪失**

次に相談者は、2000年に中国人男性と婚姻した際に、中国国籍を取得しているので、自己の志望での外国国籍の取得による国籍喪失の有無を検討します。

国籍法11条1項は、「自己の志望によって外国の国籍を取得したとき」を国籍喪失事由としていますが、これは婚姻などの一定の事実により当然に外国国籍を取得する場合ではなく、帰化や届出など、本人の外国国籍の取得を希望する意思表示に基づき、国籍を取得した場合を指します。

本問の相談者は、中国人男性と婚姻した際に本人の申請により中国国籍を取得していますので、同条項により日本国籍を喪失しているとも思えます。

もっとも、「自己の志望」というためには、本人の申請による国籍取得でも、本人の自由意思に基づき任意になされたことが必要であるといわれています。また、国籍確認訴訟においては国籍喪失を主張する国がその立証責任を負担するとされています。

裁判例においては、中国残留邦人が中国国籍を取得したため、日本の戸籍から除籍された事案で、日本の国籍確認を求めたのに対して、「自己の志望」によるとの証明がないとして、国籍が確認された例があります【東京地

判昭和54・1・23判タ377号129頁、同平成7・12・22行裁集46巻12号1205頁】。また、原告の父が、原告の出生前に中国国籍を取得した事例でも、同様の理由から、原告の出生による日本国籍取得が確認されています【東京地判平成7・12・21家月48巻5号84頁】。

したがって、本問でも、相談者が、中国での生活を維持していく上での生活の支障を避けるためにやむなく中国国籍を取得したという事情があれば、相談者は国籍を喪失していないことになります。

(3) 就籍許可の審判と国籍確認訴訟

では、相談者がやむを得ない事情で中国国籍を取得したといえる事案の場合、相談者はどのようにすれば日本の戸籍を取得できるのでしょうか。

日本国籍を有する者が本籍を有しない場合には、家庭裁判所の許可を得て就籍の届出をし戸籍を取得することができます（戸籍法110条）。そのため、実務では、本問のような残留邦人の事案では、就籍許可を求める審判を家庭裁判所に申し立て、家庭裁判所の許可に基づき就籍することが行われています。この審判手続の中で、家庭裁判所が職権調査事項として日本国籍の有無を判断することになります。

他方、家庭裁判所で就籍許可申立が却下された場合など、国籍の有無に争いがある場合には、国籍確認又は不存在の確認訴訟を提起し、国籍確認の確定判決に基づき就籍の手続をすることになります。

2 相談者の長男（国籍の再取得）

相談者が日本国籍を取得していれば、1984年改正後の父母両系血統主義の現行国籍法2条1号により、相談者の長男も出生により日本国籍を取得していることになりますが、長男についても、国籍法12条により国籍を喪失していないかを検討する必要があります。

相談者の長男が出生したのは2001年であるため、相談者と異なり、現行国籍法12条の適用対象となります。そのため中国が血統主義を採用していても、相談者が出生により中国国籍を取得していれば国籍喪失事由となります。相談者の長男は、父親が中国人であるため、出生により中国国籍を取得している（中国国籍法4条）ので、これに該当します。したがって、相談者か相談者の夫が日本の在外公館などに出生後3か月以内に出生届とともに国

籍留保の意思表示をしていなければ、相談者の長男は、出生にさかのぼり日本国籍を喪失していることになります。

　ただし、現行国籍法17条は、国籍法12条により日本国籍を失った者が20歳未満である場合には、日本に住所を有するときには、法務大臣への届出により日本国籍の取得を認めています。そのため、相談者が日本国籍を取得できた場合に、相談者の長男が20歳になるまでに相談者とともに日本に住むようになれば日本国籍の再取得ができます（なお、2018年6月の国籍法改正により、2022年4月1日からは18歳までとなる）。

（安孫子理良・浦城知子）

75

無国籍

Q
❶私は日本で2010年に韓国人の母から生まれました。父親は不明で母に育てられています。在留カードの国籍は韓国となっていますが、大使館に出生届は出されていません。私は無国籍者として日本国籍を取得していますか。

❷私は2010年に日本の産院で産まれました。病院の記録では、私の母は、カトリーナ・スミスというそうですが、出産後まもなく病院を後に消息を絶ってしまったそうです。産院の院長によって出生届が出されましたが、私は日本国籍を取得していますか。

A 本問❶の相談者は日本国籍を取得していません。本問❷の相談者は父母が不特定である以上、日本国籍を取得しています。

1 「法律上の無国籍者」と「事実上の無国籍者」

　日本の国籍法は、出生による国籍取得について父母両系血統主義を原則としています（国籍法2条1号）。しかし、この原則だけによると、父母がともに分からない場合などに子が無国籍者となってしまう可能性があります。ここで、無国籍者とは、国籍を持たない人、どこの国からも国民と認められていない人を指します。その意味では、本問の相談者はいずれも無国籍者といえます。

　本問❶の相談者は、韓国人母の子です。韓国では、1997年の国籍法改正により、父系血統主義が父母両系血統主義に改められました。そのため、本問❶の相談者は韓国国籍の取得要件を満たしているので、韓国大使館で国籍取得手続をすれば韓国国籍の取得が認められます。しかし、現状では、韓国大使館に出生届が出されておらず、韓国から国民と認められていないため、

無国籍状態となっています。このように、法的にはいずれかの国の国籍取得要件を満たしているけれども、当該国に国民として記録されていない人を「事実上の無国籍者」といいます。

これに対して、いずれの国の法律の適用によっても、いずれの国の国民と認められていない者のことを「法律上の無国籍者」といいます（「無国籍者の地位に関する条約」1条1項）。本問❷の相談者は、父母が不明で、日本で出生しているため、日本国籍の取得が認められなければ、この「法律上の無国籍者」にあたるということになります。

2　日本国籍の取得が認められる無国籍者

国籍法は、日本で生まれた子が、「父母がともに知れないとき」又は父母が「国籍を有しないとき」について日本国籍の取得を認めています（国籍法2条3号）。

本問❶の相談者は韓国人の母がいますので、国籍法2条3号による日本国籍の取得は認められません。他方で、本問❷の相談者は、カトリーナ・スミスという国籍不明の母親から生まれていますが、出生後、母親が行方不明となっているので、同号が適用されるかが問題となります。

父母の不明な棄児が発見され、その申出があった場合には、市町村は棄児に氏名、本籍を定めることとなっています（戸籍法57条）。本問❷の相談者の場合には、産院の医師が母親をカトリーナ・スミスとして出生届を出したことから、棄児と異なり戸籍が編成されなかったものと思われます。棄児の場合には「父母がともに知れないとき」にあたり、日本国籍を取得することは明らかですが、本問❷の相談者の場合にも「父母がともに知れないとき」にあたるといえるのでしょうか。

3　アンデレ事件

国籍法2条3号の「父母がともに知れないとき」の要件の解釈が争われた判例にアンデレ事件があります。この事件では、1991年1月18日に出生した子アンデレの母親につき、産院に、「セシリア　M　ロゼテ」（「Cecilee M. Rosete」又は「Cecille M. Rosete」、生年月日1965年11月21日）との記録がありましたが、母親は出産5日後に行方不明になってしまい、子は無国

籍で外国人登録されていました。訴訟では、国から1988年2月24日にフィリピンからフィリピン国籍の「Cecillia m Rosete」（生年月日1960年11月21日）という女性が本邦に入国したとの記録が提出されました。

　この事案で、最高裁は、「ある者が父又は母である可能性が高くても、これを特定するに至らないとき」には「父母がともに知れないとき」にあたると判示し、子の母親は特定されていないとして、子に国籍取得を認めました【最判平成7・1・27民集49巻1号56頁】。

　この判例の解釈によれば、本問❷の相談者も父母が特定されていない以上、「父母がともに知れないとき」にあたり、日本国籍を取得しているといえます。そこで、相談者は家庭裁判所に就籍許可を求める審判を申し立て、家庭裁判所の許可に基づき就籍する方法が考えられます［⇨71］。

　　　　　　　　　　　　　　　　　　　　　（安孫子理良・浦城知子）

5章　国籍

6章
難民

76 難民認定の手続

Q 私は、A国籍を有していますが、A国では異端とされる宗教を信仰しているため、何度も警察に捕まって拷問を受け、改宗を迫られたことから、日本へ逃げてきました。このまま日本にいたいと思いますが、どうしたらよいでしょうか。

A 居住地を管轄する地方入国管理局に対し、難民認定申請書、証拠となる資料、顔写真等を提出して難民認定申請を行います。申請書や資料について、外国語で記載されたものについては日本語の訳文をつけなければなりません。

1 難民認定制度

(1) 難民とは

　入管法2条3号の2は、難民について、「難民の地位に関する条約第1条の規定又は難民の地位に関する議定書第1条の規定により難民条約の適用を受ける難民をいう」と定義しています。したがって、入管法でいう難民は、難民の地位に関する条約及び難民の地位に関する議定書にいう難民と同義であり、「人種、宗教、国籍若しくは特定の社会的集団の構成員であること又は政治的意見を理由に迫害を受けるおそれがあるという十分に理由のある恐怖を有するために、国籍国の外にいる者であって、その国籍国の保護を受けることができないもの又はそのような恐怖を有するためにその国籍国の保護を受けることを望まないもの及び常居所を有していた国の外にいる無国籍者であつて、当該常居所を有していた国に帰ることができないもの又はそのような恐怖を有するために当該常居所を有していた国に帰ることを望まないもの」(難民の地位に関する条約1条A(2)、難民の地位に関する議定書1条)を指すことになります。

本問の場合は、宗教を理由とする難民に該当する可能性があります。難民認定の手続は、入管法 61 条の 2 以下に規定されています。

(2) 提出書類

難民として認定されるためには、まず、居住地を管轄する地方入国管理局に対し、申請書及び証拠書類などを提出して難民認定申請を行います。提出する書類については、提出前にコピーをとっておくほうが、後日の検討のために便利です。もし、コピーを忘れた場合には、個人情報開示請求によって取得することができます。

① 申請書

入管規則により書式が定められていますので、これに記入して提出することになります。地方入国管理局では、日本語以外の言語で記載された申請書が配布されていますし、入国管理局のホームページからも入手することができます。申請書に外国語で記載した場合には、日本語の訳文を添付することが求められます。申請書の記載は原則として本人が行うことが必要ですが、文字が書けない等の場合には、内容を口頭で陳述し、難民調査官が筆記する等の方法での申請が可能です。

さらに、在留資格を有さない外国人が難民認定申請を行う場合、2005 年改正入管法により、難民認定申請手続の中で在留特別許可の付与の判断も行うことになりました。したがって、例えば、日本人と結婚しているなど難民であること以外に在留を特別に許可されるべき事情があるときは、その点についても申請書に記載することになります。また、申請後にそのような事情が発生した場合には、その点を補充する書面を提出することになります。

② 証拠となる資料

難民該当性を立証する資料のほか、在留を特別に許可されるべき事情を立証する資料についても提出することになります。追完も可能です。

難民該当性を立証する資料には、大きく分けて「出身国の一般的な情報についての資料」と「申請者本人の個別の事情についての資料」があります。迫害国から逃れてきた申請者は、個別の事情について十分な資料を持っていることはむしろ少なく、申請者の供述がほぼ唯一の立証資料であることも珍しくありません。それだけに、申請者の供述の信用性は、慎重な検討が必要です。なお、一部の事例では、ブローカー等が作成した偽造の逮捕状等が難

民認定申請の証拠として提示されることがあり、後日偽造であることが判明すると、申請者の供述の信用性が大きく揺らぐことになります。したがって、書類の成立の真正や入手経路等について、事前に十分な検討が必要です。

証拠資料についても、原則として日本語の訳文が必要であり、また、後日追完することも可能です。

(3) 調査（インタビュー）

調査（インタビュー）は、難民調査官により行われます。通訳を入れることも可能です。予め、難民申請書に、通訳を希望する言語を記入しておきます。その際、何か通訳について要望があれば（例えば、女性の申請者の場合に女性の通訳を希望する、同国人ではなく日本人の通訳を希望するなど）、それも書いておくとよいでしょう。

調査は、調査官の質問に対し申請者が回答するという方法で行われます。ただ、この方法だと、申請者が重要であると考える点について、質問してもらえない危険もあります。そのような場合、積極的に自分から発言をすることが必要です。また、質問の意味が理解できなかった場合には、聞き直して意味を確認してから回答することが重要です。調査の後には、供述調書が作成されます。その際には、調査官が調書を読み聞かせてくれますので、自分が話したことと違うことが書かれていないか、自分が話したことで書かれていないことがないか十分に注意し、そのようなことがあった場合には、加除訂正をしてもらうことが大切です。

2 審査請求手続

(1) 審査請求手続とは

2016年4月施行の行政不服審査法全面改正（以下、「2016年改正法」という）に伴い、従前の難民不認定処分に対する異議申立手続が、審査請求手続に改正されました。本項では、改正後の審査請求手続について述べます。なお、2016年3月31日以前に不認定処分がなされていた場合には、その告知が同年4月1日以降であっても異議申立手続が行われますので、留意が必要です。

難民不認定処分を受けたが不服がある場合には、その通知を受けた日から

7日以内に、審査請求書を地方入国管理局に提出して審査請求を行います（入管法61条の2の9第1項1号）。審査請求書には、審査請求の理由は簡潔に書き、後日、申述書などで詳しい理由を述べることになります。難民認定手続及び退去強制手続において作成された供述調書等の事件記録は、閲覧等請求書を提出して閲覧・写しの交付請求を行います。事件記録に含まれていないものについては、情報公開により開示を受けることも考えられます。

審査請求後、不認定処分の理由や閲覧等を行った供述調書等を検討した上で、申述書、申述書に代わる書面又は意見書などを作成し、証拠を提出することになります。その際、これまでの申請者の供述に矛盾や変遷がある場合には、その理由についてフォローしておくことが重要です。また、審査請求の判断の際には、入管法61条の2の2第2項（在留資格にかかる許可）の適用はないというのが現在の入管の取扱いですが、実際には、審査請求段階において職権で在留特別許可がなされる例もあるので、難民該当性のみならず、それ以外の在留特別許可に係る事情についても主張・立証すべきことは、審査請求前の難民申請の段階と同様です。

(2) 口頭意見陳述・質問

2005年施行の改正入管法により、難民審査参与員制度が導入されました。難民審査参与員は、第三者諮問機関であり（入管法61条の2の9第1項・3項）、決定機関はあくまで法務大臣ですが、2016年施行の改正により、参与員が、従前の難民調査官に代わり、口頭意見陳述等を主宰することとなりました。また、原処分庁が口頭意見陳述等に招集されることになりました。

審査請求手続においては、難民審査参与員が求める場合には、申立人に対し口頭で意見を述べる機会を与えなければならないとされています。ただし、2回目の難民認定申請で前回とほぼ同一の理由で申請しているような場合は、申立人が口頭意見陳述を希望しても、行われないこともあるようです。口頭意見陳述は、申立人本人のほか、代理人（弁護士に限らない）、参考人、補佐人、参加人などの資格で、申立人以外も行うことができますが、事前に許可を得ることが必要です。2016年改正前の例では、申立人の過去の政治活動について知る同国人や日本での活動について知る日本人が参考人として参加したり、日本人の婚約者が代理人として参加したりした例がある

ようです（日本弁護士連合会人権擁護委員会編『難民認定実務マニュアル〈第2版〉』117頁、現代人文社、2017年）。口頭意見陳述を行う際には、難民審査参与員に対し、分かりやすくアピールするような工夫も大切です。

また、2016年改正法により、従前の審尋に代わり質問が行われることになりました。質問も難民審査参与員が主宰します。2016年改正法によって、原処分庁も質問の対象者となりました。ただし、同改正法は、参与員が招集の必要がないと判断したときには、原処分庁を口頭意見陳述に招集しないことができるとしています。したがって、原処分庁に対し質問を行いたいときには、事前に原処分庁への質問の有無を照会された際に、その必要性について主張しておくことが必要です。

弁護士が代理人として口頭意見陳述や質問手続に参加した場合は、代理人としての意見を述べるのみならず、その場において申請者の供述に、従前の主張との変遷や、質問に十分に回答できていないなどの問題が生じた場合、これに対するフォローを行うことも大切です。その場で十分なフォローができない事情があった場合には、後日、意見書等を提出することも考えられます。現在の実務においては、「期日後の書類提出は認めない」と予め告知されていますが、実際に提出すれば、受領されることが通常であると考えます。

時間的には、口頭意見陳述と質問をあわせて90分とされることが多いようですが、特に法文上の根拠があるわけではありません。難民審査参与員が必要と認める場合には、期日が続行されることもあります。

口頭意見陳述等終了後、作成された調書を閲覧し、写しの交付を請求することができます。口頭意見陳述等の調書は、逐語ではなく要約されている部分も多いので、必ず閲覧等をし、誤りがあった場合には、文書で訂正の申立てをすることが重要です。

3　訴　訟

(1)　難民不認定処分取消訴訟と在留特別許可不許可処分取消訴訟

難民不認定処分を受けた場合には、国を被告として難民不認定処分取消訴訟を提起することができます。出訴期限は不認定処分を告知された日から6か月間ですが、審査請求を行った場合には、原処分の取消訴訟の出訴期限

は、審査請求を却下若しくは棄却する決定が告知された日から進行します（行訴法14条）。出訴期限を徒過した場合には、取消訴訟ではなく無効確認訴訟を提起することになります。一般に、行政処分が無効であるためには重大かつ明白な瑕疵が必要とされていますが、難民不認定処分無効確認訴訟において、難民該当性があり、瑕疵が重大であれば（難民該当性を看過して不認定処分を行った場合には、その瑕疵が重大であることはいうまでもない）、明白性の要件を不要と解したり、緩やかに解したりして、請求は認容されています。したがって、出訴期限を徒過したからといって訴訟を断念する必要はありません。実際にも、取消訴訟の出訴期間経過後に提訴し、難民該当性が認められ、無効確認が認められた判決例も複数あります。

　難民不認定処分を受けた場合、❶審査請求を行い、審査請求が棄却された場合に原処分の取消訴訟を提起する、❷審査請求をせずに取消訴訟を提起する、❸審査請求と取消訴訟を同時に行うということが考えられます。実務的には❶の例が多いと思われます。しかし、在留資格を持たない難民認定申請者に対しては、難民認定、不認定処分と同時に在留資格の取得許可ないし在留特別許可の処分もなされますが、在留特別許可不許可処分の出訴期限は、難民不認定について審査請求を行っていても、在留特別許可不許可処分の告知がされた日から進行します。仮に出訴期限を徒過した場合には、無効確認請求訴訟を検討することになりますが、要件は取消訴訟より厳しくなります。なお、処分後に事情の変更があった場合には、あわせて在留特別許可不許可処分の撤回義務付け訴訟についても検討することになります。

(2)　その他の訴訟

　その他、手続の進行により、退去強制令書発付処分の取消訴訟についても、提起の検討が必要となります。

　特に、難民不認定処分に対する審査請求が却下ないし棄却され、かつ、退去強制令書が発付されて収容されている場合には、送還の現実的危険性があるため、退去強制令書発付処分の取消訴訟に合わせて執行停止の申立てを行い、少なくとも送還部分について執行停止決定を得ておくことが重要です。

（渡部　典子）

77

難民申請中の在留資格

Q 私は在留資格がないまま日本に滞在していますが、この度、本国で軍事クーデターが起こったため、軍部に反対していた私は帰国できなくなりました。日本で難民申請したいと思いますが、在留資格がなくても大丈夫でしょうか。

A 在留資格がない外国人が難民認定申請を行った場合、法の定める除外要件に該当しなければ、仮滞在の許可を受けることができます。仮滞在の許可がない場合、退去強制手続は進行することになりますが、手続中（審査請求手続を含む）に送還することは法律により禁止されています。

1　難民認定申請中（審査請求手続を含む）の在留資格

(1)　申請時点で在留資格がある場合

　申請時点で在留資格を有している場合、従前は特定活動（期間6か月）への在留資格変更が認められ、難民認定申請中（審査請求手続を含む）は、特定活動の在留資格の期間更新が認められてきました。また、難民認定申請後6か月を経過した場合には、就労可能な資格外活動の許可がされていました。しかしながら、法務省入国管理局は、2018年1月12日、「難民認定制度の適正化のための更なる運用の見直しについて」を発表し、こうした実務に変更を加えました。具体的には、難民申請受付後に案件の振り分けを行い、初回申請の場合、①難民該当性や本国情勢等により人道配慮の必要性が高い申請者については、速やかに就労可能な特定活動を許可する一方で、②難民該当性上の迫害事由に明らかに該当しない事情を申し立てる申請者については特定活動の付与や更新を認めず、③失踪した技能実習生や退学した留学生等本来の在留資格に該当する活動を行わなくなった後や出国準備期間中

に難民認定申請をした申請者については就労を許可せず、在留期間を3か月とするとしました。また、再申請の場合には、難民該当性や本国情勢等により人道配慮の必要性が高いとされる場合を除き、原則として在留資格の付与や更新を認めないということになりました。これによって、在留資格又は就労許可を失う申請者が増加しています。

今後もこの点についての運用の変更や法令の改正の可能性がありますので、注視することが必要です。

また、申請時点で「短期滞在」以外の在留資格を有している場合、難民認定申請を行ったことは在留資格に影響を与えません。

(2) **申請時点で在留資格がない場合**

① 仮滞在許可

難民申請者が在留資格を有しない場合、入管法61条の2の4は、一定の除外要件に該当しない限り、仮滞在を許可するとしています。しかしながら、除外要件は非常に幅広く、実際には仮滞在許可が認められない例も多く存在します。また、仮滞在が許可されても、就労は許可されません。なお、在留資格を有さない外国人が難民認定申請を行った場合、自動的に仮滞在についての判断もなされるので、別途仮滞在許可の申請を行う必要はありません。

仮滞在許可を受けた者については、収容を含む退去強制手続が停止されます(同法61条の2の6第2項)。

② 仮滞在が許可されなかった場合

在留資格を有しない難民認定申請者について仮滞在が許可されなかった場合には、退去強制手続は停止しませんが、送還の効力は停止されます(同法61条の2の6第3項)。したがって、難民認定申請中(審査請求手続を含む)に送還される危険はありません。ただし、審査請求が棄却されれば、送還の現実的危険が生じることになります。

仮滞在が許可されなかった難民認定申請者が収容令書又は退去強制令書により収容されている場合の解放の手段としては、仮放免許可申請や収容令書若しくは退去強制令書の執行停止申立等があります。

(3) **空港での申請と在留資格**

空港等での上陸審査手続において庇護を求める意思表示をした場合、法文

上は一次庇護上陸の許可（入管法18条の2第3項）という制度がありますが、これまで許可された事例はほとんどないのが実情です。

上陸時に難民申請をした場合、仮滞在が許可される可能性もあります。仮滞在が許可されない場合には、そのまま退去強制手続に移行していくことになります。

2　在留資格を有しない難民認定申請者と生活保障

在留資格を有しない難民認定申請者（仮滞在許可者を含む）や就労が認められない在留資格を有し、かつ資格外活動の許可を受けていない申請者の場合、就労によって生活を維持することができません。他方、在留資格を有しない難民認定申請者は、生活保護や健康保険等の社会福祉を受けることもできません。ただし、仮滞在許可者については、在留カードの対象外ではあるものの、住民登録ができ、生活保護の受給や国民健康保険への加入ができます。

現在、財団法人アジア福祉教育財団難民事業本部（RHQ）が外務省の委託を受けて行う保護措置制度が存在しますが、❶審査に時間を要すること、❷給付内容が生活保護水準を下回っていること、❸予算が限定されており、近年の難民認定申請者の増加に対応できていないこと、❹訴訟段階の者には適用されないこと（ただし、1回目の難民不認定処分取消請求訴訟を提起している者が、2回目の難民認定申請をしている場合には、当該訴訟中に適用されるようです）、などの問題点が存在します。

3　法律扶助について

難民認定申請の行政段階に関する法律援助については、在留資格の有無を問わず、日本弁護士連合会の法テラス委託援助事業による扶助を受けることができます。難民不認定処分取消請求訴訟などの訴訟手続に関する法律扶助については、在留資格がある場合は法テラスの民事法律扶助を、在留資格がない場合には行政段階と同様、委託事業による扶助を受けることができます。

（渡部　典子）

7章

刑事事件

78

入管法違反事件の
刑事手続・退去強制手続

Q 日本で生活していた私のフィリピン人の友人が、かつての不法入国が発覚して警察に逮捕されました。起訴されるのでしょうか。今後の手続はどうなるのでしょうか。

A 起訴されるかどうかは、証拠関係や、そのときの政策によって異なります。今後は刑事手続を経た上で、入国管理局に収容されて退去強制手続がとられることが考えられます。

1 不法入国等の罪

　偽造旅券（パスポート）を用いるなどして入国した場合、不法入国罪が成立します（入管法70条1項1号、3条）。なお、同法3条1項1号「有効な旅券」とは、権限のある官憲により適式に発行され、形式と実体の両面から見て有効である旅券をいいます。

　この他、氏名、生年月日等が真実とは異なった旅券を利用して入国した場合、又は他人の旅券を利用したが上陸審査場を通る前に発覚して逮捕された場合なども、同様に不法入国罪となり、一方、適法に上陸した後に在留期間を経過してしまったような場合は不法残留罪（オーバーステイ）となります（同法70条1項3号・3号の2・5号等）。

　なお、不法入国罪の公訴時効は3年ですが（刑訴法250条2項6号）、不法入国した日から3年が経過していたとしても、それらの罪とは別個に、日本に不法に在留する行為について不法在留罪（入管法70条2項）が成立します。

　不法入国等の罪で逮捕されてから起訴までの手続は、逮捕が最長3日間、勾留が最長20日間となっています。

　起訴・不起訴は検察官が判断します。また、時の政策によって、起訴、不

起訴の可能性が変わってきます。起訴された場合には、初犯であって、特に別件もなければ実務上ほぼ執行猶予となりますが、判決後、入国管理局によって収容され退去強制となります。

　他方、不起訴となっても、適法な在留資格がないことに変わりはないので、直ちに警察署等から入国管理局に移送され、退去強制の手続へと移行することになります（同法39条1項、24条2号）。

2　即決裁判手続

　ところで、軽微な入管法違反の場合は「即決裁判手続」によることがあります。本問の場合でもその可能性があります。

　この「即決裁判手続」は、事案が明白かつ軽微で、罰金又は執行猶予判決が見込まれる争いのない事件につき、簡易迅速な訴訟手続を行う制度です（刑訴法350条の16以下）。被疑者・弁護人の同意のもと、原則として起訴後14日以内に第1回公判が開かれ、その日のうちに判決宣告まで行われます。懲役刑又は禁錮刑が宣告される場合には、必ず執行猶予が付されます。ただし事実誤認を理由にしては控訴できないため、事実関係を争う場合には選択すべきではありません（同法403条の2、382条）。

3　退去強制手続

　不法入国は、退去強制事由ですから（入管法24条1号）、特別の事情がない限りは、退去強制させられることとなります。

　ただし、日本人の配偶者がいる場合や、日本人の子がいる場合などは、在留特別許可（同法50条）が認められるケースもあります〔⇨20〕。

　また自国から迫害を逃れて緊急避難的に出国してくるような難民申請者の場合、正規旅券の取得が困難と思われる場合もあり、入管法70条の2により、刑が免除される可能性もあります。

　以上のように、刑の免除を求めていくような場合には、即決裁判手続に同意せず、正式裁判手続を選択することが考えられます。

（大川秀史・東城輝夫・本多貞雅）

79

在留資格・保釈

Q 私は、「留学」の在留資格で来日中の中国人です。窃盗罪で逮捕され、今なお勾留されているのですが、間もなく在留期間を経過してしまいます。オーバーステイにはなりたくないのですが、在留期間は更新してもらえるのでしょうか。同時に逮捕された、「定住者」の在留資格を有する友人の場合と違いはあるのでしょうか。また、起訴後に保釈は認められますか。

A 「留学」の在留資格での更新は困難ですが、「定住者」については事情により更新の可能性もあります。保釈については、許可される可能性があります。

1 在留期間の更新

　逮捕勾留中に在留期間を過ぎてしまえば、適法な在留資格を失い、オーバーステイ（超過滞在）になります。この場合、刑事事件の処分結果にもかかわらず、入国管理局に収容されて退去強制となる危険が生じてしまいます（入管法24条4号ロ）。

　そこで、在留期間の更新（同法21条1項）を求めていくことになりますが、その要件は、❶更新許可申請時、更新を受けるのと同じ在留資格を有すること、❷当該在留資格の該当性が認められること、❸期間更新の相当性が認められること、の3点です。

　本問で問題となるのは❸ですが、この相当性の判断は法務大臣の広範な自由裁量に服するとされています。そして実務上は、在留資格の種類によって処遇が異なってきます。

　本問のように、窃盗罪によって懲役又は禁錮に処せられた場合、「留学」（同法別表第1の4）の在留資格であれば退去強制事由に該当してしまいま

す（同法24条4号の2。なお同条4号リと異なり、第4号の2の「懲役又は禁錮に処せられたもの」とは刑の執行猶予の言渡しを受けた場合を含みます）。したがって、在留期間の更新も困難です。

「定住者」（入管法別表第2）の在留資格を有する場合、上記の退去強制事由にはあたりませんが、更新の際の不利益事情になることは避けられません。

2　更新の手続

それでも更新を求めていく場合、出頭の問題が生じます。在留期間の更新は本人出頭が原則ですが（入管法61条の9の3第1項3号）、本問のように本人が勾留されている場合、本人出頭は不可能です。そこで、弁護士や行政書士、親族等によって代理若しくは取次ぎ申請を行うことになります（入管規則59条の6第3項1号・2号）。

申請の提出先は、当該在留資格を管轄する正規在留部門です。おおむね2週間前後で処分がされた旨の通知のはがきが送付されます。許可処分の場合にはそのはがきと在留カードを持っていき、新たな在留カードの交付を受けることになります（中長期在留者以外の場合には旅券〈パスポート〉に在留期間更新のシールが貼られることになります）。

なお、在留期間内に申請に対する処分がされない場合、当該処分がされる日又は在留期間満了の日から2か月を経過する日のいずれか早い日までの間は、引き続き従前の在留資格をもって在留することができます。しかしこれを超えると、オーバーステイとなりますので（入管法20条5項、21条4項）、注意が必要です。

3　不起訴に向けて

「留学」の在留資格を有する者が、刑法犯罪等により、懲役又は禁錮に処せられれば、執行猶予が付されたとしても退去強制事由に該当してしまいますし（入管法24条4号の2）、学校を退学させられるおそれもあります。退去強制手続が執られるよう起訴に踏み切るような場合もあると指摘されています。

しかし一方、正式起訴に至らず、例えば、略式起訴されて罰金刑で済んだ

場合、退去強制事由にはあたらず、退学も回避できる可能性があります。したがって、弁護人としては、起訴前の弁護活動に尽力し、不起訴又は略式起訴となるように努力したいところです。

4 保釈について

　保釈とは、起訴された後に住居限定や保証金を条件に、身体拘束を解く制度です。法が定める場合を除いて許可される必要的保釈（刑訴法89条）と、裁判所の職権で許可される職権保釈（同法90条）とがあります。前者は、重大犯罪・罪証隠滅・証人威迫・住居不定などの諸条件にあたらない場合に、被告人や弁護人の請求があれば認められなければならない保釈で、後者はこれらの条件に該当する場合でも、裁判所の裁量で許可される保釈です。

　外国人留学生の場合、逮捕勾留によって寄宿舎などの退去を余儀なくされる場合もありますが、弁護人としては、住居不定となるのを避けるため、退去を待ってもらうように交渉したり、新たな帰住先を確保したりするなどの活動が必要です。また、在留資格がなく、退去強制事由がある外国人は、日本国内に住所を有することができないとして、類型的に「住居不定」とする裁判官に遭遇する可能性もあります。

　しかし、寄宿舎などの住居がある場合に、住居不定でないことは明らかであり、仮放免の許否を住居不定の要件判断に盛り込むべきではないことを説得的に主張すべきです【東京地決昭和51・12・2判時837号112頁】。

　近年は保釈される比率が高まっていますが、後者の職権保釈によることが多いのが実情です。保釈中の監督体制について、裁判所を具体的に説得する必要があります。

　なお、在留資格がない場合や、退去強制事由に該当する売春関係などの場合（入管法24条4号ヌ）、保釈許可によって身体拘束が解かれた時点で入国管理局に収容され、入管法上の退去強制手続が進行してしまいます。そこで、真の身体解放のためには、入国管理局に対して仮放免の申請（同法54条1項）を行う必要があります。また、仮放免許可に際しては、保証金納付が別途必要なので注意が必要です［⇨21］。

（大川秀史・東城輝夫・本多貞雅）

80

否認事件における対応・裁判員と要通訳事件

Q 私は、就労に関する在留資格で来日しているオーストラリア人です。先日、職場の仲間との飲み会の帰り、酔っぱらいに絡まれました。英語で文句をいったら、ナイフを出したので、振り払おうとしたところ、相手に刺さってしまいました。私は殺人罪で起訴されていますが、酔っぱらいを殺すつもりなどありませんでした。裁判ではどのような点に留意すべきでしょうか。

A 裁判員裁判対象事件であること、否認事件であること、要通訳事件であることを踏まえた訴訟準備、訴訟活動が必要です。

1 裁判員裁判対象事件

　本問で起訴されている殺人罪（刑法 199 条）は、法定刑に死刑又は無期の懲役も含みますので、裁判員裁判対象事件となります（裁判員の参加する刑事裁判に関する法律 2 条 1 項 1 号）。

　従前の弁護活動は、職業裁判官相手に、書面により説得していく方法が主流でした。しかし裁判員裁判では、3 名の職業裁判官と 6 名の市民裁判員が判決を下します。映像を用いたり、説得的な弁論を行ったり、あるいは裁判員の常識に訴えるなどの工夫も必須になってきています。

2 捜査段階での留意点（接見・取調べの可視化）

　本問での相談者は殺意を否認しています。捜査段階では可能な限り毎日接見し、虚偽の自白をとられないように力を注ぐことが必須です。

　また、外国人特有の問題として、取調べが通訳を介して行われる点が挙げられます。特殊な例外を除いて供述調書の翻訳文は作成されません。

　被疑者には、被疑者ノートを差し入れ、取調べ過程を記録してもらいま

す。そして、違法な取調べが行われていたり、通訳に問題がありそうなときには黙秘権を行使したり、署名を拒否するなどの対応をとらせるべきです。

検察庁は2014年6月16日付依命通知以降、裁判員裁判対象事件等の4類型に該当する身柄事件について、一定の例外事由がある場合を除き、被疑者の取調べの録音・録画を行うこととしています（2017年3月22日付依命通知参照）。また、公判請求が見込まれる身柄事件であって、事案の内容や証拠関係等に照らし被疑者の供述が立証上重要であるもの、証拠関係や供述状況等に照らし被疑者の取調べ状況をめぐって争いが生じる可能性があるものなど、被疑者の取調べを録音・録画することが必要であると考えられる事件も、積極的に録音・録画を実施することとしています。

加えて、警察は取調べの録音・録画の試行指針により、裁判員裁判対象事件で逮捕又は勾留されている被疑者について、一定の例外事由がある場合を除き、取調べの録音・録画を行うこととしています。

なお、2016年5月24日、刑事訴訟法等の一部を改正する法律が成立し、取調べ等の録音・録画義務、任意性立証における録音・録画記録媒体の取調べ請求義務を定める刑訴法301条の2が加えられました（公布日から3年以内に施行）。

弁護人としては、前記の問題点が存することを踏まえ、捜査機関に対し全面的な可視化の申入れを必ず行うべきです。その上で、録画されていなければ供述調書への署名は全面拒否するなどの方針を採ることが大事です。

3 公判段階での留意点

捜査段階で自白をしていた場合、公判段階で自白調書の任意性を争いますが、自白調書における通訳人の能力不足や誤訳の可能性もあります。

そこで、公判前整理手続の段階で、取調べ状況のDVDを類型証拠開示請求（刑訴法316条の15第1項7号）によって開示させる必要があります。

取調べの一部録画であっても、通訳人の能力を検証するには有効です。

また、本問において、公判廷では、殺意を否認する被告人の主張が、直前直後の経緯や、ナイフが相手に刺さってしまった瞬間の客観的状況などに照らして合理的であることを、裁判員に対して分かりやすく説明する必要が出てきます。

法廷通訳にも、誤訳の可能性があります。重要な事項については、質問の表現を変えてもう一度確認するなどの工夫も考えられます。被告人がある程度日本語を理解する場合や、当該外国語を理解する協力者が傍聴している場合で誤訳の可能性が判明したときには、裁判所に対して通訳内容の鑑定を求めることも検討すべきです。

（大川秀史・東城輝夫・本多貞雅）

81

判決後の流れ（送還・服役）

Q 私は覚せい剤取締法違反（自己使用）で起訴され、第1回公判期日で結審し、判決を控えた身です。初犯ですが、公訴事実は間違いなく、反省しています。判決後、私は強制送還されてしまうのでしょうか。刑務所に行かなければならないのでしょうか。服役を終えた後はどうなりますか。

A 実刑判決で服役した後はもちろん、執行猶予付き判決の場合でも、釈放後は入国管理局に収容されて強制送還となるのが一般的です。ただし、入国管理局収容後の仮放免が認められる場合もあります。

1 判決内容と入国管理局収容の関係

　薬物犯罪で有罪判決を受けたことは、退去強制の要件になっています（入管法24条4号チ）が判決の確定までが必要です。

　初犯の覚せい剤使用で、別件や余罪がなければ、執行猶予が付されるのが一般的ですから、判決宣告時には勾留からも解放され、また、いまだ退去強制事由にもあたらないので、収容令書も発付できず（同法39条1項）、身体拘束は解かれます。判決確定後、入国管理局から出頭を命じる呼び出しが来て、退去強制手続が進められます。

　なお、不法残留罪等の入管法違反の罪で執行猶予付きの判決を受けた場合には、判決宣告直後にそのまま入国管理局に収容されることになります（同法24条4号ロ）。これは、入国管理局が独自に不法残留等の退去強制事由を認定でき、刑事手続による事実の確定を要求していないからです。

　他方、初犯であっても、別件がある、大量の薬物売買にも関与していた、反省の情が認められないなどの事情がある場合には実刑判決を受ける可能性

もあります。その場合には、原則として、日本国内の刑務所に服役することになります。刑期満了後又は仮釈放後に入国管理局に移送され、強制送還を待つことになります。

ただし、実刑になった後、日本人配偶者や未成熟子が日本にいることなどを重視して、在留特別許可を認めるべきとされた事例もあります【東京地判平成19・8・28判時1984号18頁】。

2　受刑者移送条約

ところで刑務所に服役することとなった場合、前記のとおり日本の刑務所で服役することになりますが、日本に生活の本拠がなく、二度と日本に入国する希望もないような場合、日本の刑務所で受刑生活を送らせるよりも、本国において刑に服させるほうが刑に服する者の社会復帰を促進することになるとも考えられます。

そこで日本は、「刑を言い渡された者の移送に関する条約（受刑者移送条約）」を締結し、2003年6月より発効しています。これにより、この条約を締結している国との間では、受刑者の移送が可能となっています。その手続等について国際受刑者移送法が制定されています。

3　仮放免について

服役後、移送先の入国管理局での身体拘束から解放する手段として仮放免があります［⇨21］。

（大川秀史・東城輝夫・本多貞雅）

82

犯罪被害

Q 私は超過滞在のまま郊外の工場で働いていたタイ人です。工場で乱闘事件が発生し、たまたま居合わせた私も暴行を受けて骨折しました。被害届を出すと超過滞在で検挙されることが予想されますが、かといって泣き寝入りは納得できません。どうすればよいでしょうか。

A 被害届を出した場合、入国管理局に収容されるリスクを十分理解する必要があります。弁護士による援助が必要であれば日弁連の委託法律援助制度を利用して弁護士に依頼することが可能です。

1 収容の可能性

　本問で相談者は傷害の被害者ではありますが、超過滞在にもなっており、それぞれ別々の事件として取り扱われます。告訴状なり被害届を提出するなどして暴行被害の申告をする際には、捜査機関より、国籍・住居・在留資格を必ず聞かれます。そのため、超過滞在であることが判明し、逮捕されたり、入国管理局に収容されたりする可能性があります。

　ただし、在留特別許可が見込まれるような場合には、必ず収容されるわけではありません。摘発前に自ら出頭することが肝要です。2009年7月に改訂された法務省入国管理局の「在留特別許可に係るガイドライン」においても、自ら出頭することが在留特別許可の判断において積極要素となることが記載されています。

　本問では被害者である以上、その被害申告によって逮捕に至るような事態は、実質的に被害申告を思いとどまらせることになり、かえって犯罪を助長するものにほかならず不当ではありますが、現行制度上、なかなか有効な手

立てがないのが現状です。

2　人身取引の被害者の場合

　犯罪被害者の中でも、「人身取引の被害者」であるとして保護された場合には、法務大臣若しくは地方入国管理局長の裁決の特例によって在留特別許可が得られているようです（入管法50条1項3号）。ただしこの場合も、結論が出るまでの間、収容される可能性もあります。

3　弁護士への依頼など

　最終手段としては、自主帰国の意思を示して入国管理局に出頭の上、刑事での被害申告をしつつ、民事でも各種証拠保全を行い、帰国後も日本の弁護士と連絡を取り合って被害回復を図ることが考えられます。

　被害届を提出したり、告訴状を提出したりするなどのほか、刑事裁判では、法廷で被害者としての被害に関する心情その他の意見を述べることができます（刑訴法292条の2第1項）し、被害者参加制度（同法316条の33以下）もあります。

　被害者救済のための活動は、在留資格がない外国人の場合であっても、日弁連の委託法律援助制度を利用して、弁護士に依頼することができます〔⇨84〕。この場合の弁護士は、被害届提出、告訴・告発、事情聴取同行、検察審査会申立、法廷傍聴同行、証人尋問・意見陳述援助、刑事訴訟記録閲覧謄写、加害者側との対話、刑事手続における和解の交渉、犯罪被害者等給付金申請、報道機関等の対応・折衝など多岐にわたって活動することになります。

（大川秀史・東城輝夫・本多貞雅）

8章

準拠法・法律援助・通訳

83

準拠法

Q 外国人が当事者になっている事件の相談を受けました。どこの国の法律が適用になるのでしょうか。また、外国法はどのように調べたらよいでしょうか。

A 法適用通則法の条文を調べて、準拠法を判断してください。外国法は、身分関係であれば木村三男監修『渉外戸籍のための各国法律と要件』Ⅰ～Ⅵ（全6巻）（全訂新版、日本加除出版、2015～2017年）が詳しいです。その他の分野については、インターネットで各国政府の公式ホームページで紹介されている例も多いです。

1　当事者による準拠法の選択

　法適用通則法7条は、「法律行為の成立及び効力は、当事者が当該法律行為の当時に選択した地の法による。」としています。国際企業間の契約書では、準拠法が必ず定められています。
　しかし、当事者による準拠法の選択がない場合はどうでしょうか。
　法適用通則法8条1項は、その「法律行為の当時において当該法律行為に最も密接な関係がある地の法による」としています。具体的にもっとも密接な関係がある地というのがどこなのかは、ケースバイケースです。ただし、不動産を目的とする法律行為については、不動産の所在地法がもっとも密接な関係がある地の法と推定するものとしています（同法8条3項）。
　また、当事者は事後的にも、法律行為の成立及び効力について適用すべき法を変更することができます（同法9条）。

2　物権及びその他の登記をすべき権利

　動産又は不動産に関する物権及びその他の登記をすべき権利は、その目的物の所在地の法によります（法適用通則法13条1項）。ただし、その権利の得喪は、その原因となる事実が完成した当時におけるその目的物の所在地法によります（同法13条2項）。

3　不法行為

　不法行為によって生ずる債権の成立及び効力は、加害行為の効果が発生した地の法によります。ただし、その地における結果の発生が通常予見することのできないものであったときは、加害行為が行われた地の法によります（法適用通則法17条）。

　不法行為について外国法によるべき場合において、当該外国法を適用すべき事実が日本法によれば不法とならないときは、当該外国法に基づく損害賠償その他の処分の請求はすることができません（同法22条1項）。また、不法行為について外国法によるべき場合において、当該外国法を適用すべき事実が当該外国法及び日本法により不法となるときであっても、被害者は、日本法により認められる損害賠償その他の処分でなければ請求することができません（同法22条2項）。典型的なのは、懲罰的損害賠償です。

　なお、生産物で引渡しがされたものの瑕疵により他人の生命、身体又は財産を侵害する不法行為によって生ずる生産業者等に対する債権の成立及び効力は、不法行為であっても、原則として、被害者が生産物の引渡しを受けた地の法が適用されます（同法18条）。（※生産物責任の特例）

4　外国法の調査

　外国法は、身分関係であれば前掲『渉外戸籍のための各国法律と要件』が詳しいです。そのほかの分野については、インターネットで各国政府の公式ホームページで紹介されている例も多いです。

（児玉　晃一）

84

法律援助制度

Q 私の知り合いの外国人の方が、裁判を起こしたいので弁護士を依頼したいそうなのですが、知り合いもなく、お金もありません。どうすればよいでしょうか。

A その方が適法に日本に在留する資格を有していれば、日本司法支援センター（通称：法テラス）による援助を受けられます。そうでない場合でも、日弁連が弁護士費用を援助する法律援助制度の利用ができます。

1　法テラスの対象事業

　まず、その外国人の方が、「我が国に住所を有し適法に在留する者」（総合法律支援法30条1項2号）に該当し、日本司法支援センター（以下、「法テラス」という）の定める収入基準を満たすときには、法テラスが実施している民事法律扶助の法律相談を無料で受けることができ、また、弁護士費用の立替えを受けることができます（同法30条1項2号イ〜ホ）。

　ここでいう、「我が国に住所を有し適法に在留する者」というのは、ある程度長期の在留資格を有する者をいいます。ですから、在留資格があっても、観光のため短期滞在の在留資格で一時滞在している方は対象外です。また、住所を有していても、在留資格を有しない方はやはり対象外となります。ただし、ハーグ条約実施法の施行により、国際的な子の連れ去りの事件に限り、これまで日本の民事法律扶助制度の対象とならなかった海外在住の外国人の方についても、ハーグ条約締約国の国民又は締約国に常居所を有する方は、民事法律扶助制度を利用することが可能となりました（実施法153条）。

　収入基準は、次のとおりです。

数	手取り収入額の基準*1	家賃又は住宅ローンを負担している場合に加算できる限度額*2
1人	182,000円以下 (200,200円以下)	41,000円以下 (53,000円以下)
2人	251,000円以下 (276,100円以下)	53,000円以下 (68,000円以下)
3人	272,000円以下 (299,200円以下)	66,000円以下 (85,000円以下)
4人	299,000円以下 (328,900円以下)	71,000円以下 (92,000円以下)

＊1　東京、大阪など生活保護一級地の場合、（　）内の基準を適用します。以下、同居家族が1名増加するごとに基準額に30,000円（33,000円）を加算します。

＊2　申込者等が、家賃又は住宅ローンを負担している場合、基準表の額を限度に、負担額を基準に加算できます。居住地が東京都特別区の場合、（　）内の基準を適用します。

　対象となる事件は、法律相談であれば、無限定です（総合法律支援法30条1項2号ホ）。そのため、在留資格関係の相談をすることもできます。

　いくつかの法テラス地方事務所では、通訳人付きの外国人無料法律相談を毎週実施しています。詳しくは、法テラスのホームページ（http://www.houterasu.or.jp/）から、法テラス各地方事務所の案内を参照してください。また、法テラスの契約弁護士が事務所で法律相談を実施する際に、通訳人を依頼した場合には、法テラスからその通訳費用が実費として支出されます。

　しかし、代理人として事件を依頼したり、あるいは書類作成をしてもらったりするのは、民事裁判等手続に限定されています（同法30条1項2号イ(2)）。ですから、行政手続、例えば、入国管理局に提出する書類の作成代行を頼んだとしても、その場合の弁護士費用等は、法テラスからは支出されません。なお、刑事事件で国選弁護人を選任したい場合には、在留資格による区別はありません（同法30条1項6号）。

2　弁護士会の法律援助制度

　総合法律支援法による援助の対象とならない場合であっても、日弁連が費

用を支出して法テラスに事業を委託している外国人に対する法律援助を利用することができます。

　対象となるのは、総合法律支援法30条1項2号の「我が国に住所を有し適法に在留する者」に該当しない方です。

　また、総合法律支援法30条1項2号の「我が国に住所を有し適法に在留する者」であっても、民事事件以外は同法の対象外となりますが、日弁連の委託事業では、在留資格、労働災害等で人権救済を必要とする方については、その行政手続について援助をすることが可能です。

　さらに、難民事件については、日弁連と国連難民高等弁務官事務所が費用を分担し合って、難民援助事業を実施しています。難民申請、第1次不認定処分に対する審査請求手続といった行政手続及び難民不認定処分を争う行政訴訟についての弁護士費用及び実費の一部が、援助対象となります。

　いずれの場合も、法テラスとほぼ同水準の資力基準を満たすことが必要になります。

（児玉　晃一）

85

通　訳

Q 知人の紹介で、外国人の方から法律相談を受けることになりました。日本語が全くできないようなのですが、通訳はどのようにして頼めばよいでしょうか。また、通訳を介して話すときに、注意すべきことはありますか。

A インターネット上で検索すれば、通訳サービスを提供している会社は多数存在します。費用負担が難しい場合には、相談者の友人に依頼したり、各地の国際交流協会でボランティアの通訳を紹介してくれることもあるので、相談するのもよいでしょう。通訳を介して話をするときには、通訳人と質問者の役割を峻別すること、誤訳を避けるための工夫をすることが大事です。

1　通訳人の手配

　インターネットで検索をすると、通訳サービスを提供してくれる会社は多数ヒットします。通訳費用を負担できる場合には、それを利用することも考えられます。ただし、公的な通訳資格の認定制度がないので、能力は必ずしも担保されていません。

　ただし、プロの通訳を依頼すると、その費用が高額になることもあります。そこで、費用負担が難しい場合には、とりあえず相談者の知人に頼むこともよく行われています。さらに、各地の国際交流協会の中には、ボランティアで通訳を紹介してくれるところもあります。問い合わせをしてみるとよいと思います。

2 通訳人の役割

　通訳人の役割は、あくまで機械的に通訳をすることです。よかれと思って、回答を分かりやすく要約することもありますが、これは通訳人の職分を超えています。省略されたことの中に重要な事実が入っているかもしれません。それが省略しても構わないことなのかどうかを判断するのは、相談を受けている私たちです。ですから、決して省略をすることなく、言ったことをそのまま訳してもらようにしましょう。そのまま訳すと意味が分からなくても、そのとおり訳してもらえればよい、と伝えましょう。それで意味が通じなければ、再度質問の仕方を変えるなどして、意思の疎通を図るべきです。

3 通訳人の個人情報

　相談者に通訳人を紹介するときには、通訳人の名前を告げるのは避けるべきです。もちろん、通訳人自身が自ら名乗るのであれば問題はありませんが、承諾もなく、名前を出すと、後に、何らかのルートで通訳人に直接連絡が来て、相談を持ちかけられたり、弁護士などに電話してほしいと頼まれるなど、通訳人の本来業務を超えた負担を掛けてしまうといったトラブルもしばしば起きています。

　さらに、相談者が、弁護士などを介さずに、通訳人と独自に話をすることもしばしばあります。日本語の通じない相談者が、会話のできる通訳人とだけ話をしたくなるというのは、人情からいえば当然でしょうが、それも、本来の通訳人の業務を超えています。通訳人が好意で行ってくれるものまで阻止する必要はありませんが、それが通訳人本来の業務ではないことを、相談を受ける側の人間としては十分に意識をし、会話をコントロールすることが必要な場面もあるでしょう。

4 発問・回答の仕方

　ともかく、短く発問し、短く答えてもらう、というのが大原則です。
　ある言葉を外国語に訳すときに、完璧に正確に伝えることができるというのは、およそ考えられません。私たちが会話をするときに、完璧な文法で話すことはまれです。日本語でも言い間違いをすることはよくあります。その

ために、日本語で話していても、きちんと真意が伝わらないということは、日常的によく体験するところでしょう。通訳人を介した会話では、通常の会話に、さらに2段階の伝聞過程が加わります。同じ言語であれば、発問→回答という過程で済むのが発問→（通訳）→回答→（通訳）という過程を経ることになるのです。伝聞過程が倍になるためエラーが生じる可能性も倍になります。誤訳、誤解、言い間違いなどによって、むしろ真意が100パーセント伝わらないのが当然だという認識でいるべきです。通訳人の能力がいかに高くても、生じ得る問題です。

　そのため、私たちが心掛けるべきなのは、いかに、その誤りが生じる可能性を低くするかです。そのためには、できる限り、短く、分かりやすい言葉で話をすることが大事です。長い長い、複雑な構造の英文を日本語に訳すのと、細切れになった英文を訳すのとではどちらが訳しやすいか、間違いが少ないか、結論は自明です。それと同じことです。私たちが上記のような工夫をすることにより、誤りが生じる可能性を少しでも低くするべきです。そして、同様の理由から、回答についても、なるべく短くしてもらうことが大事です。

（児玉　晃一）

事項索引

【あ】

- アウトゴーイング・ケース ……………205
- アルバイト ……………………………38
- アンデレ事件 …………………………248
- ED カード ……………………………13
- 意見聴取手続 …………………………75
- 遺言 ……………………………………216
- 遺言書 …………………………221、223
- 遺言の方式の準拠法に関する法律 ……216
- 遺産管理人 ……………………………221
- 慰謝料 ………………119、125、212、213
- 一次庇護上陸の許可 …………………260
- 違反調査 ………………………………67
- インカミング・ケース ………………204
- 受入団体 ……………………………42、45
- 請負 ……………………………………166
- 運転免許証 ……………………………108
- 永住許可 ………………………………25
- 永住者 ……………………………25、51、89

【か】

- 解雇 …………………………………137、142
- 外交 ……………………………………9
- 外国人学校 ……………………………99
- 外国人登録制度 ………………………8
- 外国人入国記録 ………………………13
- 外国人未払医療費補塡事業 …………80
- 外国税額控除 …………………………94
- 外国倒産手続 …………………………113
- 外国判決の承認 ………………………209
- 家族滞在 …………………………39、52
- 仮上陸許可 ……………………………17
- 仮滞在許可 ……………………………259
- 仮放免 ………………67、70、71、271
- 監理団体 ………………………………162
- 帰化 ……………………226、235、241
  - ──申請 ……………………………237
- ──の一般的条件 ……………………235
- 企業内転勤 ……………………………46
- 技術・人文知識・国際業務 ………41、46
- 偽装請負 ………………………………167
- 技能実習 ………………………………162
  - ──生 ………………………………162
- 協議離婚 ………………………………181
- 強制送還 ………………………………270
- 行政訴訟 ………………………………61
- 居住者 …………………………………89
- 経営・管理 ……………………………44
- 刑事手続 ………………………………69
- 公示送達 ………………………………191
- 公正証書遺言 …………………………223
- 厚生年金 ………………………………82
- 交通事故 ………………………………118
- 高等学校等就学支援金 ………………103
- 口頭審理 …………………………13、16、67
  - ──請求 ……………………………67
- 高度専門職 ……………………………57
- 公用 ……………………………………9
- 行旅法 …………………………………80
- 国際運転免許証 ………………………108
- 国際裁判管轄 ……………………136、187
- 国際訴訟競合 …………………………208
- 国際的な子の奪取の民事上の側面に関する条約 …………………………………204
- 国際倒産モデル法 ……………………113
- 国籍 ……………………………………226
- 国籍確認訴訟 …………………………245
- 国籍取得原因 …………………………229
- 国籍喪失 ………………………………239
  - ──事由 ……………………………243
  - ──の届出 …………………………240
- 国籍の（を）選択 ……………………240
- 国籍の（から）離脱 …………………241
- 国内源泉所得 …………………………90

国内倒産手続	111
国民健康保険	78
国民年金	85
戸籍	226
子の氏	227
子の戸籍	227
雇用保険	147
婚姻	170
――届	173
――の手続	170
――の要件	173
――無効	195
婚姻要件具備証明書	171、174

【さ】

在外財産の相続手続	220
財産分与	212、213
再審情願	73
財団法人アジア福祉教育財団難民事業本部（RHQ）	260
再入国許可	28
再入国記録	13
再入国出入国記録	14
裁判員裁判	267
在留カード	9、14
在留管理制度	8
在留期間	2
――の更新	22、264
在留資格	2
――更新	61
――取得申請	5
在留資格取消（在留資格の取消し、在留資格を取り消す）	23、75、121、183、199
――事由（在留資格の取消事由）	74、197
在留資格認定証明書	3、12、19
在留資格変更	22、61
――申請	55

在留特別許可	66
――に係るガイドライン	68
査証	3、11
――免除	12
差別的取扱禁止の原則	157
残業代	136、145
資格外活動許可	38
事業者	116
失業	147
実習実施者	162
疾病	151
質問書	32
児童手当	103
児童の権利に関する条約	96
児童扶養手当	103
児童労働	160
自賠責保険	120
自筆証書遺言	223
社会権規約	96
就学	97
――援助	102
重国籍	239
就職活動	39
就籍	245
――許可を求める審判	245、249
住民基本台帳カード	227
住民基本台帳ネットワーク	227
収容令書	70
就労資格証明書	55
受刑者移送条約	271
出国	13
――確認の留保	14
――命令	65
――猶予期間	76
準拠法	136、276
奨学金	104
常居所地	115
消費者	115
消費者契約	115

上陸	11、16
──許可等	12
──拒否事由	19
──審査	12、16
──特別許可	17、20
──の拒否の特例	20
──の要件	11
所得税法	89
親権	194
──者の指定	198
審査請求手続	254
人種差別撤廃条例	127
人身取引の被害者	273
生活保護	87、122
生後認知による国籍取得	232
全件収容主義	67、70
相互の保証	210
相続	216
相続統一主義	217
相続人	215
相続分割主義	217
租税条約	91
即決裁判手続	263
損害賠償請求	125、155
損害賠償の算定方法	118

【た】

退去強制	71、75
──事由	25、263、270
──手続	64
退去命令	17
胎児認知	230
脱退一時金	82
短期滞在	9、59
嫡出子	31、230
中長期在留者	8
賃金	137、144
賃貸アパート・マンション	105
通勤災害	153
通知希望申出書	71
通訳	267、281、282
DV	121
低額医療事業	88
定住者	32、48
定住者告示	32
転職	55
特定活動	33、38、258
特定技能1号	6
特定技能2号	6
特別永住者	5、10
──証明書	10
特別受理	61
特別審理官	16、67
特別養子	30、179

【な】

730通達	199
難民	252
難民審査参与員	255
難民認定の手続	253
難民旅行証明書	14
二重課税	94
二重国籍	240
二重訴訟の禁止	208
日系3世	33
日系人3世	48
日系人4世	50
日本司法支援センター	278
日本人の配偶者等	30
入管特例法	5、10
入居差別	105
入国	11
入国警備官	67
入国審査官	16、67
入店差別	125
認知	175
──調停	234
年金加入期間の通算	83

年金の合算対象期間 …………………… 84
納税義務者 …………………… 89、93

【は】

ハーグ条約 …………………… 204
配偶者 …………………… 30
破産 …………………… 111
　──手続 …………………… 111
反致 …………………… 217、220
非永住者 …………………… 89
非居住者 …………………… 89
ビザ …………………… 3、11
非正規滞在者 …………………… 9
非嫡出子 …………………… 31
父系血統主義 …………………… 229
不法残留罪 …………………… 262
不法就労 …………………… 142
不法入国罪 …………………… 262
父母両系血統主義 …………………… 229
プロバイダ責任制限法 …………………… 132
プロベイト …………………… 221
ヘイトスピーチ
　…………………… 107、126、128、132
ヘイトスピーチ解消法
　…………………… 107、126、129、133
法廷通訳 …………………… 269
法テラス …………………… 278
法律援助 …………………… 279
保釈 …………………… 264

【ま】

マクリーン判決 …………………… 62
みなし再入国許可 …………………… 29
無国籍者 …………………… 247
　（事実上の）── …………………… 248
　（法律上の）── …………………… 247
面会交流 …………………… 206、212

【や】

雇止め …………………… 137、139
UNCITRAL …………………… 113
有給休暇 …………………… 145
有罪判決 …………………… 69
養育費 …………………… 212
養子縁組 …………………… 177

【ら】

離婚 …………………… 180、186、193
　──後の在留資格 …………………… 201
　──届不受理申出書 …………………… 181
留学 …………………… 34、38
旅券 …………………… 11

【ろ】

労災保険 …………………… 150
労災補償 …………………… 155
労働契約 …………………… 136
労働条件の変更 …………………… 144

■執筆者一覧（50音順）
※○は編集委員

青木　正明	久保田まち子
安孫子理良	○児玉　晃一
生田　康介	小林　明隆
池田　泰介	角　　有利
石部　　尚	竹内　明美
板倉　由実	○田島　　浩
上野　一英	田中純一郎
○浦城　知子	全　　東周
枝川　充志	堤　　世浩
大江　修子	東城　輝夫
大川　秀史	永田　光博
岡田　　聡	丹羽　聡子
門川　典子	林　　純子
蒲野　宏之	本多　貞雅
○橘高真佐美	○丸山　由紀
木下　　徹	屋敷　里絵
金　　秀玄	吉里かおり
金　　竜介	○渡部　典子